多尔衮传

何国松◎主编

吉林大学出版社

图书在版编目（CIP）数据

多尔衮传/何国松主编．—长春：吉林大学出版社，2010.1

ISBN 978-7-5601-5203-5

Ⅰ.①多… Ⅱ.①何… Ⅲ.①多尔衮（1612~1651）—传记 Ⅳ.①K827.49

中国版本图书馆 CIP 数据核字（2009）第 240562 号

书　　名： 多尔衮传
作　　者： 何国松
责任编辑： 王世林
责任校对： 王世林
封面设计： 点滴空间
出版发行： 吉林大学出版社
社　　址： 长春市明德路 421 号
邮　　编： 130021
发行部电话： 0431-88499826
网　　址： http：//www.jlup.com.cn
E-mail： jlup@mail.jlu.edu.cn
印　　刷： 三河市金轩印务有限公司
开　　本： 710×1000 毫米 1/16
印　　张： 16
字　　数： 310 千字
版　　次： 2010 年 1 月第 1 版 2020 年修订
书　　号： ISBN 978-7-5601-5203-5
定　　价： 58.00 元

前　言

多尔衮（1612—1650 年），是我国历史上杰出的政治家和军事家，努尔哈赤第十四子，指挥清军入关，统一中国，是清王朝的实际建立者。后人常说多尔衮身材细瘦，索患风疾，壮年猝死，因此是“有病无福”之人。民间更有“太后下嫁”一说，即多尔衮按照满人入关（建州女真）前的“妻寡嫂”的风俗娶了哥哥皇太极的妻子庄妃，即顺治之母孝庄皇太后；同时民间也有一种说法是，孝庄皇太后为了稳住多尔衮，避免其权势野心膨胀危及儿子福临的皇位。

那么，孰真孰假、孰是孰非？本书以时间为主线，对围绕在多尔衮身上的“不解之谜”进行了详尽描述，并全面回顾了多尔衮传奇而极富争议的一生，是中国历史人物传记创作上的一部不可多得的力作。

当然，本书并非一本历史学著作，因此，我们在尊重史实的基础上，根据行文和读者的需要，合理、大胆地进行了合乎文学规律的再创作和艺术加工，以期为读者带来最大的精神享受和阅读享受。

由于学识所限，加之时间仓促，本书的不当之处自是难免，诚望各位读者提出宝贵意见，在此先予致谢。

目　录

第一章

多舛的少年

自古英雄多磨难，纨袴子弟少伟男。纵观华夏五千年的文明史，这已几乎成为一条人才成长的历史定则。一代枭雄，大清帝国创立之初，皇父摄政王多尔衮富有传奇色彩的不平凡一生，又一次向世人昭示了这条历史法则的正确性。

辽阔的东北大平原的黑土地，雄伟奇绝的长白山，波浪滔滔的松花江，水草丰盛的大草原，是剽悍、骁勇的女真族，即后来的满族这个以游牧业为主的民族繁衍生息的地方，也是他们为争夺土地和财产进行你死我活交战的大战场。

公元1612年（明万历四十年）十月二十五日黎明前的黑夜里，在赫图阿拉（今辽宁省新宾县永陵乡）的一座木屋里，后金的一个部落首领，后来的清太祖努尔哈赤的第十四子多尔衮呱呱坠地，来到了这个多灾多难的人世间。他嘹亮的啼哭声，仿佛回应着雄鸡报晓的啼唱，不时从木屋的窗棂的缝隙传出来。有谁能想象得到，就是这个幼儿，三十一年之后，竟从一名不显眼的台吉，一跃而成为大贝勒，率领八旗劲旅，连克明军主力，大败洪承畴，招降吴三桂，进军北京，入主中原，开创大清帝国基业的皇父摄政王。

一、生于大变革的时代

多尔衮是中国东北少数民族人，其先族自周秦以来分别称肃慎、邑楼、勿吉。辽、金、元、明时代称作女直、女真。明朝正统初年，先祖南迁至今辽宁省新宾和吉林省桓仁等县地区。建立明朝地方政权“建州三卫”。受汉族等先进民族文化影响，16世纪末进入社会大变革时代。

（一）统一建州本部

建州女真从正统初年到努尔哈赤起兵，经过140多年，与辽沈、中原汉族进行密切的经济、政治和文化交往，社会生产、文化生活飞速发展，初步进入农业民族行列。但明朝末年吏治腐败，边官的民族压迫政策，引起少数民族的不满与反抗。努尔哈赤就是女真族的代表人物。

努尔哈赤早年住在辽宁省新宾县网户村后山北砬背山城，曾受明朝赐封的龙虎将军等武职高官。他不仅带领部众在开原、抚顺、清河、叆阳等马市贸易，而且八次到北京向明朝政府进贡、与明朝政府通商。他眼界开阔，除本族语言外，还会蒙古语、汉语，最爱读《三国志》、《水浒传》。对中华传统文化早有领会。

努尔哈赤等不堪边官欺凌，于万历十一年（1583年），同弟弟舒尔哈齐等团结三十七名英雄豪杰，以十三副铠甲起兵。经过三年苦战，将建州范围内苏子河、浑河等流域的苏克苏浒河、浑河、完颜、哲陈，栋鄂五大部及其所属各城先后统一。继之将长白山的讷殷、珠舍里、鸭绿江三部征服。万历十五年（1587年），在虎拦哈达山下"筑城三层，启建楼台"。当年六月二十四日，宣布"定国政，凡作乱、盗窃、欺诈悉行禁止"。并宣布国家婚姻大法等一系列法律，开始依法治国，形成初具规模的奴隶制国家。这时，他坚持同明朝通好，照常进贡，通商贸易，关心人民疾苦，致"民心大悦"，出现"民殷国富"形势。万历三十一年（1603年），为适应"国势日盛"的发展需要，他将首都迁往更开阔的赫图阿拉城。

（二）征服东海各部

努尔哈赤胸怀大志，颇有进取精神。他不满足已取得的成就，迁都赫图阿拉后，开始向东海各部进军。万历三十七年（1609年），他派大将扈尔汉等征服东海兀吉部的胡叶路。第二年，派大将额亦都征服绥芬路、雅兰路、纳木都鲁路、宁古塔路。第三年，派儿子阿巴泰、大将费英东等征服乌尔固宸、木棱路；大将何和理、额亦都、达尔汉等征服胡尔哈部扎库塔城，并向黑龙江中下游用兵，直到天命二年（1617年，万历四十五年）征服库页岛，将东海，即包括今天的乌苏里江沿岸、黑龙江中下游大部分地区，都纳入他的兵威之下。

（三）吞并海西四部

对于努尔哈赤来说，征服东海各部主要是夺取资源、人口，从物资和人力方面充实自己的实力。然而，哈达、辉发、乌拉、叶赫等部都是与他不相上下的部落；占据通向东海和黑龙江的贸易通道。欲控制整个东北貂、参等物资来源，并用以同明朝马市贸易，这四大部落（即"海西扈伦四部"）成为他的最大障碍。扈伦四部的酋长都是女真社会有历史传统且比较强盛的大家族中的人，他们看到无名的努尔哈赤领导的部落飞速崛起，很不服气，便联合起来，想把它掐死在摇篮里。于是，叶赫部那林布禄、布斋，乌拉部布占泰，辉发部拜音达理，哈达部猛格布禄等各部贝勒，联合蒙古科尔沁部翁阿岱、莽古思、明安贝勒及珠舍里、讷殷、锡伯、挂勒查共九部，大兵三万，于万历二十一年（1593 年）九月，分三路向建州进攻。结果在古勒山一战，被建州兵打得惨败。布斋战死，布占泰被俘，其他头目带领残兵败将落荒而逃。

古勒山战后，尽管扈伦四部被迫与建州部讲和，但努尔哈赤统一女真各部的志向并没有改变。万历二十七年（1599 年）九月，出兵消灭哈达部。万历三十五年（1607 年）九月，灭亡辉发部。万历四十一年（1613 年），吞并乌拉部。万历四十四年（1616 年），他自称抚育列国英明汗，在赫图阿拉城建立大金国，史称"后金"，是为"天命元年"。天命四年（1619 年，万历四十七年）八月，消灭叶赫部，将女真社会全部统一。他骄傲地宣布："满洲国自东海至辽边，北自蒙古嫩江，南至朝鲜鸭绿江，同一语音者俱征服，是年诸部始合为一。"

（四）对明王朝开战

明朝政府对女真各部实行分而治之政策，各部首领都是明朝任命的都督等，通过卫、所制进行管理。努尔哈赤的统一战争，对明朝政府是公开的挑战。明朝边官进行过一系列的干涉。天命四年（1619 年，万历四十七年）初，发动了著名的萨尔浒大战，四路出兵围攻赫图阿拉。结果被努尔哈赤指挥的八旗兵各个击破。天命三年（1618 年，万历四十六年），努尔哈赤以"七大恨"为号召，公开向明朝宣战，当年四月十五日，率兵占领明朝边疆重镇抚顺城，七月攻克清河城。第二年六月占领开原城，七月夺取铁岭城。由于战争不断向明朝辽东腹地推进，为减轻调兵遣将的辛劳，天命四年（1619 年，万历四十七年）六月，他迁都界凡城。天命五年（1620 年，万历四十八年）十月，迁都萨尔浒城。天命六年（1621 年，天启元年）三月，一举攻占明朝关外重镇沈阳、辽阳城。并迁都辽阳，建筑东京城定居。天命十年（1625 年，天启五年），迁都沈阳，后改称盛京。

努尔哈赤占领辽沈后，由于奉行民族压迫政策，推行剃发令，遭到广大汉族人民的反抗，民族矛盾尖锐化。在对辽南金州、复州、海州和盖州进行血腥镇压的同时，他于天命七年（1622 年）率兵渡过辽河，并占领辽西重镇广宁城。天命十一年（1626 年，天启六年）正月，带领十三万大军进攻宁远城，遭到明朝督师袁崇焕守军的坚决抵抗，以失败而告终。尽管当年四月他派遣二贝勒阿敏、四贝勒皇太极等出征巴林部取胜，但他一生的战争事业至此已画上句号。

二、相煎何太急

努尔哈赤兄弟、父子相残，发端于万历二十六年（1598 年），征服东海和哈达部前后。弟弟舒尔哈齐、长子褚英都在内讧中被幽禁处死。

（一）兄弟之争

努尔哈赤起兵初期，舒尔哈齐是得力助手，他英勇多谋。十余年后，兄弟分歧逐渐加深。主要表现在两个重大问题上：其一，对外战争问题。努尔哈赤起兵的目的是征服女真各部，统一东北，进而对明朝开战，如前金一样，入主中原。舒尔哈齐想平定建州本部后，各自守土。所以，对征服东海、哈达部表现消极。他满足于明朝封赐给他的都督职务，号称“三都督”。其二，权力之争。随着统一战争的发展，兄弟的权力冲突日趋严重。征服哈达部后，建州将全国分成三族，分配从哈达掠来的明朝敕书，大部分被努尔哈赤及其子褚英（二十岁）、代善（十八岁）领下。舒尔哈齐及其子所得很少，努尔哈赤部下将领一百五十人，舒尔哈齐只有四十人。兄弟相争日渐明显，招待外来使者，兄杀几头猪，弟必以相同数量招待；外使贡物，弟弟要求使者“不要高下于我兄弟”，希望数量相同。最后，弟竟与兄长分城而居。万历三十九年（1611 年）八月十九日，舒尔哈齐在被幽禁中死亡。享年四十八岁。

（二）褚英失位

舒尔哈齐死后，努尔哈赤仿照汉人习俗，实行长子继承制，立长子褚英为嗣，继承汗位。从万历八年（1580 年）至天命五年（1620 年，万历四十八年）的四十年中，他共生了十六个儿子。长子褚英（1580年生）、次子代善（1583 年生）、三子阿拜（1585 年八月十五日生）、四子汤古代（1585 年十一月初四生）、五子莽古尔泰（1587 年生）、六子塔拜（1589 年二月十八日生）、七子阿巴泰（1589 年六月十六日生）、八子皇太极（1592 年十月二十五日生）、九子巴布泰（1592 年十一月初十日生）、十子德格类（1596 年十一月十三日生）、十一子巴布海（1596 年十一月二十八日生）、十二子阿济格（1605 年生）、十三子赖幕布（1611 年生）、十四子多尔衮（1612 年十月二十五日生）、十五子多铎（1614 年生）、十六子费扬古（1620 年生）。其中长子褚英和次子代善是元妃佟佳氏所生，承继汗位由长子褚英首先列名，理所当然。

褚英英勇善战，曾因战功被赐封为洪巴图鲁和阿尔哈图图门称号，是勇敢、有谋略之意。努尔哈赤根据长子继承制，决定将国中一半的人口赐给褚英和次子代善，即每人名下各五千户，并“牧群八百、银一万两，敕书八十道”。令长子褚英执掌国政，代善辅佐，故有令“二子执政”之说。按努尔哈赤的想法，两位长子多分财产，其他诸弟少分。一旦诸弟有难，便于向兄长求助，而兄长有难，将不便求助于弟，故如此安排。

褚英在三个问题上同父亲有严重分歧：其一，同情叔父舒尔哈齐，不赞成置叔父于死地。其二，胁迫代善、莽古尔泰、皇太极、德格类等“发誓”——听兄的话，不许“将我之所言告于父汗”，并威胁五大臣费英东、额亦都、何和理、扈尔汉、安费扬古服从自己，否则汗父故后将诛杀之，致使“彼此不睦”。其三，四兄弟、五大臣告发他之后，憎恨其父，诅咒父亲出兵乌拉部失败等。努尔哈赤认为长子“不可置信”，以其“心胸狭窄”，无治国胸襟，与他所希望的“秉公治国”背道而驰。于是，于万历四十一年（1613 年）三月二十六日，将其幽禁。万历四十三年（1615 年）闰八月，以罪伏诛。

褚英失政后，努尔哈赤仍以长子继承制安排嗣位人选，令次子代善代政。李朝使者反映说：努尔哈赤死后，代善“必代其父，胡中皆称其宽柔，能得众心”。

三、暴风雨中降生

多尔衮降生在建州本部统一之后，大军征服东海三部与扈伦四部的炙热年代。他还在娘胎里蠕动时，姥姥的乌拉部已遭到父亲的大军攻击，失掉六城；刚降生五个月，姥姥和舅舅已无家可归，部落被父亲兼并。可见，他是在战争的暴风雨中降生的。

多尔衮的生母叫作阿巴亥，姓乌拉那拉氏。阿巴亥是女真乌拉部首领满泰的女儿，布占泰的侄女，生于明朝万历十八年（1590 年）。

说起阿巴亥与努尔哈赤的姻缘，还真是极富戏剧性。明朝末年，东北地区女真各部先后崛起，互相谁也不服气谁，经常为了扩张领土和争夺势力范围而打仗。海西女真的乌拉部地广人众、兵强马壮，势力尤为强大，与努尔哈赤势不两立。在万历二十一年（1593 年）的时候，叶赫、乌拉等九部联合进攻建州，凭借着三万之众妄图攻打努尔哈赤的根据地——赫图阿拉，企图把刚刚兴起的建州扼杀在摇篮之中。结果没想到，被英勇善战的努尔哈赤打得大败，九部皆元气大伤。乌拉部的首领布占泰被俘，3 年后才被释放。就因为这一仗，布占泰尝到了努尔哈赤的厉害，从此不敢再与建州作对。

万历二十九年（1601 年）十一月，努尔哈赤毫不费力地灭了哈达部。军事上有个术语叫作“唇亡齿寒”，哈达部的灭亡，使布占泰心惊肉跳。他深知努尔哈赤雄心勃勃，早有吞并各部的野心，为保住乌拉部落，他决定将兄长满泰那刚十二岁的女儿阿巴亥嫁给努尔哈赤为妻。通过和亲的方式保住部落其他人的性命。

幼小的阿巴亥不仅长得漂亮，身材优美，而且是部落中少有的非常聪明伶俐的女孩。她生来一双又黑又大的眼睛，里面总像是藏着很多心事。动荡的年代，女孩子的前途和性命是自己无法控制的。特别是漂亮又聪明的女孩子，往往会成为政治的牺牲品。问题在于，如果真的能够通过通婚的方式保住一个部落老老小小的性命，多尔衮的母亲阿巴亥是非常愿意的。

于是，明朝万历二十九年（1601 年）十一月，布占泰亲自送阿巴亥到建州，与努尔哈赤成婚。当时的努尔哈赤已经四十三岁了，在阿巴亥之前，已经有了六七位妻妾。这位来自乌拉部的稚嫩公主，摆在她面前的问题是：既要博得汗夫努尔哈赤的欢心，又要周旋于他那众多的妻妾之间，难度可想而知。然而，多尔衮的母亲阿巴亥是一位非同一般的少女，不仅仪态万方、楚楚动人，而且小小年纪就有丰富的内涵，天性颖悟、礼数周到，言谈笑语之间，无不令人心悦诚服。43 岁的努尔哈赤对这位善解人意的妃子，爱如掌上明珠。

两年后，大妃富察氏因被人陷害，身批四条莫须有的罪状郁郁而终，离开了人世。努尔哈赤因为十分喜爱幼小而聪明的阿巴亥，下令让她顶替大妃富察氏，将她立为大妃，独占众妃之首，那一年，她才仅仅十四岁。在这里，为了后文的讲述需要，我们必须要提到，努尔哈赤的前任大妃其实就是皇太极的生母孟古姐姐叶赫那拉氏，尽管她年轻貌美、丰姿妍丽，但当比她年轻十五岁，更为丰姿绰约、俏丽聪颖的阿巴亥来到努尔哈赤的身边的时候，努尔哈赤出于喜新厌旧的天性，将更多的爱倾注到了阿巴亥身上，这就必然冷落了孟古姐姐。醋意、孤独、嫉恨交织在一起，使性格内向的孟古姐姐忧郁寡欢，竟致积虑成病，两年后撒手人寰，芳龄仅二十九岁。这件事，一直埋藏在皇太极心里，让他很不愉快，日后一有机会就会报复多尔衮的母亲阿巴亥。

在那之后，万历三十三年（1605 年）七月十五日，阿巴亥为努尔哈赤生下了阿济格，万历四十年（1612 年）十月二十五日，阿巴亥生下了多尔衮，万历四十二年（1614 年）二月二十四日，阿巴亥又生下了多铎。阿巴亥生的这三个儿子，努尔哈赤都非常喜欢，视若珍宝，并将作为后金根本的八旗军队中的三旗交给他们分别掌管。

在阿巴亥的三个儿子中，第二个儿子多尔衮是最为出色的，也是最受努尔哈赤宠爱的。他小小年纪就已经显示出了非凡的才华，他和他的父亲一样，是一个天生的武士。很小的时候就热爱骑、射、刀、剑，并且比一般孩子都更加身手敏捷。他的哥哥性格木讷、软弱，流于善良的平庸，他的弟弟则行为鲁莽、思维简单，不够精明。而他在其中，聪明又勇敢，可谓出类拔萃，鹤立鸡群。

然而，就在多尔衮八岁那年，原本平静、富贵、快乐的童年生活被一件天外飞来的横祸打破了。

“搜罗天下美女，广泛占为己有”是中国古时历代帝王共同的爱好和特权，这些掌握了天下最大权力的男人们欲占尽天下宝藏，也欲占尽天下美色。多尔衮的父亲努尔哈赤一生娶了十六个女人。这些女人，在努尔哈赤十八岁至六十二岁之间先先后后走进了他的生活。帝王的爱情生活，是很多人乐于研究和争相讨论的，可是，在象征着荣华富贵的宫殿里，其实皇帝的内心也很寂寞。他们作为男人，同样有对于爱情的需要。然而，那个时候的婚姻，大多以外交和繁衍为目的，是政治的需要，也是怀柔和扩张的结果。外交需要势力，女人便成了部落与部落联盟的纽带；扩张需要人口，于是皇帝只能让他的女人不停地生育孩子，以满足对军队将领的补充需要。在我国古代那种古典的战争范式里，“打仗亲兄弟、上阵父子兵”的意义，是一切兵法的底蕴。战争是人口与人口的较量，增加子嗣，使战争的消耗得到相应的资源和补充，当然需要女人。

多尔衮的父亲努尔哈赤就是这样的男人，他不停地娶妻生子，身边聚拢着许多个来自各个部落的首领的女儿，她们几乎各个都是个性十足的女人，于是，产生麻烦是必然的。说来说去，后宫其实就这么点事儿，女人之间的麻烦大都由于她们的相互攻讦，为什么要相互攻讦呢?因为只有一个丈夫，却有这么多妃子，都想比一比，谁更受宠。邀宠的心理是自然的，因为每个人都会嫉妒，都会希望自己是努尔哈赤最在意的人。

多尔衮的母亲阿巴亥十五岁就做了大妃，在生育了三个儿子之后，更是深得努尔哈赤的喜爱。“木秀于林，风必摧之”，侧妃代音察对阿巴亥的地位和权力恨之入骨。她对阿巴亥的行动进行盯梢，一经发现蛛丝马迹，便添油加醋到处散播，飞短流长，搅起满城风雨，阿巴亥时刻处于被严密监视之中。

天命五年（1620 年）的三月二十五日，代音察偷偷地向努尔哈赤告状，她添油加醋地说：“大福晋好像跟大贝勒的关系不太正常，反正我觉得阿巴亥好像特别喜欢大贝勒。我就亲眼见到两次，阿巴亥准备了丰富的佳肴，偷偷摸摸地派人去送给大贝勒代善。听说大贝勒也十分感动，几乎是含着热泪吃完的。我本来以为这不算什么大事，不过是亲人之间的一种问候。但是不一样的，还有一次，阿巴亥也是准备了好吃的，派人送给四贝勒皇太极，四贝勒就只是接受了但是可没见他吃，也没见他那么激动。另外，我亲眼所见，大福晋阿巴亥曾有一次就在一天当中，曾两三次派人到大贝勒的家去。这还算不得什么，前几天我居然看到大福晋自己在深夜时离开大贝勒的院子，这关系可就不那么正常了吧?”

听了这些话，努尔哈赤怒火中烧，连忙派人前去调查。调查人回报确有其事。他们还说：“我们看到每逢大贝勒在汗处赐宴或会议之时，大福晋都用金银珠宝来修饰打扮，望着大贝勒走来走去。这事除汗以外众贝勒都发现了，实在不成体统，想如实对汗说，又害怕大贝勒、大福晋。所以就谁也没说。这些情况现在只好向您如实报告。”

努尔哈赤听了汇报后，也是连续几个夜晚辗转反侧。他心里其实是清楚的，他认为大儿子代善和妻子阿巴亥之间并没发生什么大不了的事，但就是因为男人的私心和他对阿巴亥的偏爱，在感情上总是没有办法接受。努尔哈赤曾经想要严厉处置这件事，但是当事人又构不成什么罪，再说家丑外扬也有失体统。颇富政治经验的努尔哈赤深知此事如此沸沸扬扬，背后肯定藏着什么政治目的，因而只好作罢。

然而，后宫的斗争是永远不会结束的。树欲静，而风不止，福晋中又有一人举报阿巴亥私藏财物。于是，努尔哈赤便以此为由，给她定了罪。

努尔哈赤下令的那天，阿巴亥正和儿子多尔衮、多铎在院子里玩耍呢，多尔衮注意到父亲这次派来找母亲的人，神色凝重，眉眼之间隐隐有杀气，小小年纪的多尔衮凭直觉已经意识到事态的严重性。他用力抓着妈妈的手，说：“母亲，你不要去！要去的话我陪你去！”阿巴亥回头看了看二儿子多尔衮，他黑亮的眼睛里有着一抹超乎他这个年纪的敏感和执拗。身为君主的女人，自己是根本做不了主的。其实阿巴亥也感觉到了事情的严重性，然而又能怎么办呢？作为母亲，她当然不想让儿子担心，于是她只能忍住自己的伤心，轻柔地摸着多尔衮的头，说：“孩子，别担心。妈妈去去就回来。多尔衮，你是哥哥，要照顾弟弟呦！”

阿巴亥离开之后，多尔衮的心一直突突地跳着，弟弟多铎却浑然不知发生了什么事情，只顾开心地在院子里疯跑。多尔衮越想越不对劲儿，拉着弟弟的手，说：“咱们去偷偷看看父亲和母亲吧，听听他们都说什么。”弟弟正玩得开心，攥着一把泥土脏兮兮地说：“你要去你去，我可不去，我正玩着呢。再说，你要是让父亲看见了，非得治你的罪！”多铎说完后，自己又去玩了。可是细心的多尔衮就是不放心，他偷偷地来到前庭，躲在一个角落里，借着窗户开的缝，仔细地辨别里面的声音。

话说阿巴亥来到努尔哈赤面前，看到这满屋子的官员和武士，心下里已经知晓了一半。在那个时代，君主一句话，胜过万千法律。但是她暗暗地下了决心，无论别人怎么攻击她，她就算是为了孩子，也一定要保留住最后的尊严和自己的清白。

努尔哈赤看到阿巴亥，其实是不忍心的，但是帝王就是帝王，做了决定一定要执行，否则他的尊严该如何维护呢?

“阿巴亥，你知罪吗?”

“回大汗，妾身不知何罪之有。望大汗明示。”阿巴亥立于前庭的中央，挺直了脊梁。

“你身为大福晋，却虚伪狡诈、盗窃成性，可以说是坏事做全。我用金子、珠宝尽情地打扮你，但你却忘恩负义，岂不该杀?”

在门口偷听的多尔衮听到“该杀”两个字，不由自主地打了个寒战。

“回大汗，妾身心如明镜，一心为大汗着想，自认为并无不妥之处。但是大汗既然怪罪下来，自来有您的理由。事到如今，妾身无话可说，但求一事。”阿巴亥没有哭没有闹，甚至连辩解都没有。十二岁就嫁给努尔哈赤的她，太了解大汗的性格了。他喜欢掌握绝对的权威，只要他决定了的事情，没有人可以改变。阿巴亥超乎寻常的冷静让在场所有的人都感觉到非常吃惊。就连门外的多尔衮，在听到母亲说这番话之后，也抑制住了眼睛里的泪。

“说吧，念在过去的情谊上，你有什么要求尽管直说。”努尔哈赤强忍着内心深处对阿巴亥的佩服，轻轻地说。他几乎不敢看阿巴亥的眼睛，怕这样一看就下不了决心了。

“大汗，您完全可以杀了我，您夺我的性命易如反掌，作为大汗的女人，我也心甘情愿为大汗去死。但是，我不仅是大汗的女人，也是四个孩子的母亲。这四个孩子，都是大汗的亲骨肉，特别是多尔衮，他那么出色，将来一定会成为一个有用的人才，辅佐大汗夺取天下。正是因为考虑到这一点，阿巴亥斗胆向大汗请求：“让我继续照顾您那爱如心肝的三子一女。大汗可以没有阿巴亥，我相信会有新的比阿巴亥更好的女人来照顾大汗，但是孩子们却不能没有母亲。他们年龄太小了，多铎才六岁，孩子们一定不能接受我突然离开的现实。恳请大汗看在孩子们的面子上，留我一条性命。如果大汗能够答应我的请求，我一定带着孩子们远离大福晋的庭院，只求安稳地生活。”

阿巴亥边说边流泪，但是是无声的。这个女人，用她的理智和清醒，维护住了她最后的尊严。门外，八岁的多尔衮，他的内心疼得厉害，仿佛被当头一棒击打碎了。他觉得他被父亲、被整个世界都抛弃了，现在唯一要他的，就是那个在死亡边缘竭力挣扎的母亲。第一次，母亲的形象在他心里高大起来。多尔衮紧紧地咬着下唇，浑身颤抖着。他下定了决心，等有朝一日长大了，一定要成为一个有能力保护母亲的英雄，再也不让母亲遭受到这样的屈辱。

“你就只有这样一个要求吗？按理说，你品行不端，难以做一个好母亲。但是，孩子们的确还小，我也不放心交给别人照顾，所以看在孩子们的面子上，我决定不杀你了，给你一个机会，好好反省自己，一定要认真照看孩子们，以求赎罪吧！但是，我坚决不同你这个女人共同生活了，你即日起离开大福晋的庭院吧！”

“谢大汗！”阿巴亥咬紧牙关，说出了这三个字，泪水再也抑制不住地汹涌而出。努尔哈赤几乎就在那一瞬间后悔了。这个美丽聪慧的妻子，这个从来不说人是非总是把别人往好处想的女人，就因为他的一时怒气，离开了他。奇妙的是，努尔哈赤真正的内心，并没有感觉到休了阿巴亥之后的轻松和快乐，反而被一股惨淡的乌云所笼罩了。在情感上，他觉得是阿巴亥离开了他，抛弃了他，并且带走了他最喜爱的多尔衮。这就是多尔衮童年时代给他影响最为深刻的一件事情，几乎改变了他对男人、对女人、对感情的看法。汗父努尔哈赤的残忍无情和母亲阿巴亥的懂事明理，给他留下了深刻的印象。以至于等到他成年之后，依然无法抚平心中的创伤。从那一天起，他对男人，特别是手中掌握着生杀大权的男人充满了愤恨。从那一天起，依赖母亲、信任女人，渴望所有善良的女人的爱护。母亲，成了他生命中唯一的神。也就是从那一天起，他仿佛忽然间就长大了。年仅八岁的他眉宇间开始有了坚定的神色，他更努力读书了，他更认真习武了，阿巴亥把所有的希望都寄托在了多尔衮身上。但是，做母亲的万万没有想到，她竭力维护的努尔哈赤的尊严和善良，已经在多尔衮心里彻底打碎了。她这个最优秀的二儿子，其实什么都知道了；但是，他依然什么都没说，只是伴随在母亲左右，不离不弃。

就这样，那天之后，与努尔哈赤共同生活了近二十年，一直受宠不衰的阿巴亥愤然离去，独自一人带着十五岁的阿济格、八岁的多尔衮、六岁的多铎开始了沉默而凄凉的生活。

遭恁处被休弃，对阿巴亥而言是一个重大打击，也让年少的多尔衮第一次尝到了被冷落的滋味。但是，其实努尔哈赤的内心深处对阿巴亥的感情和牵挂仍在，阿巴亥对此也是充满信心的。所以，在那些暗无天日的日子里，每当多铎问起“阿玛在哪里？怎么不来看我？”等问题的时候，阿巴亥总是微笑地回答说：“阿玛很忙，打完了仗就来看我们了。”令阿巴亥感觉到很奇怪的是，比多铎大不了几岁的多尔衮似乎对这样的问题丝毫不感兴趣，自从她被打入冷宫后，懂事的多尔衮仿佛完全忘记了他的阿玛是努尔哈赤，也从来不寻找以前那个教他骑马射箭的人了。

殊不知，多尔衮已经知道了这一切，并且在瞬间就成熟了。

努尔哈赤自从离开了阿巴亥，内心也是忧虑重重，难得快乐。他只有将全副心思都放在战场上。他非常想赢得胜利，寄希望于通过作为君主的胜利来掩盖他内心深处的孤独。

在阿巴亥被打入冷宫之前，也就是万历四十七年（1619 年）二月，努尔哈赤带领后金打了一场非常漂亮的仗。那时，努尔哈赤在萨尔浒（今辽宁抚顺东大伙房水库边）附近与明朝进行了决定后金命运的一次决战。大明朝为保持它在辽东的统治，调集大军十万人，号称四十六万，以杨镐为辽东经略，分兵四路进攻赫图阿拉，企图一举消灭后金。努尔哈赤采取了正确的对策，集中八旗兵力六万余人，连续浴血奋战了五日，终于击败了明将杜松、马林、刘廷三路大军，杨镐闻知三路兵败，急令第四路李如柏撤兵，狼狈逃回。就是因为那一战，后金大获全胜，从而使辽东局势发生了最根本的势力变化，努尔哈赤由防御转入全面进攻。随后接连攻占了开原、铁岭，以及辽东重镇沈阳和辽阳。

天命六年（1621 年）三月二十一日，努尔哈赤进入刚刚攻克的辽阳城，就下达了“遣人往迎众妇人及诸子来城居住”的谕令。这样的举家大迁徙，为努尔哈赤日后定都辽阳打下了伏笔。告别赫图阿拉老城的热土，顺着苏子河的流向，走出重重大山的众福晋和诸幼子们，带着既向往又缱绻的心情，一路上车马奔驰，该颠荡出多少悲欢故事和苦乐人生的滋味？辽阳，这一座男人们用马鞭、箭簇和生命占领的城市，将为他们开创一个崭新的时代。

眨眼间十几天过去了，迁徙的队伍向着目的地越来越近。四月初三，努尔哈赤又根据建制每二旗出五牛录额真一人，每二牛录出士兵一人，组成一支精干的队伍，前去往迎众福晋。他们的任务是保驾护航，当然，更是壮大皇家声威。四月初五日深夜，踢踢踏踏的足音和轰轰隆隆的轮响闹醒了沉睡的古城。总兵官以上的诸大臣立即骑马赶到城外教场，在那里他们下马步行，向风尘仆仆的众福晋们施行大礼，恭恭敬敬地引导迁徙的乘骑入城。城内，军士们沿街列队，欢呼祝福。自城内至努尔哈赤的寝宫，一色的白席铺地，上铺红毡，排场得可以。无数的灯笼点缀在丛丛篝火之中，整个夜空通红一片。众福晋们移动着木底旗鞋，一步步地向汗夫走来……躲在远处窥视的汉人，眨闪着惊讶的眼睛，他们不知道这些珠光宝气的大脚女人有着如何的活法。

众福晋顺利地到达了辽阳，但是，有两位官员却因为其间的过失遭到了革职。它给我们平淡的故事增添了一段跌宕的情节，讲述出来还是蛮有意味的。

阿胡图是最早受汗派出迎接皇妃们的官员之一。他的任务很简单也很明确，就是宰杀自家的猪用以祭祀。那种别乡的仪式本来是走个过场而已，用不着那么铺张。可是败家的阿胡图把自家的猪尽宰之后，又大散银钱，四处侈购，一日宰祭竟至二三十头。胡作非为的后果当然是自己倒霉。

如果说阿胡图的倒霉是咎由自取，那么布三的厄运就有点天外来石，多少有些委屈。那日，众大臣引领众福晋自萨尔浒再度启程。由日出至日落，时光在奔波劳顿中流逝。当队伍行进到十里河地方，夜幕已经降临，众臣商议准备就此住宿，疲惫不堪的众福晋也欣然允许。谁知，半路杀出个程咬金，执行其他任务的布三不期而至。这个不知天高地厚的布三力排众议咄咄反诘：此地至辽阳稍息可至，何必非要住下呢？并且逼迫大家起身前行。于是，这支重又上路的队伍直至深夜才到达辽阳城的灯火阑珊处。事后，努尔哈赤命人对布三进行审理。布三的用意也许不会怎么恶毒，可是上司一口咬定他有过失。直率的布三承认事情属实，但拒不认错。

在众福晋到达辽阳的第三天，阿胡图和布三各自在征战中挣来的参将职务被一撸到底，降为白身，并且所得赏物被尽数没收。

努尔哈赤占领辽阳之后，立即做出的另一个重要决定，召回被贬了一年的阿巴亥，将其复立为大妃。

实则，每打赢一场胜仗，努尔哈赤就越发在心里多惦记多尔衮母子一分。这思念，仿佛那蒙古草原上燎原的星火，随着时光的推移是越发的难以抑制了。终于有一天，多铎正缠着多尔衮玩，多尔衮心下里正在思考如何使自己迅速长大的时候，一纸诏书，再次从天而降，他们的母亲阿巴亥在遭休弃一年后，又被复立为大妃。多铎听说能回到原来住的宫殿里，欣喜若狂，几乎是跳着把这个消息告诉了母亲。而多尔衮则仍旧是深锁着眉头，这个八岁多的孩子，一时间还难以接受如此重大的变化。即使是在被冤枉被抛弃的时候也没有放声哭泣的阿巴亥，这个时候终于控制不住多日来的隐痛，把头埋在胸前，放声大哭了起来。

这件事发展到这个阶段，已经可充分证明后来百姓的传言是有道理可循的。努尔哈赤对可爱的阿巴亥确实情有独钟。皇帝身边被赶走的女人太多了，不论她们此前多么高贵，一经出宫，沦入民间，能有几个获得回头的机会？刚愎自用的努尔哈赤能把“复婚”的决定做得这样果断必有深刻的原因。那时，已经六十三岁的努尔哈赤对女人的感动已经失去敏锐，何况天下不乏美人。阿巴亥之所以能浮出政坛，是因为她的重要，她的持家理政、相夫教子的能力出类拔萃。

我们可以尝试着去想，每当努尔哈赤想到哪个女人更适合做他的大福晋的时候，相信众福晋的身影都曾不止一次地在努尔哈赤的脑海里一一滤过。秀美、端庄、勤劳、诚实、俭朴、坚毅都是她们为妻的美德，就连她们的刁钻、自私、懒散、乖张也可以容忍；她们都有对权力的渴望，并为此而不停地做着不可告人的手脚，但是，这群几乎什么都具备的女人，就是缺少一种政治上的豁达、缜密、远见以及独裁。后金进入辽沈，雄心不已的努尔哈赤将有更大的动作，现在身边的这些女人难挑重任啊！

让努尔哈赤念念不忘反复琢磨的，想必就是阿巴亥在得知自己被废的那一刻，所表现出来的沉着和冷静。即使是在命在旦夕的那千钧一发之际，这个女人的一举一动都显示出了大家风范。她一方面顾及到了努尔哈赤那无上的威严，另外一方面又给了努尔哈赤台阶下，“照顾年幼的孩子，孩子不能离开生身母亲”这个理由既光明正大又饱含温情，相信任何人都难以拒绝。最关键的还有，她带着孩子离开的时候一句怨言都没有，保持住了最后的尊严，单凭这一点，阿巴亥就是一个非同凡响的女人。

于是，努尔哈赤重新选择了她。因为她的才情吻合了时代需求的苛刻检验，她的度量也禁得起战争的残酷考验。果然，让我们没有失望的是，阿巴亥在厄运中非但没有萎靡，经过风雨的历练反而更加成熟。当她再次出现在大福晋的庭院里的时候，她依旧鲜亮如初。而且，经过这一次生与死的历练，她再次介入到诸王和众妃建构的政治格局当中的时候，更多了一分沉稳和霸气，阿巴亥已经准备好了，准备好了重新与他们交谊和对峙，我们有理由相信，她的崭新的政治生涯开始了。

同时准备好的，其实还有那个一直藏在背后，默默地不作声，却心里有谱儿的十四贝勒多尔衮。

前文我们提到，天命五年（1620 年）九月，努尔哈赤宣布废黜大贝勒代善的太子名位，改立阿敏台吉、莽古尔泰台吉、皇太极、德格类、岳记、济尔哈朗、阿济格阿哥、多铎、多尔衮为“和硕额真”，命令几人共议国政。当年，多尔衮只有八岁，也就是说，从那时起，多尔衮以八龄幼童跻身于参与国政的和硕额真行列。但是，自从发生了母亲阿巴亥被废事件之后，多尔衮似乎不像以往那样和父亲那么亲密了。他总是以非常谨慎的神色远远地看着父亲。根据历史书籍记载，当时在许多重大的活动中，都看不见多尔衮的踪影。当兄弟们围绕着父亲说说笑笑，享受天伦之乐的时候，这个敏感的孩子，总是逃得远远的。他把全部精力和所有的心思都用在了自身的学习和锻炼上。他的胸中总是秉承着一股气息，这个世界上，除了母亲，谁都是不可信赖不可依靠的，即使是自己的生身之父。

多尔衮微妙的变化逃不过努尔哈赤的眼睛。有一次，多尔衮正在练习射箭，努尔哈赤趁其不备，从背后一把环住了多尔衮。下意识地，多尔衮用尽了浑身的力气向后攻击，几乎把壮硕的努尔哈赤击倒在地。待到多尔衮转过头来的时候，看见年迈的父亲眼睛里有一抹游移的神色，他连忙低下头去，轻声地说：“儿子不孝，不知道身后的是汗父。”夕阳下，努尔哈赤似乎第一次看到自己的儿子，那样的英俊挺拔、气宇轩昂。他心想：这个孩子是什么时候长大的呢？难道我真的就已经衰老了吗？

“来，过来，坐到我身边来。”一向不苟言笑的努尔哈赤难得在孩子面前呈现出温和的一面。“跟我讲一讲，你心里的梦想。”

其实多尔衮的心里，是有着胆怯的。他心里的梦想？做儿子的，多么想冲口而出：“我的梦想就是你再也不会抛弃我的母亲和我的兄弟，我的梦想就是有朝一日你不会用你的权力来对待你的家人。”可是，经过了那一次生死考验，多尔衮已经不再是一个简单的孩子了，他知道他的父亲不是一般的父亲，他更加明白他自己也不是一般的儿子。

“我心里的梦想，就是有一天能像雄鹰一样，自由地翱翔在蓝天上。再也没有战争，再也听不到女人和孩子的哭声，再也看不到流淌着鲜血的战场。我希望每个人都能快乐健康地生活，和自己喜欢的人在一起，骑着高头大马，哼着悠扬的乐曲，平静地生活。”多尔衮把头靠在父亲的肩膀上，眼睛望向远方，充满深情地说。他所描绘出的美丽画面让努尔哈赤听得如醉如痴，几乎忘记了自己是一个肩负重任的君主。“孩子，你可知道？你心里的梦想正是我的梦想呀！但是，我们要怎么样才能让心里的梦想成为现实呢？你考虑过这个问题没有呀？”把心思从遥远的梦想之国收回来，努尔哈赤想考考这个他最喜爱的儿子。“梦想若想成为现实，则必须经历一番血与火的考验。我必须成为一个真正的英雄才可以。我只有不断地努力，成为一名真正的英雄，才能帮助父亲完成心愿，通过我们的努力让这个世界再也没有战争。我认为，只有经历过战争，才能获得真正的和平。”年少的多尔衮天资聪颖，考虑问题几乎比他的哥哥们还要成熟，努尔哈赤不得不对这个儿子刮目相看了。“孩子，告诉父亲，如果你真的有一天做了帝王，你会让你的子民们过平静的生活吗？你不希望他们再给你扩展更广的领域吗？”想了很久，努尔哈赤决定问出这个其实一直缠绕着他的问题。

“天之外，总有更高的天。草原的尽头，应该也有更美丽的草原。但是，如果我的子民、我的战士们不能感觉到跟随我的快乐，我又怎么忍心让他们因为我的欲望而生活在无止境的战争里呢？我相信，这个世界，早晚有一天是要和平的。女人们应该快乐微笑，孩子们应该尽情玩耍，而男人们则应该在奋斗过后好好地休息一下。”多尔衮说这番话其实是经过考虑的，他知道父亲已经六十岁了，他应该已经觉得很疲惫需要休息了，否则他绝对不会因为想念他的母亲而做出复婚的决定。

听了多尔衮的话，努尔哈赤不断地点头赞许。

然而，谁知天有不测风云……

四、父母双亡

后金天命十一年（1626 年，明天启六年）正月，六十七岁的努尔哈赤雄心未老，亲自率领十三万人马，向明王朝发起进攻。无能的明王朝这时几乎将所有的军权都交代给了一帮阉党，靠拍魏忠贤马屁起家的新任辽东经略高第就是其中的典型代表，他是当时著名的不抵抗政策的执行者。他一听说后金来攻，就立即下令放弃山海关外所有的大明王朝疆土，从而使得努尔哈赤的大军一帆风顺地在辽东辽西长驱直入。

正当努尔哈赤志得意满的时候，在山海关外辽西宁远城，他遇到了自己的克星：文官出身的宁前道袁崇焕。这个来自广东东莞、身材精干、文武双全的书生，是当时所有关外城寨中唯一一个敢于违抗指挥官错误指令的人，在保卫宁远的战役中，带领四万余名将士，奋勇杀敌，深得当地百姓的欢心，表现出了比大多数明帝国武将都要顽强几倍的斗志。

于是，努尔哈赤不但未能攻下小小的宁远城，更在战役中被袁崇焕的红衣大炮（早期加农炮）所伤，输得一败涂地。

于是，就在多尔衮十三岁零十个月的时候，天命十一年八月初七日，突然传来了震惊汗宫的噩讯，努尔哈赤病危，召大福晋乌拉那拉氏阿巴亥往见。原来，由于本年正月进攻宁远失利，努尔哈赤负伤撤围回兵以后，因征战 40 年，所向无敌，而独败于孤城宁远之下，十分气愤，忧怒成疾，创伤未愈，又痈疽突发，遂于七月二十三日，往清河汤泉沐养。八月初一日，又专派二贝勒阿敏宰牛三头，烧纸钱，祈求皇天、父祖保佑。但是，毫无成效，病势越益严重，努尔哈赤只好于初七日乘舟返沈阳，召阿巴亥往迎，于浑河相会后，十一日未刻在叆鸡堡去世，享年六十八岁。

噩耗传来，“诸王臣并官民哀声不绝”，当夜初更，灵柩由群臣轮班抬到沈阳，运入汗宫，第二日安厝于城内西北角。

父亲去世，本来对十三四岁的多尔衮就是一个重大打击，十几年的抚养之恩难忘，厚遇之恩更难报，没有汗父的关照，没有汗父对生母阿巴亥的宠爱，多尔衮怎能过着锦衣玉食、一呼百诺的骄奢生活，怎能在年方八岁时就名列“和硕额真”誓词之上，怎能成为十五牛录之主。

现在，汗父离开了人间，父子情深，殊恩奇宠，怎不叫人伤心。

而且给多尔衮弟兄三人打击更大的是汗位继承人问题。是谁继位为汗？这对多尔衮弟兄，可以说是关系到身家性命和政治前途的决定性问题。

其实，在努尔哈赤临终前的数年间，关于他立嗣的问题就传说纷纭，其中有："谓贵永介曰：'九王子当立而年幼，汝可摄位，后传于九王。'"根据这一说法，近年诸多历史学者认定此为事实，也有的历史学者持完全否定的意见。那么到底是怎么回事呢？我们略加分析、判断。

（一）大贝勒失政

天命四年（1619 年，万历四十七年），在萨尔浒大战取得决定性胜利之后，四月初三日，努尔哈赤决定移兵于明朝边境驻扎，在界凡山筑城。经过两个月施工，便于当年六月初十日，将都城暂时迁到界凡城。然而，尽管天命五年（1620 年，万历四十八年）三月，有大福晋事件冲击，努尔哈赤对大贝勒代善不满，却"不欲加罪其子"，便借"大福晋窃藏绸帛、蟒缎、金银甚多为辞，定其罪"，休废于另室，代善便躲过了罪责。当然，从根本上说，代善没有什么过错。而当时的努尔哈赤一心只想国家必须"得辽而后生"，不进入辽沈地区将无法生活，关于继嗣问题不再提起。因统一事业发展很快，当年十月又决定临时迁都。代善作为合法汗父嗣位人，应当胸中有数。然而，在住房问题上他却弄得很复杂。先是他看到长子岳託建的宅院比自己的宽敞，自己想要搬进去居住。本来父子之间可以自行协商，但他却以关心汗父为由，希望汗父移出自建的狭小院庭，移进自己的宅院。努尔哈赤很是高兴，认为"果较其欲居住之地颇为宽大"，于是宣布："大贝勒住我整修之住地，我居大贝勒整修之地。"代善没有看上汗父的宅院，认为他的宅院太狭窄，不便装修。暗指拨岳託宅院给自己。诸贝勒不知道他葫芦里装的什么药，他又不明说。大家都成了丈二的和尚，摸不着头脑。莽古尔泰没有与诸贝勒商议，请示汗父派工千余人给代善重新建筑宅院。新宅院完工后，代善仍不满意，提出"该地优佳，请汗居住"。努尔哈赤前往观看后，决定进驻，并将代善原先建筑的宅院作为诸贝勒会议大衙门，将自己初建的房屋仍赐给代善。代善没有达到愿望，指使阿敏再次请命。

努尔哈赤只好从新建的“优佳”宅院搬出，回到自己初建的宅院中。

代善是努尔哈赤诸子中最勇敢善战的将领，功勋赫赫。但是，做出如上蠢事，实在令人失望。他目光短浅、心胸狭隘、不识大体且相当自私。同时，他还怕老婆。继妇虐待次子硕託管理牧群，肆行无忌。致使硕託无法生活，造成极坏影响。阿敏、莽古尔泰、皇太极、达尔汉虾等都曾劝告他，他竟迟迟不知改悔。早年李朝使者曾赞扬他宽宏、能得众心，将来必然承继汗位。而今天却批评他“特寻常一庸夫”。天命五年（1620 年，万历四十八年）五月二十八日，他发誓说：“我不恪守汗父教导之善言，不听三位弟弟、一位虾阿哥之言，而听信妻言，以致丧失汗父委托于我指挥之大政。我乃杀掉我的妻子，手刃我之过恶，日后若仍以是为非，以恶为善，怀抱怨恨和敌意，我愿受天谴责，不得善终。”这段誓词，如同认罪书。事实不难看出，在努尔哈赤的心目中代善已黯然失色。

（二）兄弟间相逼

从天命四年（1619 年，万历四十七年）至天命六年（1621 年，天启元年）的三年中，后金政权围绕李朝问题，内部发生较大争论。主要是两个问题，即对待李朝战俘和出兵李朝。萨尔浒大战结束后，李朝都元帅姜宏烈率领三千兵投降。代善与姜宏烈在战场上共同盟誓讲和。代善想先移兵都城，令姜宏烈等朝见努尔哈赤后，将李朝官兵再释放回国。而努尔哈赤知道这批官兵有很强的战斗力，将对后金构成威胁，除采取分散办法，将一部分分到村庄外，借口杀掉数百人。代善认为双方已讲和，“阵上之约不可负”。同时，他鉴于后金“四面受敌，仇怨甚多”，大非自保之策，对于李朝“极力主和”，坚决反对杀害李朝官兵、丧失信誉。皇太极和莽古尔泰等主张屠杀投降官兵，并主张出兵李朝，然后再进攻辽东。因此，在李朝问题上两个代表人物代善与皇太极“和战异议，所见相左”，争论十分激烈。兄弟争论最终裁判自然是汗父。从正常人情道理说，真理是在代善一边。努尔哈赤无奈，表态说：“好！好！当从汝言。”而皇太极和莽古尔泰早就摸清汗父的心思。因此，这场军事路线的大争论，也是努尔哈赤对代善嗣位动摇的重要原因之一。

经过两年的争论，转眼之间已是天命六年（1621 年），嗣位问题已成了烫手山芋，想拿拿不得，想放放不下。九月初十日，努尔哈赤遇到叔兄弟阿敦，闲聊起来。这位阿敦是一位“勇而多智”的人物，在后金将领中“超出诸将之右”，往昔各次战阵几乎“皆其功也”，时任镶黄旗满洲固山额真，是努尔哈赤身边的智囊人物。努尔哈赤遇事一向独断专行，而在嗣子问题上却听阿敦的意见。他开口便问：“诸子中谁可以代我？”智慧的阿敦听到这样的敏感话题，哪敢轻易插言，巧妙地说：“知子莫如父，谁可有言？”努尔哈赤告诉他说说无妨。阿敦仍不肯直接点出名字，只说：“智勇双全，人皆称道者。”努尔哈赤明白他所指的就是皇太极。可见，努尔哈赤放弃代善嗣位，已有意于皇太极，从“人皆称道”这句话可知，皇太极在官民中的口碑不错。

然而，阿敦对待这样的严肃问题，却采取的是不严肃的态度，他将与努尔哈赤的谈话内容告诉代善，使代善的心情不安而怨恨。皇太极摸到汗父的脉搏，便同莽古尔泰、阿巴泰等频繁秘密交往。阿敦洞察到其中隐情，便悄悄地警告代善：皇太极、莽古尔泰等“将欲图汝，事机在迫”，你要做好准备。阿敦本是好心，让他提防，可哪里想到代善竟跑到父亲跟前哭了起来。努尔哈赤十分愕然，问清缘由，原来是阿敦从中有话。为弄清真相，努尔哈赤将皇太极等招来盘问，而他们都矢口否认。结果阿敦以在诸子中“交媾两间”罪被幽禁，籍没家产。从实而论，尽管代善经过种种挫折，嗣位已基本丧失，而皇太极仍不放心，对兄长几乎是落井下石，在社会上已形成一种氛围，连李朝使者都已洞察到，他们“兄弟位次相逼”，指出皇太极“恃其父之偏爱”“潜怀弑兄之计”。当然，阿敦在爱新觉罗家族中是智谋高远的人物，努尔哈赤在嗣子问题上，任何人的意见都不顾，偏偏征求他的看法，说明他在努尔哈赤心中的地位。然而，他一时不慎却给努尔哈赤抓到把柄，努尔哈赤借机将他杀掉，防止身后乱政。这就是政治斗争的残酷性，李朝使者对此惋惜地说，努尔哈赤“是自坏其长城也”。

（三）八家同理政

自从褚英被杀，努尔哈赤经过七年的努力，在解决嗣子的问题上宣告失败，诸子相争，愈演愈烈。于是他在剩下的五年中，无可奈何地实施“八和硕贝勒共同治理国政方略”。这个方略的提出和实施共有四个问题：

其一，总结历史教训。努尔哈赤在训诫诸王时，说他的思想来自祖宗六王时代，即“我祖六人及东郭（栋鄂）、王佳（完颜）、哈达、夜黑、兀喇、辉发、蒙古俱贪财货，尚私曲，不尚公直，昆弟中自相争夺、杀害，乃至于败亡”。从这段历史教训中他得出结论：我“以彼为前鉴，预定八家”。实际上，他也是吸取历史教训，因为他为争权夺势、利益、政见分歧，竟杀弟、屠子，当他进入六十四岁高龄时，反悔过去，展望未来，不寒而栗。所以，天命六年（1621 年，天启元年）正月十二日，他教训诸子：“吾子孙中纵有不善者，天可灭之，勿令刑伤，以开杀戮之端。”实际上，开杀戮之端者、不善者正是他自己，今天只是希望诸子不要重蹈覆辙。事实证明，努尔哈赤晚年推行的治国方略，与吸取历史教训大有关系。其二，方略的经济内容是要求“重义轻财”，凡得财务，八家平分；政治上，从诸贝勒中推选出一人为君。要求君主善良、贤能、受谏、有才、有德、有威望，反对“恃力自恣”者；有事八家同议，未经同议不准私行。诸贝勒朝见君主须同往，共商国是、举贤良、退谗佞，不可一二人至君前；君主“若不纳谏，所行非善”，可以共同计议更换；如果被更换的君主不悦，则“强行易之”。同时，要求严法度，信赏必罚，加强法制管理。其三，奉行儒家忠孝思想，主张社会和谐，提出“人君无野处露宿之理，故筑城也。君明乃国成，国治乃成君。至于君之下有王，王安即民安，民安即王安。故天作之君，君恩臣，臣敬君礼也。至于王宜爱民，民宜尊王；为主者宜怜仆，仆宜为其主。仆所事之农业与主共食，而主所获之财及所畋之物亦当与仆共之。如是，天欣人爱，岂不各成欢庆哉”。很显然，他要求从君主到奴仆上下都要“互相关切”，使社会达到“天欣人爱”的境界。如何达到这个目标，需要一种统治思想，那就是儒家思想。天命十年（1625 年，天启五年）四月二十三日，他在诸贝勒欢宴上正式引用《论语》说：“其为人也孝悌而好作乱者未之有也，吾世世子孙当孝于亲，悌于长。其在礼法之地勿失恭敬之仪。至于燕闲之时，长者宜合洽其子弟，俾翕如欢聚。”并指出，作为君主凡是“除夕谒堂子拜神主后，先由国君亲自拜众叔、诸兄，然后坐汗位。汗与受汗叩拜之众叔、兄，皆并坐于一列，受国人叩拜”。为了给诸子和国人做出榜样，当年正月初七日，他把过去在统一战争中受到冲击、对自己大为不满的建州本部叔父、伯父，叶赫部的诸媪、额驸之母，包括乌拉部岳母都都祜等都请到自己家中，坐在西炕上，令自己的三位福晋以儿媳之礼，“叩拜二伯父及四媪”，自己也捧酒跪饮。同时，在民族政策方面，遵循儒家思想，主张改变往昔政策，认为“昔我国满洲与蒙古、汉人国别俗殊，今共处一城，如同室然。为和洽，乃各得其所”。其四，推行监督机制。天命八年（1623 年，天启三年）二月初七日，决定在八旗中设都堂八员，满洲每旗中设审事官二员，在蒙古、汉人中各设审事官八员。而在各贝勒的下面特别设立“卦文启示者”，将汗的教诲之言，随时提醒贝勒遵循，并给予严格监督。

八和硕贝勒共治国政，实质上是重新确立政治体制，将正在过渡和完善的君主制，还原为贵族共和制，是一种倒退的政策，没有前途。但在一定程度上提高了诸位小贝勒的地位，并对争权夺势的大贝勒是个有力的牵制。在一定程度上缓解了激烈的嗣位之争。同时，也不难看出，所谓“九王当立而年幼”，令代善摄位，将来“传子九王”的传闻，决不会是这种体制下的产物，而是努尔哈赤在实施此制之后，对嗣君的一个适时的思考方案。

（四）嗣位之谜底

朝鲜李朝使臣传出多尔衮当立嗣，代善暂摄政一事，后世史家常常一言以蔽之，“望风扑影”。就算如此，影子是什么？也需要史家认真追踪。

现从三个方面来分析当时的具体情况：

其一，多尔衮为贝勒，不代表八家。努尔哈赤在世时，他在诸贝勒中处于什么位置，我们从头说起。早在天命四年（1619 年，万历四十七年）李朝官员李民寏提到代善、皇太极、莽古尔泰之后说，“余三子幼”，当时阿济格十五岁、多尔衮八岁、多铎六岁。这里指的是受重视、有地位的六个儿子。其中这三位幼子，在李朝人的笔下只是“余”子，并无明显的社会影响。第二年九月二十八日，努尔哈赤因代善的“过恶”，废除其执政地位，宣布八家的列名分别是：“阿敏台吉、莽古尔泰台吉、皇太极、德格类、岳託、济尔哈朗、阿济格阿哥、多铎、多尔衮八贝勒为和硕额真。”从此，九岁的多尔衮由一名闲散贝勒成为正式和硕额真。但在八家中只是与七岁之弟多铎合为一家，且在多铎之后。天命六年（1621 年，天启元年）十二月初一日，召开八家会议时，有代善、阿敏、莽古尔泰、皇太极、多铎（八岁）、岳託参加。天命八年

（1623年，天启三年）五月初五日，在八角殿审事时，出席的是代善、阿敏、皇太极、多铎（十岁）、阿济格等。天命九年（1624年，天启四年）元旦出席八角殿叩拜的是代善、阿敏、莽古尔泰、皇太极、阿济格、多铎等贝勒。初三日，参加与蒙古恩格德尔盟誓的是代善、阿敏、莽古尔泰、皇太极、阿巴泰、德格类、斋桑古、济尔哈朗、阿济格、多铎、岳託、硕託、萨哈廉。如上的情况终努尔哈赤时代，不曾有变化。事实证明，多尔衮既是八家成员，又不代表八家，准确的定位是闲散贝勒、和硕额真。

其二，多尔衮不主旗。努尔哈赤三位幼子分旗当在天命五年（1620年，万历四十八年）九月二十八日分八家时。当时两黄旗六十牛录，分成四部，努尔哈赤与三位幼子各分十五牛录。总管自然是汗。多铎掌正黄旗，多尔衮附之，具体的管旗大臣是达尔汉虾，包括巴克什额尔德尼都在此旗。阿济格掌管镶黄旗，汗的十五牛录当属此旗。具体管旗大臣是阿敦阿哥。多铎作为旗主贝勒，除上述旗主贝勒聚会出席外，军事行动自然是他出面。所以，天命九年（1624年，天启四年）正月初六日，努尔哈赤派八旗每牛录出十名甲兵往取复州户口时，出兵的贝勒是代善、阿敏、莽古尔泰、四贝勒、阿巴泰、岳託、阿济格、斋桑古、济尔哈朗、多铎。代表两黄旗的贝勒是阿济格和多铎。十一日，出兵取恩格德尔额驸户口时，是代善、阿敏、莽古尔泰、四贝勒、阿巴泰、德格类、阿济格、斋桑古、济尔哈朗、多铎、岳託。代表两黄旗的仍是阿济格和多铎。事实说明，多尔衮虽属正黄旗，并有十五牛录但不主旗。

其三，多尔衮尚未分居。理由之一是天命五年（1620年，万历四十八年）五月，查抄大福晋藏隐财产时，从阿济格家中抄出“二个柜，内藏有绸缎三百匹”，证明阿济格此前已分居另过。理由之二是天命九年（1624年，天启四年）四月二十二日，努尔哈赤命令“多铎阿哥，将尼堪阿哥财产诸物合于尔处”，并指出“尔家”作为“八家”不得“挥霍”尼堪财物。证明多铎作为八家亦有自己的家。多尔衮所属十五牛录虽然附于多铎的正黄旗，但兄弟之间不属于同一个家。一个月后的五月二十八日，多尔衮娶妻子，也不曾涉及自己的家和财产问题，大半是多尔衮同努尔哈赤仍然住在一起。多尔衮并未分家产。此事有先例为证，早在褚英兄弟首次分家产时，德格类有份，而莽古尔泰无份，可能是重视幼子习俗所致。理由之三是多尔衮既然不是旗主贝勒，地位尚居多铎之后，为什么李朝传出他将嗣位之事？这是多尔衮与父亲的亲密关系所致，一则多尔衮住在汗父身边，不曾分居；二则多尔衮与鲁莽粗俗的阿济格、文雅但好色贪玩的多铎不同，他为人聪明多智，工于心计，善于洞察时势，能够随机应变，在某些公开场合必得汗父的特殊青睐，为外人所洞知。同时，不能完全排除努尔哈赤在私密情况下倾听大妃阿巴亥要求令多尔衮承袭之想。无风不起浪，李朝消息多来自“六镇藩胡”，所谓六镇藩胡是指朝鲜会宁、稳城、钟城等图们江东六城居住的女真人，随着万历二十三年（1595 年）大酋长罗屯等全部归降，多数迁入建州（后金）。这些所谓“藩胡”曾在李朝领有职名帖，受到虚封官衔，对李朝很有感情。天命四年（1619 年，万历四十七年）三月初八日，有一名“藩胡”叫仁必，就有如上身份，他乘在后金充侍卫之机，将见到的事情悄悄地告诉李朝官员，即所谓“凡虏中所为，尽情密言”。多尔衮嗣位问题就是这些人通报的消息，引起诸多猜测。多尔衮嗣位之说在正常情况下，不合逻辑。但是对大权独揽的努尔哈赤来说，私下曾与大妃密议，亦难排除。

（五）终身之衔恨

努尔哈赤“未尝定建储继立之议”是历史事实。但清军入关后，多尔衮恶狠狠地指责皇太极的汗位“原系夺立”，反映出当时十五岁的多尔衮对此事刻骨铭心。以其母大妃与皇太极为两个轴心所发生的激烈争斗，他必有所洞知。因汗父死前争夺嗣君的两股暗流迅速形成，即大妃的幼子势力与皇太极势力，现分别加以分析。

（1）慈母为子谋位

阿巴亥被休废一年后，八旗兵一举攻占辽沈等广大地区。天命六年（1621 年，天启元年）四月初三日，汗怀着兴奋心情派八位五牛录额真，带领两百多名八旗战士“往迎众福晋”。初五日，众福晋到达新都城辽阳。在众福晋中，就有“汗之大福晋”，受到汗与诸贝勒、大臣的热烈欢迎，众军士在街道两旁列队迎接，从城内至汗宫地下铺上白席，“上敷红毡，众福晋履其上进见汗”。足见，阿巴亥已恢复大福晋地位，并同汗恢复正常关系。此后的一段时期，阿巴亥一直同主旗贝勒幼子多铎住在一起。因天命九年（1624 年，天启四年）四月二十二日，汗曾指令“多铎阿哥之母，尔当以原本之礼，恭养尼堪阿哥之母”，即长子褚英之妻。一定要平等对待她，同时要求“多铎阿哥，将尼堪阿哥财产诸物合于尔处”。就是说，褚英第三子尼堪带他的母亲和家产，住进正黄旗旗主贝勒多铎的家里，而这个家中的主要责任人是阿巴亥。可见，努尔哈赤与阿巴亥仍然分居。不难看出，阿巴亥恢复名誉是其势力形成的前提，而同时证明多尔衮确实与汗父住在一起。

阿巴亥的主要参谋是其亲弟阿布泰。阿布泰是乌拉贝勒满泰的第三子，天命四年（1619 年，万历四十七年），叶赫部灭亡前夕，阿布泰归附后金，母亲都都祜等都在后金得以团圆，可谓乌拉那拉氏势力的集结。阿布泰作为国舅，受到汗特殊重视，当年正月在莽古尔泰的带领下，舅舅阿布泰排在总兵官巴管理之前，共同带兵六千人，攻克旅顺口。天命六年（1621 年，天启元年）十一月二十八日，他亲自带兵戍守蒙古边境。因功勋卓著，汗“以己所着镶貂皮白袄”赐给阿布泰。天命十年（1625 年，天启五年）八月十四日，阿布泰带领大将杨古利、巴管理等往取挂勒察部胜利回师，汗带领诸贝勒出城五里外，大宴迎接。可见，阿布泰已成为后金著名的高级将领。

阿布泰归附后，官职迁升很快，天命七年（1622 年，天启二年）正月十三日已与十六名都堂总兵官汤古岱阿哥等并驾齐驱。当年三月在八大都堂中，地位仅次于哈达部猛古孛罗之子额驸乌尔古岱。当月，乌尔古岱被革职，阿布泰舅舅、额驸升为第一名都堂兼任正黄旗固山之职。

努尔哈赤死时，两黄旗六十牛录，实力同代善的两红旗相当。比皇太极、阿敏、莽古尔泰占有优势，加之国母阿巴亥“机变”能力很强，有一定的竞争力。但弱点是两位主旗贝勒阿济格（二十一岁）、多铎（十二岁）年龄小，威不重，对两黄旗大臣之凝聚作用不足。是时，阿巴亥姐弟俩十分清醒地知道，他们的竞争对手就是具有狡斗之智的皇太极。于是，在汗前往汤泉养病期间，他们曾“合谋”，欲置皇太极于死地，所谓“欲谄太宗，阴行奸恶”，已磨刀霍霍。那么，成功之后将立何人为君？郑亲王济尔哈朗回忆说，“墨勒根王之母及阿布泰夫妇谄太宗所行诸恶事，臣等尽知”。其阴谋计划，即是以多尔衮“欲成其前谋”，就是“立墨尔根王”。可见，阿巴亥胸有成谋，甚至与汗夫计较过。所谓汗“为国事、子孙，早有明训”，（是否认同此事，不得而知。）但多尔衮说：皇太极汗位“原系夺立”，大半讲的是这件事。

（2）汗父属意他子

清代史书既说努尔哈赤“未尝定建储、继立之议”，又称他“为国事、子孙，早有明训，临终遂不言及”。合理的解释是主张八家共同治国，汗位需要公举。但事实上诸子争位，各有打算。皇太极在这个问题上，一直是弓在弦上。他有三大优势：

其一，他一向受到汗父“偏爱”，视之“如眸子”。宠而必骄，嗣位对他来说，当仁不让，志在必得。

其二，皇太极“勇力绝伦，颇有战功”，为社会所公认，所谓“人皆称道者”便是证明，在诸贝勒中能与之相比者罕有。天命六年（1621 年，天启元年）九月，叔父阿敦已捅破汗心灵之窗，在某种程度上是默认。

其三，阿巴亥藏财事件后，汗将“绸缎各三楱”，送到皇太极库；皇太极述说“命贮于朕库”。可见，努尔哈赤对皇太极抱有特殊信任感。努尔哈赤在嗣位问题上，曾属意于皇太极，并非没有根据。

事实不难断定，代善嗣位失败后，汗曾属意于皇太极。但有两大障碍，令他难于决定：

其一，他提出八贝勒共理国政思想，本身应当不再坚持长子继承制。但在他的观念中，没有从根本上解决问题。天命八年（1623 年，天启三年）六月，他在批评皇太极时说：“独以汝诚而越他人，岂置诸兄于不顾，而欲汝坐汗位乎。”反映出他思想有顾虑。

其二，努尔哈赤对皇太极很不放心，认为他“贤德聪明”，度欠缺。天命六年（1621 年，天启元年）阿敦揭露出的同室操戈事件，尽管皇太极等人矢口否认，但汗不能不深思。在第二年宣布的八家共理国政谈话中，强调“吾子孙中纵有不善者，天可灭之，勿令刑伤，以开杀戮之端；如有残忍之人，不待天诛，遽兴操戈之念，天地岂不知之，若此者亦当夺其算”。此话必有针对性。同时一再批评“强势者”、不“公平宽宏”者，甚至当面批评皇太极“愚昧”，其恨铁不成钢的心情溢于言表。汗虽最终未立皇太极为嗣，但似有属意，便是造成多尔衮终身衔恨的根源之一。

（3）终身难忘遗恨

天命十一年（1626 年），多尔衮同刚刚遭受代善等贝勒议立皇太极为君的沉重打击，还未缓和过来，紧接着另一场更大的灾难又从天而降，亲生母亲阿巴亥被诸贝勒逼令自杀了。这对多尔衮来说，简直是雷劈电打，天崩地裂，使他目瞪口呆，五内俱焚，不知道应该怎样办。《武皇帝实录》卷四记载：

帝后原系夜黑国主杨机奴贝勒女，崩后复立兀喇国满泰贝勒女为后，饶丰姿，然心怀嫉妒，每致帝不悦，虽有机变，终为帝之明所制，留之恐后力国乱，预遗言于诸王曰："俟吾终，必令殉之。"诸王以帝遗言告后，后支吾不从。诸王曰："先帝有命，虽欲不从，不可得也。"后遂服礼衣，尽以珠宝饰之，哀谓诸王曰："吾自十二岁事先帝，丰衣美食，已二十六年，吾不忍离，故相从于地下。吾二幼子多尔衮，多铎，当恩养之。"诸王泣而对曰："二幼弟吾等若不恩养，是忘父也，岂有不恩养之理。"于是后于十二日辛亥辰时自尽，寿三十七，乃与帝同柩，巳时出宫，安厝于沈阳城内西北角。又有二妃阿迹根、代因扎亦殉之。

上文表明了四个问题，一是大福晋阿巴亥不愿自尽，二是诸王以先帝"遗命"逼后殉葬，三是阿巴亥被迫自杀，四是母后哀求诸王关照遗孤。如果我们联系当时的政局来分析，至少还可以再补充和更正一个问题，即所谓先帝"遗命"，是不存在的，是诸王捏造的。

依据女真和早期满族的习俗，夫死之后，妻妾甚至亲信臣将，是有为夫、为主殉葬的，但并不是所有的家庭都是这样做，大多是小妾随夫入地，继续侍奉夫君。正妻，尤其是贝勒的嫡福晋，汗的大福晋，以身相殉的事，是不多见的。往前看，明万历十一年（1583 年）努尔哈赤之父塔克世为明兵误杀时，其妻哈达那拉氏是否殉夫，便是一个疑问，而且很有可能没有死。因为，几个月以前，她刚生了一个男孩，名叫巴雅喇。当时，努尔哈赤家，因父、祖去世，元气大伤，没有什么财产，那拉氏很难丢下小小婴儿，听其自生自灭，而寻死随夫于地下。

再从与建州并列的海西女真看。明万历二十一年（1593 年），努尔哈赤的妻兄叶赫布寨贝勒，带领九部联军来攻时，死于建州兵士之手。不久，乌拉满泰贝勒为其部民所杀，常住贝勒为建州所擒。天命四年（1619 年）后金攻叶赫时，东城贝勒金台石拒不投降，其妻携子直奔金营，向妹夫努尔哈赤求恩，金台石被杀死。这四位贝勒，或死于战阵，或被擒后死亡，或死于属民之手，但其妻皆未殉葬。天命十年正月，努尔哈赤还因满泰之妻是其岳母，常住之妻是皇姨（阿巴亥之姐），布寨与金台石之妻是“爱妻”叶赫那拉氏孟古姐姐之嫂，而特设大宴，请入宫中，“跪而酌酒”。可见她们四位不仅没有殉夫，反而活得不错，活了很久。

努尔哈赤一共有十六个妻子，除二人早死外，只有庶妃阿济根、代音察从殉，阿巴亥被迫自尽，其余寿康太妃博尔济锦氏，侧妃伊尔根觉罗氏、叶赫那拉氏、哈达那拉氏，以及庶妃兆佳氏、钮祜禄氏、嘉穆瑚觉罗氏、西林觉罗氏等十一个妃子，也没有从殉。

十七年以后其子清太宗皇太极病故，中宫孝端文皇后、永福宫庄妃（顺治帝福临生母，后封孝庄文皇后）皆节哀养身，没有殉葬。太宗的其他妃子，如懿靖大贵妃、康惠淑妃、元妃、庶妃等，也没有追随先帝于地下，安然无恙。

这是从整个社会风俗来考察，它说明，帝汗的元妃皇后并不一定要以身殉夫，而且还可以肯定地说，殉夫之事很少。

至于所谓先帝遗命之事，我们再看看努尔哈赤病危、去世的时间，便可发现不少疑问。《武皇帝实录》卷四、《满洲实录》卷八同记：七月二十三日，“帝不豫，诣清河温泉沐养，十三日大渐，欲还京，遂乘舟顺代子河而下，遣人请后，迎之于浑河相遇，至叆鸡堡，离沈阳四十里，八月十一日庚戌未时崩。”《高皇帝实录》卷十记载，与此相同，但点明了是八月丙午“上大渐”还京。八月丙午，是天命十一年八月初七。

从八月初七努尔哈赤专门召请大福晋阿巴亥，相会于叆鸡堡，到十一日去世，足足有四天，二人朝夕相处，如果努尔哈赤要阿巴亥殉葬，他完全可以亲口谕述，讲明从殉的理由和意义，安排其子的生活及其他问题。努尔哈赤对儿女是十分疼爱的，早在六年以前，当他恼恨大福晋富察氏而欲将她处死时，也因念及她的儿子无人照顾，而免死不杀，休离了事。何况，富察氏是犯了“欺夫”的大罪，而阿巴亥既无过失，又为夫君十分宠爱，病危之时都要专使往迎，最后相见，其子多铎、多尔衮皆系幼小儿童，母死之后，谁来关照，很难摆脱豪横兄长的欺凌勒索，想到这些，努尔哈赤是不会要阿巴亥殉葬的。

退一步说，就算假设努尔哈赤有让爱妻同死的想法和“遗命”，而且不告诉阿巴亥，但人到病重时刻，很难瞒人，很难保持绝对秘密，聪明机智的阿巴亥，不会猜不出汗夫的内心想法。如果她发现了有此危险，四天之内，完全可以作些必要的安排。长子阿济格已经长大成人，能够统率士卒，驰骋疆场，在攻取辽阳、沈阳击败蒙古等战争中，英勇过人，屡建军功。多尔衮也懂事了，三个儿子领有汗夫的两个旗，又事先知觉，一定可以和其他贝勒作些较量，不会像实录所记那样突然得悉这一意外“遗命”而毫无所为。再联系到八月十二日卯时代善通知诸贝勒定议立皇太极，不到两个钟头，辰时阿巴亥即被迫自尽，其行动的迅速，事件的突发，以及阿巴亥的“哀谓诸王”，不难使人们看出，这是代善、皇太极等人策动的突然政变，一下子就把大福晋阿巴亥孤立和软禁起来，强制她自尽殉夫。

为什么代善等诸贝勒如此讨厌阿巴亥，一定要将她置于死地？观察后金六年内的政局，我们可以看出，此举可能有两个因素：

第一个因素是诸贝勒对阿巴亥的得宠及由此导致多尔衮三弟兄的迅速兴起权势赫赫，十分不满。努尔哈赤一家有了今天，强大的后金国之能建立，与代善、阿敏、莽古尔泰、皇太极四大贝勒及阿巴泰、德格类、济尔哈朗、岳託、杜度等贝勒的出生入死，拼命厮杀，是分不开的。尤其是天命四年的萨尔浒决战，六年取辽阳、沈阳，七年克西平取广宁，这些关系到全家安危、满族存亡、后金兴衰的几大战役，更是罕见的恶战和鏖战。代善等人的确是带领士卒，奋不顾身，流血流汗，拼死冲杀，才取得了胜利。他们南征北战数十年，艰苦创业，才有了今天。可是，他们之中或因有过被汗父谴责，或因并非爱妻所生的嫡子而只领有少数牛录，当不上旗主贝勒。相反，年方八岁的多尔衮、六岁的多铎、十四岁的阿济格，在天命五年九月众贝勒的誓词中，就被立为“和硕额真”，成为后金的九大贵族之三。不久，十岁多一点的多铎及其兄长阿济格各主一旗，多尔衮也是十五牛录之主，并将成为“全旗之主”，他们有什么功劳，他们出了什么力，他们有什么军功政绩？不是完全依仗母亲是汗的爱妻而“子以母贵”吗？对此，诸兄和成人的几个侄子心里很不痛快，对阿巴亥很反感。这是心理方面的因素。

另一个因素则是现实问题。大福晋阿巴亥聪明机智，颇有雄心壮志，想把儿子抚养成人，继承汗位，分任国主和大贝勒。她已经有了两个旗，再过三两年，多尔衮、多铎都成人了，都能带兵冲锋陷阵，在她的指挥下，三个儿子联成一起，是一股相当强大的势力，如果现在不立她的儿子为君，以后她必将乘机报复，危害国政，这就是诸贝勒担心的“恐后为国乱”。还要看到，阿巴亥已经当了六年的大福晋，与努尔哈赤朝夕相处，异常亲密，她一定知道许多军政机密，尤其是努尔哈赤对诸贝勒的看法。特别是在临死之前的四天，只有阿巴亥在身边，夫妻二人不知进行了多少次秘密交谈，不知努尔哈赤给妻子下达了多少“遗命”，阿巴亥完全可以利用这一特殊的优越条件，口传遗旨，封谁、贬淮、赏谁、诛谁，被整的贝勒是无法招架的。所以，对于诸贝勒来说，阿巴亥是最危险的政敌，是最大的祸根，是最严重的遗患，不除掉她，后金不得安宁，诸贝勒睡不安枕。逼令阿巴亥殉葬，既消除了隐患，又使多尔衮三弟兄无法反抗，只有老老实实地听从四大贝勒的安排和调遣。

这就是导致阿巴亥成为后金唯一的以身殉夫的大福晋的真正原因，什么“遗命”，什么“恐后为国乱”，都是无稽之谈，都是政治斗争中常见的制敌手段，没有什么可靠的根据。

不管是什么原因，对多尔衮三弟兄来说，八月十一日未时、十二日卯时和辰时，都是应该诅咒的日子，九个时辰，相当于十八个钟头，在这不到一个整天的短暂时间里，慈父去世，失掉汗位，生母被迫自尽，三大灾祸降临，转眼间就从汗父宠爱、亲母扶植有着强大靠山的高贵旗主，一下子降落为无依无靠的孤儿弱主。尽管亲母离开人世之前还为儿子操心，苦苦哀求诸贝勒“恩养二幼子多尔衮、多铎”，诸王也表示愿意善养，但这是政治斗争，他们这些多年征战惯于厮杀的军功贝勒，需要的时候，手下不会留情，杀人是不会眨眼的，这种许诺能值几文？

眼看今朝亲母含恨而死，展望未来凶多吉少，前途渺茫，不满 14 岁的多尔衮，怎不心如火煎、肝胆俱裂，对于这样年岁、无父无母、仇敌众多的孤儿来说，这实在是太难了。这就是一些人听说为父宠爱欲立为汗的多尔衮，在天命十一年八月十一日、十二日的真实境遇。

第二章

辅佐皇太极

一、权力之争

天命十一年（1626 年）九月初一日，皇太极继位为天聪汗，与诸贝勒书立誓词，对天盟誓。新汗发誓要尊兄长爱子侄，诸贝勒誓称要“忠心事君”，小贝勒不得“媚君希宠”，一派同心同德共保江山的友爱亲密的气氛，看起来颇为动人，然而实情却完全两样。多尔衮三弟兄失去了汗位，丢掉了一旗，亲母被逼死，降居小贝勒行列，岂能心甘情愿俯首称臣永不生事？诸贝勒之间，原就屡起争执，互不相让，怎能温恭谦让，友好相处？智勇双全颇具雄才大略的皇太极，怎愿与三大贝勒平分秋色，而不南面独坐称尊？人人皆英雄，个个俱豪杰，矛盾重重，形势复杂，而最尖锐、最关键的是新汗与诸贝勒的争权，集中表现为维护共治国政制与破坏、取消共治制的斗争。

前已述及，努尔哈赤本来是想通过共治国政制，来发挥八贝勒的才干，集议各事，免出误差，以巩固后金的统治。但他万万没有想到，这样做，不仅无利，反而有害，将带来严重的恶果。因为，这样的八和硕贝勒共治国政，是一种倒退的、落后的政治制度，严格执行这种制度所产生的后果，可以用“分、乱、弱、亡”四字来概括。

按照努尔哈赤的规定，继任的新汗没有掌握管辖八旗的君权，不过是占有本旗的和硕贝勒而已，一切皆由八贝勒集议决定。因而，统一的后金国实际上被分解为八个独立的小国，一旗即一国，各旗只归本旗的旗主统治。新汗当然不愿长期这样遭受其他和硕贝勒的挟制，一定想以汗父努尔哈赤为榜样主宰一切，从而必然与其他和硕贝勒发生冲突。各个和硕贝勒之间，势力大小不一，想法也有差异，议处国政时，很难秉公执政，权势强大的贝勒会乘机为已牟利，偏袒本旗，欺凌弱小贝勒

（像前述对多尔衮三兄弟的欺压），和硕贝勒之间必然争吵不休，倾轧不已。争必乱，乱必弱，在当时四面皆敌、内外交困的条件下，后金如果分裂为势衰力弱的八个小国，怎能迎击明朝军队，怎能打败蒙古和朝鲜，而必将陷于四面楚歌的困境。

我们可举几个例子来评论一下。就在天命十一年九月初一皇太极即位汗、贝勒盟誓和好的当天，阿巴泰贝勒就发了牢骚，不满于现有的地位，提出了抗议和威胁。《清太宗实录》卷二载：

先是丙寅年九月上即位，大宴毕，各回府。阿布太贝勒曰："扬古里额夫、打喇汉额夫，汝二人为我奏上，今后我不出矣。若出兵，我披甲便行，若出猎，我佩弓矢便行。预宴时，令吾与诸弟侄同坐，不胜惭愧。先汗在日，恩格得里额夫弟兄来时，令吾与四大贝勒一样搂见，吐舍兔额夫来时，亦曾与四大贝勒一样搂见。"二人遂奏闻。上谓扬古里额夫、打喇汉曰："尔为何不以言劝他，辄来告我。"遂令回。

《清史稿》卷二百一十七《阿巴泰传》，写得更加明确，它记为："（阿巴泰说）战则擐甲胄，猎则佩弓矢，何不得为和硕贝勒。"

阿巴泰所说兵猎皆率先而行，确是事实。他二十二岁时，就偕费英东领兵远征东海窝集部乌尔古宸、穆棱二路，获俘而回，此后多次统兵出征，战功累累。他很早就当上了固山额真、一等总兵官和督堂，进入了"十固山执政贝勒"的行列。但是由于他非大福晋所生，母亲伊尔根觉罗氏只是侧福晋，因而尽管骁勇善战，屡建功勋，却当不上和硕贝勒，授为议政贝勒的时间，也晚于十弟德格类、堂弟济尔哈朗、侄子杜度和岳託。为此阿巴泰十分不满，一心想晋为和硕贝勒，成为一旗之主。皇太极听到扬古利（即扬古里）报告后，很不高兴，自己大喜的日子，却被他扰乱了，对于这样欺君慢上的不敬行为，本当立即惩办，但考虑到大局为重，只好咽下这口气，时机到时再说。果然，这一天到来了。

天聪元年（1627年）十二月初八日，蒙古昂空都棱来，皇太极设宴款待，阿巴泰又出来了，令副将那木太上奏说：

此宴我必不去，我无皮袄，汗所赐皮袄，俱拆毁与吾二子矣。若赴宴，令吾列于小贝勒行，见外国人，宁不惭愧。蒙古明安贝勒、巴格贝勒反坐于吾之上，我如何去赴宴。

皇太极认为，阿巴泰这样说既不敬国主，又欺侮诸弟侄，应该惩罚，遂令告诉诸贝勒。三大贝勒与诸贝勒十分恼怒，斥责阿巴泰说：

汝当初尚不得随五大人之列。得格垒、迹儿哈朗、都都、姚托、芍托，早已随议事之列。阿布太，汝因随汗，幸得六牛录人民，方入贝勒之列，今将欲谁欺乎？阿吉格阿格、多里洪阿格、多躲阿格，乃父汗分掌整固山之子，众兄弟又先入贝勒之列，令汝得随贝勒，心愈不足，越理僭分，欲与三大贝勒齐肩，若得列于大贝勒，犹欲为汗耶？似此紊乱纪纲，如愿领罪，则议罪，不愿领罪，则定以重罪。

阿巴太贝勒曰：

吾诚有罪，理当认之。

遂议罚金玲珑鞍马四匹、素鞍马八匹、盔甲四副。议闻，上依议。

阿巴泰是小贝勒，想当旗主，想晋为和硕贝勒，其他小贝勒是否也有此想法？旗主贝勒是否也想当大贝勒？大贝勒是否想自立为汗，或轻视汗？答案是肯定的，汗与三大贝勒之间的矛盾相当尖锐。天聪三年的征明，即系一例。

天聪三年（1629 年）六月十一二日，天聪汗皇太极与诸贝勒、大臣商议伐明之事，皇太极援引主战理由，建议出兵，但因“一人之见，有不合于众者”，令满蒙汉人上议。十月初二日，皇太极谒庙后，亲统大军征明。十五日，蒙古科尔沁吐舍兔额夫等二十三位贝勒领兵来会。皇太极集诸贝勒、大臣及蒙古贝勒大臣商议，是攻明还是攻蒙古察哈尔林丹汗，最后议定西进征明。二十日至喀喇沁的青城，大贝勒代善与三贝勤莽古尔泰“在途中马上商议”，决定回兵。当日晚上至皇太极处，令诸贝勒、大臣退后，三人商议。代善、莽古尔泰要退兵，皇太极虽十分不满，但因是两位大贝勒一致意见，无法拒绝，只有勉强同意，“议定回兵”。幸好，岳託、济尔哈朗知道后，与萨哈廉、阿巴泰等贝勒一致支持皇太极的进兵主张，令八固山额真往告二大贝勒，代善、莽古尔泰同意，才议定出征，屡战屡捷，直抵北京，大胜而回。代善、莽古尔泰两位大贝勒，竟能无视汗命，不顾众贝勒大臣的意见，迫令天聪汗接受自己的主张，“议定回兵”，差点误了后金的大事，可见三大贝勒权力之大及汗权之弱。这一事例也充分显示了共治国政制的欠妥及汗贝勒矛盾的难以调和。

胸怀大志、英勇过人的皇太极，哪能长期忍受三大贝勒的限制和共治国政制的束缚，从即位之日起，就在蓄积力量，想方设法以削弱王权，抬高君威，破坏共治国政制。他十分注意增强自己所辖的正黄、镶黄二旗的实力，选任可靠的能干将领。他特别重用开国元勋扬古利、费英东家族，封扬古利为“超品公”，以其弟那木太、冷格里为正黄旗固山额真、佐管大臣，任费英东之侄伊逊、扬善为镶黄旗佐管大臣、调遣大臣，扬古利从弟谭泰、费英东之侄鳌拜等著名勇将，也受到汗的重用。

皇太极还积极扶植和拉拢幼弟多尔衮、多铎，拉住了正白、镶白二旗。他运用高超的政治权术，有步骤、不失时机地除掉一个一个除掉危险的政敌，削弱傲慢的贝勒，同时还采取其他方式，尽力压抑诸贝勒的势力，破坏共治国政制。经过长达十年的斗争，他终于获得了成功，取消了共治国政制，登上了独掌后金大权的宽温仁圣的皇帝宝座。皇太极与诸贝勒的争夺权力，为多尔衮转危为安，由弱变强，迅速兴起，提供了有利的条件。

天聪二年（1628 年）三月二十九日，后金国发生了一件空前的惊动八旗贝勒、官将、兵丁的大事，第一次废黜了一个主宰一旗的固山贝勒，这个固山贝勒（即旗主）不是别人，而是多尔衮的同母亲兄阿济格。这可是史无前例的事。人们不禁要问，阿济格犯了什么大罪？为什么要剥夺他的旗主权力，取消他的固山贝勒资格？这一事件说明了什么问题？它产生了哪些影响？《满文老档》对此案的经过，作了如下的叙述：

（天聪二年三月）二十九日，阿山之弟阿达海革职之故：额尔克楚虎尔欲娶阿布泰舅之女为妻，阿济格台吉未与汗和诸贝勒商议，擅令阿达海前往为媒，说毕，阿济格阿哥又同阿达海往视其女。以有此故，定阿济格阿哥之罪，罚银一千两，进汗驮甲胄雕鞍马一匹，给与三大贝勒各雕鞍马一匹，给八台吉各鞍马一匹，革其固山贝勒，以弟墨里根岱青为固山贝勒。革阿布泰舅游击职，降为备御，罚银二百两。

读了这段记载，使人迷惑不解，为什么多铎（即额尔克楚虎尔）要娶阿布泰之女？阿济格为什么要赞同而且亲自遣人为媒？为什么汗、贝勒要以“未议”而加罪阿济格？《满文老档》卷十的另一段记载，对此做了一点解释。它写道：

天聪汗以阿布泰舅谗恶，谕令诸贝勒勿与结亲，诸贝勒勿娶阿布泰之女，诸贝勒勿嫁阿布泰之子。

可见，皇太极对阿布泰十分讨厌，坚决反对诸贝勒特别是多铎与阿布泰攀亲。

这个阿布泰是何许人也，弄得一国之汗如此讨厌他，而且可以说是害怕他，一定要把他孤立起来，更不允许他与多尔衮三弟兄联在一起。翻开《满文老档》一看，原来这个阿布泰，竟是一位曾经叱咤风云颇有影响的军政要人。

阿布泰虽然在天聪二年屈居小小游击行列，可是，两年以前，他却是统率千军万马、佐汗治政的八旗最高官将——总兵官兼第一督堂。阿布泰的名字，在《满文老档》里第一次出现的时候，就不寻常。老档载称，天命六年（1621 年）十二月十五日，努尔哈赤以己所着的镶貂皮的白皮袄，赐给“阿布泰纳哈处”（纳哈处是满语音译，意为舅）。可见汗对他的宠爱。天命七年正月十三日，努尔哈赤亲定八旗官将的仪仗。第一等的有汤古代、扈尔汉、何和礼与扬古利、乌尔古岱、阿布泰等十六人，各赐小旗六对、伞一柄以及喇叭、唢呐、箫、鼓。阿布泰能与努尔哈赤之子汤古代、汗之养子扈尔汉、汗之女婿何和礼、扬古利等总兵官一样，得到汗赐的仪仗，可算显赫和光荣了。

至迟在天命七年三月，阿布泰已成为管辖一旗的固山额真，尽管他此时还只受封三等副将。天命八年正月二十七日，努尔哈赤亲自升授阿布泰为三等总兵官。二月初七日，八旗设八督堂，阿布泰名列第二，仅次于乌尔古岱额驸，而且三个半月以后，乌尔古岱即因过革督堂职，阿布泰成为具体处理后金军政事务的最高官将第一督堂。

从天命七年到十年的四年中，阿布泰身任要职，统兵辖民，多次出征，处理国务，为汗宠信，成为后金国中声势赫赫的显要人物。

阿布泰为什么上升得这样快，爬得这样高？这固然与其个人能征惯战、善于理政的才干有关，但还有一个更加重要的因素，即他是努尔哈赤爱妻第三位大福晋乌拉那拉氏阿巴亥的弟弟，而且其妻又是和硕公主，既是国舅爷，又是驸马公，是真正的皇亲国戚。

阿布泰是乌拉国满泰贝勒的第三子。满泰被属民杀死，其弟布占泰继为贝勒，阿布泰就逃往叶赫。天命四年八月叶赫被灭后，阿布泰被带到后金。努尔哈赤因其姐是阿巴亥，故将其作为大臣收养，又嫁与其和硕公主，对其额外宠爱，超级提拔，因而几年之内，他就由一名闲散旗人，飞跃而为总兵官兼督堂。

由此可见，多铎之所以要娶亲表姐妹为妻，并非仅从才貌考虑。阿济格如此积极遣人说婚定亲，皇太极这样讨厌和害怕阿布泰，坚决打掉这门婚事，原因只有一个，即阻止阿布泰与多铎、阿济格、多尔衮紧紧联在一起。阿济格、多尔衮、多铎三弟兄有两个旗，有将有兵有甲胄弓箭和战马，可是年龄小，没有经验，如果有一个德高望重、多谋善算、长于厮杀的可靠亲人当军师、当元帅，运筹帷幄，广招谋臣猛将，训练士卒，统兵出征，这将成为一股可怕的强大势力，必然威胁新汗的统治，不利于三大贝勒的掌权。阿布泰正好符合这个条件，他既是多铎的亲舅舅，又是岳父，亲上加亲，可以风雨同舟，患难相共，绝对可靠。他又曾经是具体处理后金国军政事务的高级官将，有威望，有经验，有才干，并且现在屈居游击微职，连降四级，遭汗排挤压抑，因而也对新汗、对三大贝勒有怨气。双方如果名正言顺地紧密结合，对皇太极与三大贝勒来说，威胁极大，后果不堪设想。因此，如果多铎、阿济格一定要和阿布泰攀亲，皇太极必然要坚决反对，才闹出了这场奇怪的官司。

这次事件和前述厄参之案，都显示了阿济格的刚强和鲁莽的性格，这个人是不好惹的，他不怕事，不愿受人欺压，他可以不顾安危，感情用事，说不定在什么时候会闹出更大的乱子。这一危险人物，不能当旗主，否则，新汗与三大贝勒都很难安宁。

就是由于这些原因，所以天聪汗和三大贝勒才不顾家训国法，践踏一年半以前对天盟誓的誓词，侵犯了旗主阿济格与多铎的合法权益，以聘亲细故，定为大罪，加以重惩，竟废黜阿济格，剥夺了他的固山贝勒之位。如果我们联系到努尔哈赤关于废黜旗主贝勒的必备条件（行为悖乱，扰乱国政），联系到誓词中皇太极保证不以微小过失“削夺父汗所予之人民”，便可知道，阿济格的被废黜是毫无道理的，是不合法的，是逼死其母阿巴亥，夺走镶白旗斗争的继续。

天聪二年（1628 年）三月二十九日，新汗皇太极与诸贝勒议定，废黜阿济格，让其亲弟多尔衮继为固山贝勒。之所以作出这个决定，主要是依据汗父努尔哈赤确定的八旗制度与共治国政制。努尔哈赤规定，“八王之内”，若有庸才，则将其更换，“使其下之子弟为王”。阿济格既然被取消了旗主资格，其子年幼，多尔衮当然是合法的继任者。而且，还可以讲得更肯定、更准确、更探刻一些，那就是即使阿济格的孩子比较大，皇太极也不会要其子继承，以免受阿济格操纵，与天聪汗作对。

至于多尔衮，皇太极很放心，并且还很信任，因而让他继任为镶白旗固山贝勒。这就是多尔衮的聪明过人之处。

从根本上说，多尔衮有足够的理由把皇太极当作最大的仇人，将代善视为另一敌人。是皇太极夺走了汗位，是皇太极逼死了亲生母亲，是皇太极夺走了杜度所领本应归己的镶白旗（现在易名为镶黄旗），剥夺了自己的旗主资格，是皇太极贬低了三弟兄的政治地位，侵害了他们应有的权益，压抑了三人而这一切都与代善分不开，都是代善与皇太极勾结进行的。多尔衮对这些，理应是一清二楚。这就是为什么二十年以后，多尔衮要说皇太极的即位“原系夺立”。

鉴于两个还未成年的幼小台吉，加上二十一二岁的鲁莽哥哥，多尔衮深知单枪匹马，冲向握有两黄旗的天聪汗和两红旗之主大贝勒代善，与诸贝勒血战一番，看似只能落得个扰乱国政、抄家问斩、遗臭万年的可悲下场，还另想他法。虽然当时多尔衮只有十三岁零十个月，仅仅是一个少年儿童，可是他的处世，却显示了成人而且是能人的高超水平。他不像哥哥阿济格那样鲁莽，他懂得硬碰、瞎打、蛮干是无济于事的，形势如此险恶，不是匹夫之勇所能对付的。只有冷静，只有忍耐，还要善于交际，显示出老实、顺从，才能去掉汗、贝勒的疑心，减少新的打击，才能积蓄力量，寻找机会，发动攻击，转危为安，由弱变强。随着时间的推移和年龄的增长，多尔衮更加懂事了，更加聪明了。后来的历史表明，多尔衮不仅认识到汗与三大贝勒有联合对付他们三弟兄的一致性，并且还看透了汗与三大贝勒有利害冲突不可调和的一面，这个分歧正在不断扩大，而天聪汗皇太极智勇双全，定会与三大贝勒较量，定能击败诸贝勒，破坏共治国政制，前途无量，因而他下定了决心，制定了总的策略方针，即为国立功，紧跟皇太极，博取汗的欢心和信任，顺着这个台阶，一步一步向上攀登。多尔衮的这种立场和言行，当然会赢得皇太极的好感，新汗正需要拉住两个白旗，增强自己的实力，以便和三大贝勒斗争，扩大君权，提高汗威。双方一拍即合，关系日益紧密。

二、初次领兵是功勋

天聪二年（1628 年）三月二十九日，对多尔衮来说，是一个很有意义值得纪念的好日子。这一天，他实现了多年的愿望，当上了固山贝勒（即旗主贝勒，亦称和硕贝勒），成为镶白旗旗主。有了这个基地，他就可以顺利前行，进则升大贝勒，再上当辅政王、摄政王，最后，说不定可以登上君临全国的帝汗宝座。退一步说，也可以成为一旗之主。

有了这个条件，他就可以与其他旗主并驾齐驱，集议军国大事，不致被排除在共治国政的八贝勒之外。当然，要做到这一点，还须努力，还须取消天命十一年九月誓词中对多铎、阿济格（现在则是多尔衮）这两位小旗主的限制，这并不太难。而且，机会已经在向他招手了。

天聪三年（1629 年），因后金派往蒙古喀喇沁的使臣两次遭到蒙古察哈尔多罗特部落的截杀，为报复和打击察哈尔多罗特部落，汗王皇太极亲自率领八旗精锐部队前往征讨。在这次战事中，十七岁的多尔衮和年幼于他两岁的弟弟多铎被征入伍，他们初次随军远征。

多尔衮出征的日子，正是塞外初春时节，春寒料峭，十七岁的多尔衮沉着地来到了校场。他是第一次领兵出战，而他的表情却没有流露出一丝一毫的为难和畏惧。

满族的孩子，尤其是爱新觉罗家族的子孙，他们在很小的时候就经历了骑马射箭等基本技能方面的训练，“仰手接飞猱，俯身散马蹄”，多尔衮本来就是骑马射箭的翘楚，他对于这次出征是做好了充分的准备的。

战争实践证明，多尔衮确实是难得的将才，他沉着冷静地迎来了他平生首次战斗的胜利。

应该承认，皇太极对于多尔衮是怀有一定的戒心的，他在启用多尔衮时曾经深思熟虑过。对于这个从小就聪明伶俐的乌拉那拉氏的儿子，皇太极曾经厌恶过，妒忌过。但是，多尔衮对于父亲病逝和母亲惨死所采取的沉默态度又引起了皇太极的好感。隐隐约约地，皇太极克服了对多尔衮的敌视心理，他觉得这个幼弟身上有着不同寻常的潜力，而此时后金正值用人之际。

在这次对蒙古的作战中，多尔衮崭露头角。他冲锋陷阵，勇不可挡，又极富谋略，献计献策，积极主动，进一步赢得了皇太极的好感。

在军事方面，多尔衮一方面是得自于爱新觉罗家族的基因遗传，能征善战已经成为一种家族的象征；而另一方面，多尔衮自身的悟性也极高。

二月二十五、二十六日，后金与多罗特部落的军队在敖木轮地方会战。多尔衮事先进行了周密的作战部署，针对当时的形势明确提出了速战的方针。第一次出征的多尔衮如同久经沙场的老将一般，在众人讶异的目光中，他指挥若定。战争的结果正在他的预料之中，多罗特部落的多尔济巴图鲁受伤败走，妻子儿女尽被后金军队俘获，多罗特部落的台吉也死于此役。八旗军队俘获了敌军一万三千多人，大胜凯旋。

回师后，喜不自胜的皇太极册封多尔衮为墨尔根戴青，满语之意是聪明王。征讨多罗特部落获胜后的二十几天，多尔衮被任命为正白旗旗主。从此后，多尔衮的名字屡屡出现在明清之间的战争中，他成为明末清初这段历史时期的一个杰出的军事将领，是战神一般的人物。

当然，军事天才仅仅是多尔衮全部才智中的一部分，初露锋芒的多尔衮很快就会显示出他优秀的多种才智，成为家喻户晓的传奇人物。

皇太极承袭了努尔哈赤在辽东开创的基业后，开始雄心勃勃地筹划开创一个新局面。由于努尔哈赤晚年实行残酷的民族压制政策，广大的汉人被无情地践踏和屠杀，他们不堪忍受，纷纷通过逃亡、投毒、袭击、暴动等方式反抗女真人的残酷统治。皇太极即位时的后金盗贼勃兴，人民饥馑，社会动荡不安，是一个名副其实的烂摊子。

而在四境之中，后金西北的蒙古各部，正被明朝利用作为牵制后金的工具，所谓“以西夷制东虏”，他们与东面的朝鲜形成了控制后金的左右两翼。皇太极深切地感到，如果几方联手共同对付后金，其后果将不堪设想。

因此，在这种内外忧患、四境不定的情况下，为了缓解在努尔哈赤晚年形成的辽东统治区的紧张局面，皇太极采取了一些新的治国方针。他首先提出了“治国之要，莫先安民”的基本治国之策。皇太极充分认识到反抗的汉人对于后金政权的威胁，因此对他们采取了怀柔的政策，对于他们逃跑和外通明朝的事实，事属以往的，不再追究。又改变了掠卖汉人为奴的政策，使一部分为奴的汉人恢复了自由身份，并采取“编户为民”的政策，保证后金农业生产获得充足的劳动力。此外，皇太极还积极开展与明朝和朝鲜的边境贸易，为将来的军事征伐创造良好的物质基础。天聪元年（1627 年），后金以战争的形式迫使朝鲜与之结为兄弟之国，暂时缓解了边境危机。对于明朝，皇太极也暂时停止了对明边境的战争，并以顺民小邦的形象分散了明朝的注意力，打出议和的旗号。这些，都是为了消除努尔哈赤死后给后金带来的一系列不利影响。

在一切准备措施就绪之后，皇太极开始了新的征伐，而多尔衮则成为皇太极的得力干将。

皇太极所面临的忧患和他所采取的解决问题的方式和方法对多尔衮来说是重要的学习内容。对于历史的梳理可以使我们充分认识到，皇太极的即位对于后金的历史发展起到了关键性的作用，在如此复杂的历史情况下，如果后金政权落入其他人之手，后果将是难以设想的。我们无从了解多尔衮的想法，但是，从他此后的军功和建树来看，无疑，他的内心是折服于皇太极的。

天聪六年（1632 年），多尔衮随皇太极出征蒙古。

这次出师的目的是征伐察哈尔林丹汗。天聪五年（1631 年）以来，察哈尔部的林丹汗为了统一漠南蒙古，多次袭击与后金结盟的东蒙古各部。后金的征伐，一方面是被林丹汗的挑衅行径所激怒，另一方面也是借此机会宣扬武力，显示武功。

多尔衮在这次征伐中受到了极大的启示：

第一，他敏感地意识到，行军作战也需要有王者之气，眼见得林丹汗的军队在后金军队的威逼之下抱头鼠窜，作为军事统帅之一的多尔衮了解了军事实力的重要性；第二，他更加敏感地觉察出，他的异母兄长皇太极此次出兵，实际上是醉翁之意不在酒，小小的林丹汗，显然并没有被皇太极放在心上，皇太极以如此重兵出击，当然是别有用心的。

果然，未费吹灰之力，后金军就取得了累累的战绩。林丹汗如同受了惊吓的兔子，一听说后金兵入境，就“尽携部民牲畜财物，渡黄河以遁”。而皇太极的军事行动却仅仅是刚刚开始。追剿着林丹汗的后金军队，忽然转了方向，将矛头指向了明朝。皇太极率军从归化城出发，进逼明朝边境城市大同、宣府，强行勒索。在这次历时近四个月的战事中，后金俘获了大量的人畜和财物。

后金此举，取得了一箭三雕的战果：其一，安抚了业已归附的东蒙古各部；其二，打击了林丹汗的势力；其三，在明朝边境捞取了大量的好处，同时也借机试探出明朝边境的虚实。

几年后，机会又一次降临到了多尔衮的头上。

天聪九年（1636 年）四月初，多尔衮在行军的过程中，遇到了前来投降的林丹汗之妻囊囊太后。囊囊太后带有大量的人畜和辎重，幸运的多尔衮不费吹灰之力就得到了向兄长皇太极邀功请赏的资本。

多尔衮派人将囊囊太后等人送往沈阳，而自己继续率军前行，他要寻找更大的幸运。根据囊囊太后提供的情报，林丹汗的儿子额哲驻扎的地点就在离后金军队不远的地方，而额哲的手中有人人垂涎的传国玉玺。

四月二十八日，多尔衮根据情报的指示，抵达了额哲驻扎的托里图地方。

聪明的多尔衮没有立即出战。

狗急跳墙的道理是为多尔衮所熟知的。额哲虽然已经是强弩之末，但是穷途末路难免会破釜沉舟，以一当十，而额哲的队伍一旦溃散，茫茫草原，很难再寻找到踪迹。

攻敌先攻心，多尔衮采取的是强大的心理攻势。

他派林丹汗的福晋苏泰太后的弟弟，也就是额哲的舅舅前往劝降。额哲此时的心态正如同溺水的人渴望抓住每一根活命的稻草，他相信自己的舅舅不会欺骗自己，他也相信投降多尔衮、归顺后金是最明智的选择。

于是，多尔衮兵不血刃地结束了此次战斗。

额哲在归降的时候，向多尔衮献上了传国玉玺。

多尔衮手里拿着玉玺，心中狂喜。阳光下，玉玺玲珑剔透，散发着诱人的光辉。

多尔衮郑重地收好玉玺，并派人送信告知皇太极，他已经得到了传国玉玺，并意味深长地向兄长表示祝贺，恭喜他得到了天命，可以顺理成章地称帝了。

皇太极大喜。

皇太极在后金的都城中心喜如醉。

得到了传国玉玺，就等于是拥有了天子的身份，得到了称帝的许可。天赐玉玺，后金他日必为大福大贵之地。天命所归，他焉能不为之动容。他命令属下做好准备，他要亲自出城迎接凯旋的弟弟，他要亲自迎接天命的象征——传国玉玺。

在皇太极统治时代，后金的汗王第一次亲自出城迎接凯旋的军队，后金国上上下下为汗王的举动而沸腾。

而聪明的多尔衮却明白，汗王迎接的是什么，汗王的喜悦来自何处。

三、皇太极称帝

天聪九年（1635 年，崇祯八年）十月十三日，皇太极宣布本民族改称满洲。由于察哈尔蒙古归降，孔有德、耿仲明、尚可喜等来投，并得到林丹汗传国玉玺，十二月二十八日，弘文院大学士希福、刚林等人疏请上尊号。皇太极再三推辞，一则认为："未见天意，何可辄受大名，倘蒙天佑，得有四海，大业告成，受之未晚。"二则对国内各旗贝勒中的不同声音十分关注。以希福为代表的内院文臣同皇太极关系密切，深知他对目前称尊顾忌所在。于是，倡导："今众贝勒各诚心盟誓，各修其身，愿汗立受大名，则君臣之分自定矣。果尔修身盟誓，汗自当受大名也。"在诸贝勒盟誓中，强调两点：其一，要求忠于皇上，不得起"不良之念"；其二，凡是贝勒议论国事，不得告诉"妻子及闲散员役"，通过盟誓而定君臣之分。

实际上，皇太极是通过内三院希福、刚林等人的活动，统一诸贝勒的认识，正式确定自己的皇位。经过数月在内外进行宣传、组织活动，基本就绪。天聪十年（1636 年，崇祯九年）四月十一日，皇太极称帝，国号大清，年号崇德，是为崇德元年。多尔衮因紧跟皇太极，积极拥护各项改革政策，被封为和硕睿亲王，除礼亲王代善、郑亲王济尔哈朗外，已位居执政贝勒第三位。

皇太极称帝在一定意义上说，是他坚持国体改革，确立满、汉关系，积极提倡中原传统文化所致。同时，皇权思想是振兴文教，提倡封建文化氛围的产儿。

（一）振兴文教

皇太极总结在明清战争中，清军屡战屡胜“常有惧心”的根本原因是明朝将领“晓习文武法律故也”。在守城被困，人相食而不降是“读书明理”、忠君亲上之故。有鉴于此，他决心除继续加强武功外，振兴文教，用中原传统文化培养治国人才。

（1）翻译汉籍

皇太极青年时期就注重文化学习。外国人说他在诸位贝勒中“仅识字”。平时一有时间即请汉人说书，天长日久，致其“深明三国志传”。天聪三年（1629 年，崇祯二年）十一月，他鉴于“国人不识汉字，妄知治体”，八旗诸贝勒及官兵多不“讲求忠君亲上之道”。为使上级官员能够“约束本旗人员，明白训饬，爱士卒如子，中明步伐，止齐之法”，下级士卒能够视本旗官员“如父母”，他提倡振兴文治，从历代帝王治国中，求“得失为鉴”。于是，采取两项重要措施：其一，将国中文臣分成两班，令巴克什达海，同笔帖式刚林、苏开、顾尔马浑、託布戚四人翻译汉字书籍。巴克什库尔缠，同笔帖式吴巴什、查素喀、胡球、詹霸四人记注本朝政事，以明信史。其二，除国内现有的四书，辽、宋、金、元四史等文本进行翻译外，还多次向朝鲜李朝索要书籍。

（2）兴办教育

皇太极称汗时，后金除少数上层书香门第之家外，多数普通官民对于读书没有兴趣。这给他振兴文教，发展教育，带来很大的困难。所谓“金家不曾读书，把读书极好的事，反看作极苦的事”，对于请先生教育子弟，更加反感。为推动教育事业发展，他命“诸贝勒大臣子弟读书”，并具体规定：“凡子弟十五岁以下，八岁以上者，俱令读书。”在教育子弟方面，早在进入辽沈初期，他就请汉族黄生员、刘生员、董生员等四位教书先生教育正白旗子弟，称汗之后，仍用四大生员教育两黄旗子弟。在清军入关前，在辽河东西共建立十五所学校，后来称为“辽学”。以明朝人才，教育八旗子弟；利用明朝教育资源，如明朝监军道张春在大凌河战役中被俘，死不投降，却反而为清朝培养出诸多高级人才，如福建总督范承谟等人是他的弟子。清朝官员入关后，曾批评明朝，“汝国有一张夫子而不知用，反为我国教育英才”。事实表明，清初教育资源，特别是传播中原文化，主要是明朝的汉族知识分子。

（3）考试生员

皇太极选取治国人才，主要来自两个方面：其一，明朝投归后金的现有人才。天聪三年（1629年，崇祯二年）八月，为“振兴文治”，选择“文义通明者”参加考试。考生来源是先汗时屠杀汉人过程中漏网的汉族生员，他们都生活在满洲、蒙古、汉官家中，充当奴仆。皇太极令各家不得阻拦，将“所有生员，俱令考试”。九月初一日，公布考试结果，分一、二、三等，共得两百人。凡是考取者立刻摆脱奴隶身份，获得自由；一等奖励缎匹，二、三等奖赏布匹，并“俱免二丁差徭”。他们在社会上被公认为“儒生”。天聪八年（1634年，崇祯七年）三月二十六日，再次考试汉生员，分别等第，一等取中十六名，二等取中三十一名，三等取中一百八十一名。当年四月二十六日，公布取中一等满洲、蒙古举人十六名。满洲习满书者刚林、敦多惠；习汉人书者察布海、恩国泰。汉人习满洲者宜成格，习汉书者齐国儒等八人。蒙古人习蒙古书者鄂博特等三人。从参加考试者的民族成分看有满洲、蒙古和汉人三个民族生员参加。考试语种有满、汉和蒙古文。同时，各族语言互习，反映出民族文化交融的生动局面。崇德三年（1638年，崇祯十一年），再次考试举人，取中罗硕等十一名。崇德六年（1641年，崇祯十四年）考取乡试第一的满洲鄂貌图，是皇太极时期“满洲科目解元”。他们相继参政，成为入关后的国家栋梁，身任总督等要职。

当然，关外有诸多兼通满、汉文化的书香门第之家。如满洲镶蓝旗的完颜阿什坦家族等，皇太极第七子高塞、饶余郡王阿巴泰之子岳端等诸多宗室著名文人，其文化底蕴都是起自皇太极振兴文治时期。而多尔衮兼通满、汉语言，与这个时期的文化氛围亦不无关系。

（二）贤明贝勒

皇太极国体改革是其政治改革的重中之重，他改变了先汗歧视性民族政策。诚然，先汗曾优待过汉人，晚年对自己的错误政策也有所调整。但他深藏在内心的狭隘民族主义思想，严重地妨碍了他事业的发展。他有一段典型的民族主义言论，即天命八年（1623年，天启三年）

五月二十四日谕令诸贝勒：

> 我国之诸贝勒、大臣，皆图个人畅快清闲，我殊为尔等忧虑，当唾尔等之面耳，尔等不明审断之法也。何故将旁立授首之汉人，与我诸申等同看待？倘我诸申犯罪，当问其功，论其劳，稍有口实，即可宽宥之。汉人乃生还之人，若不忠心效力，复为盗贼，怎可不灭其族，而杖释耶？至于由费阿拉与我等同来之汉人，亦一体审断之。

尽管这里将赫图阿拉时期的旧汉人与辽沈时期的新汉人加以区别，但作为国家领导者不可奉行民族自私和不平等政策。其晚年国势衰败，就在于指导思想的错误。

（1）满汉一体

皇太极即位伊始，首先提出满洲、蒙古、汉人，“不分新旧，视之如一”，特别强调“满、汉之人，均属一体。凡审拟罪犯、差徭公务，毋致异同”等民族平等的思想。在这种思想的指导下，向全民宣布严禁讦告制度，赢得汉民之心，致使“民皆大悦”。崇德三年（1638 年，崇祯十一年）七月十六日，他在民族关系方面曾有一段经典的论述：

> 若满洲官庇护满洲，蒙古官庇护蒙古，汉官庇护汉人，彼此不合，乃人臣之大戒。譬诸五味，止用酪则过酸，止用盐则过咸，不堪食矣。惟调和得宜，斯为美耳。今满洲、蒙古、汉人彼此和好岂不善哉。

根据他的论证，汉官的地位提高、责任心增强，并赞其政策为“陶镕满汉”之策。

（2）以人为本

皇太极以人为本的思想，是针对汉人，以征服中原为出发点的。其原因是满洲人太少，且有用之才不足。所以他在三部分的汉人中下了很大的苦功：

其一，在辽的明朝将领。众所周知，天聪五年（1631 年，崇祯四年）明朝总兵祖大寿在大凌河城被困投降。皇太极接受其建议，放他回锦州，以行献城之计。而祖大寿走后变卦。皇太极无奈，多次发兵围锦州，要求他出城相见。祖大寿拒绝。但皇太极毫不气馁，在信中仍切盼他来归。信中说：

朕之所以爱将军者，因我起自东陲，但知军旅之事，至于养民驭兵之道，实所不知，山川地势之险夷，亦多未谙，倘得倾心从我，战争之事我自任之，运筹决胜，惟将军指示。

其屈尊求贤若渴的精神，充分反映他是胸怀大略、力图治国的明君。崇德七年（1642 年，崇祯十五年），松山、锦州先后为清军占领，大学士兼蓟辽总督洪承畴被俘，誓死不屈。皇太极千方百计地劝降，甚至自“解貂裘以赐”，苦苦规劝五十五天。洪承畴深为感动，从心里认为此乃“真命世之主也”，终于投降。当时满洲诸贝勒，对于庆贺洪承畴投降设百戏，大有“不悦”之色。皇太极说：“‘吾侪栉沐雨者何为。’众曰：‘欲得中原耳。’上笑曰：‘譬诸瞽者，获一前导，安得不贺也。’”他的主要指导思想是“收得一二贤能之人，堪为国家之助，其利赖宁有穷也”。上述事实是皇太极在明朝高级将领方面下的苦功。

其二，汉族的知识分子。在设六部、改文馆为内三院、设都察院等诸多衙门中，吸收大量汉族知识分子参政。为得到真才，用以治国，不惜从奴隶中选拔。清初占有满官名额，实际是汉人的大学士宁完我，原来是贝勒萨哈廉的家奴，因通文史，被“擢置文馆，参与机务，授为二等甲喇章京，准袭六次，赐庄田奴仆”。当时，稍有才华的生员，都受到了较优厚的待遇。至少免去差徭。天聪六年（1632 年，崇祯五年）九月二十三日，八旗教习有十六人免丁，文告说：

正黄旗黄昌、舒芳，镶黄旗董世文、孟继昌、刘泰，正红旗吴义宁，镶红旗陈楚贤、水英卓，正蓝旗于跃龙、李度，镶蓝旗刘养性、王世选，正白旗齐国钟、霍应选，镶白旗董敬书、李维焕等十六生员，因有丁差牵累，各免二丁之徭役。

这是皇太极在汉族知识阶层中下的苦功。

其三，汉族人民。以汉族百姓是后金国“羽翼”，使其“衣食赡足，毋致失所”是皇太极的重大决策。天聪四年（1630 年，崇祯三年）四月，他说，“金银币帛虽多得不足喜，惟多得人为可喜耳”。他四次派兵入关掠夺人口多达百万计，与这种思想不无关系。

（3）养民政策

皇太极在学习中国传统治国经验中，得知“治国之要，莫先安民”的道理，鉴于后金汉人受民族压迫，不堪忍受，纷纷逃亡的具体情况，他宣布放宽逃人法，规定：

我国中汉官、汉民，从前有私欲潜逃及令奸细往来者，事属以往，虽首举，概置不论。

这个政策起了重要的安民作用，以致“汉官、汉民皆大悦，逃者皆止，奸细绝迹”。并将处于奴仆地位的汉人，与满洲人分开，“编为民户”，受到汉民欢迎。然而，皇太极并不满足于安定现有的汉民，而是希望更多地招徕。这就需要向外“播仁善之风”，吸引明朝境内汉人知道后金国“好养之德”，从而“皆慕朕矣”。可是，先汗屠杀政策，坏名远扬。为挽回汉民的信任，他公开对往昔发生的事表示“心亦甚悔”，贝勒岳託也在各种场合对杀人表示“不胜追悔”，努力宣传现今：

敦行礼义，治化一新，养民爱土，仁心仁政。

同时，采取具体措施，不许诸贝勒索汉官家财等。养民政策关乎中国最大民族的离合、国家政权是否稳固的大政方针，天聪年间基本实现“汉人安堵”之局，多数汉人“咸颂乐土”。正是因为推行养人的政策，致使“遐迩仰慕”，孔、耿、尚渡海来归，察哈尔举国入降，都希望皇太极“蚤统大业，共享太平”。这是其民族政策的重大胜利。

（4）贤明贝勒

皇太极积极贯彻养民政策，其中对大凌河投降汉官的待遇是最具典型的例子。如令诸贝勒给汉官庄屯、给予婚配、高官五日一大宴，分担重要职务等。一时形成风气，人们承认朝廷“豢养汉官之恩，比金官之典极隆极厚”。同时，诸位贝勒和在朝官员是否善于豢养汉官、汉人成为考核标准。皇太极明确指出：凡新旧穷苦之民“本主给之衣食，俾皆得所，如此方可谓贤”。换句话说，善于养人的贝勒谓之贤贝勒。然而，并非所有的贝勒都赞同皇太极政策，所以皇太极曾不满地说：“嗣后，若仍然不爱养人民，朕亦弗事远图，唯有闭门独处耳。”其中代善在养人问题上表现不佳，致使正红旗人常有“衣食不足，不能聊生”。在诸贝勒中只有多尔衮成为贤贝勒。天聪五年（1631 年，崇祯四年）十一月，大凌河副将张洪谟投降，皇太极认为其是“佳士”，并当众说：“佳士当付与贤贝勒养育，墨尔根戴青善于养人，举动皆合朕意，故以与之。”崇德七年（1642 年，崇祯十五年）八月初十日，努尔哈赤姨母之子布山，因犯罪监禁十年放出，也“令其于和硕睿亲王门下行走”。事实表明，多尔衮是皇太极各项改革大政方针的积极支持者。所谓“举动皆合朕意”的评价，证明他跟得很紧。

(三) 剔除不良风俗

皇太极振兴文治十年，在后金（清）国掀起学习汉族文化的新潮，有如一股洪流，对本民族固有的文化产生了严重的冲击。同时，也有力地推进其文明的发展进程。

（1）多尔衮承遗教

女真文化曾受蒙古文化的冲击，女真文在建州首领王杲那里尚有影子可寻，此后再无记载。但是，语言、服饰、骑射等在部落聚居地区尚基本保存。然而，通过马市交易，汉族文化对女真社会的影响日渐加深。早在天命五年（1620 年，万历四十八年），后金曾沿袭明朝制度，把将官称为总兵、副将、参将、游击、守备、千总、把总等。汉文化产生如此影响基本上是民俗自由发展的行为。皇太极时期则不然，它是借用政权力量全方位地推动，形成一股明显的浪潮。

皇太极认真阅读《金史》，吸取前金女真的语言、服饰汉化的历史教训，于崇德元年（1636 年，崇祯九年）十一月十三日，在翔凤楼向诸位贝勒讲述了那段历史，并告诫不接受儒臣巴克什达海、库尔缠，屡劝他“改满洲衣冠，效汉人服饰制度”，接受历史教训。同时，申明：

> 朕发此言，实为子孙万世之计也。在朕身岂有变更之理？恐日后子孙忘旧制，废骑射，以效汉俗，故常切此虑耳！

崇德二年（1637 年，崇祯十年）二月初五日，他越发感到推行汉文化对本民族根本习俗的冲击具有危险性，再次召开诸贝勒会议，重申他的担心：

昔金熙宗及金主亮废其祖宗时衣冠仪度，循汉人之俗，遂服汉人衣冠，尽忘本国语言。

决定“本国衣冠语言，不可轻变”。多尔衮跪奏：

臣等更复何言，唯铭刻在心，竭力奉行而已。

崇德三年（1638 年，崇祯十一年）七月十六日，在战争空隙，他将民俗提到政治的高度：“若有效他国衣帽，即令妇人束发裹足者，是身在本朝而心在他国也。”足见，满洲贵族在学习汉文化，推进国家统一、民族进步过程中，面对相对较高的汉文化和未来的民族文化的大融合，心存危机。为保存本民族固有的文化，将它上升到忠于国家与否的政治高度。这就是多尔衮入关后至死不改剃发令的根本原因。当然，皇太极反对妇女裹足的旨令具有进步意义。

（2）剔除不良恶习

皇太极大兴文治，推进本民族全方位进步。中原传统文明对满族最落后风俗的冲击更是无情。学文明而知廉耻，是满洲贵族竭力封建化的强大推动力。当时，满族尚存在原始群婚制遗风，“嫁娶不择族类，父死而子妻其母”，兄死而娶其嫂等现象在社会上普遍存在。皇太极在推进文明进程中认识到明朝和李朝都是“礼仪之邦”，指出乱伦“与禽兽何异”。于是决心改变本民族不文明的行为。

天聪五年（1631 年，崇祯四年）旨令：

凡婚娶继母、伯母、婶母、嫂与弟妇、侄妇之事，应永行禁止。有不安其室，愿改嫁者许本宅兄弟于异姓中择其愿嫁者嫁之。如违此禁，同族嫁娶，男以奸论。夫明与朝鲜皆礼仪之邦，故同族不许婚嫁。彼亦谓既为人类，若同族嫁娶，与禽兽何异，是以禁止耳。

崇德元年（1636 年，崇祯九年）称帝后，再次强调：

凡女人若丧夫，欲守其家资、子女者，由本人（家）宜恩养；若欲改嫁者，本家无人看管，任族中兄弟聘与异姓之人。若不遵法，族中相娶者，与奸淫之事一例问罪。汉人、高丽因晓道理，不娶族中妇女为妻。凡人既生为人，若娶族中妇女，与禽兽何异。我想及此，方立其法。我国若有淫乱之人，欲娶族中妇女者……此言欲令愚鲁之人晓之，今禁革不许乱娶。

皇太极宣布的婚姻大法是继四十五年前先汗宣布婚姻大法之后，第二个满洲人的婚姻大法，都具有进步意义。但皇太极的婚姻大法在婚姻乱伦的问题上不彻底。他允许罪犯家族乱伦，给这部婚姻大法增加了灰色地带。如天聪九年（1635 年，崇祯八年）十月二十四日，因为莽古尔泰、德格类兄弟犯谋逆罪，皇太极认为谋逆“即为仇敌”，允许“诸贝勒商酌，贝勒有愿娶者，令娶其妻”。这种见解虽有惩罚罪犯之效，但绝非文明之举。

四、跟随皇太极征战四方

多尔衮在战场上的建树得到了皇太极的认可，他将多尔衮视为自己的左膀右臂。跟随着皇太极的战车，多尔衮驰骋四方。

下一战，目标锁定在朝鲜。

朝鲜一直对后金持敌对态度，以各种方式对后金政权表示不满和轻视，而这种敌对在后金改元称大清帝国后尤为明显。

当时的朝鲜亲明朝而敌视后金。因为，在历史上，明朝曾经于万历年间在日本入侵朝鲜时出兵援手，朝鲜国王自此之后感恩戴德，力图代代维持与明朝的友好合作关系。而后金，由于与朝鲜相邻，经常发生冲突。而且朝鲜对于后金极为轻慢，在许多方面都与后金作对，如减少每年向后金交纳的岁币、收容后金的逃人等，这些举动无疑使两国关系更加紧张起来。

天聪十年（1636 年）四月，皇太极称皇帝，并为此举行了盛大的典礼。在典礼上，朝鲜在清的使臣做出了出人意料的举动，他们对大清皇帝拒不下跪，让皇太极很尴尬。怒气冲冲的皇太极写信向朝鲜国王抗议，结果，朝鲜不仅不给本国使臣以任何处分，反而回书皇太极，尊明朝而轻慢大清。此举无异于火上浇油，激化了两国的矛盾。

刚刚登上帝位的皇太极无论如何也咽不下这口气，他怒火冲天，把战争的火种引向了朝鲜。

当然，皇太极处心积虑地要对付朝鲜的主要原因还不仅仅是心理上的不平衡，更重要的原因是，朝鲜将会是后金对付明朝的一大障碍。已经称帝的皇太极继承了父亲努尔哈赤对于朝鲜的仇恨和野心，而且欲望膨胀得更加严重，出兵朝鲜只是迟早的问题，而解决朝鲜这一障碍则已经是迫在眉睫的事情了。

多尔衮接受了皇太极的一系列军事思想，他对此焉能不知。

最了解汗王心意的多尔衮被派往朝鲜执行汗王的意愿。

崇德元年（1636 年）十二月初二日，皇太极亲征朝鲜，多尔衮作为皇太极的得力干将追随左右。皇太极将清军分成左右两路，命多尔衮和长子豪格分统左翼满洲三旗（正白、镶白、正蓝）、蒙古三旗和藩部蒙古左右翼兵作为左翼，从宽甸一路入长山口，挺进朝鲜。而皇太极则亲率清军主力部队，由镇江东渡鸭绿江，顺沿海平原南下。

兵贵神速，多尔衮率领的左翼兵迅速出击，很快占领了朝鲜平安北道北部的昌州城，击溃了当地的武装抵抗，接着，又在前进中连续击溃了朝鲜安州、黄州等地的朝鲜军队。崇德二年（1637 年）正月初十日，多尔衮与围困南汉山城的皇太极会合。

南汉山城，地处朝鲜汉江之南，历来被视为天险。朝鲜国王避入城中之后，固守其中，等待援救。皇太极虽然多次劝降，但朝鲜国王拒不肯投降。由于南汉山城易守难攻，清军如果强攻，只会带来惨重的伤亡。一时之间，战争陷入了僵局。

早在皇太极出兵朝鲜之前，朝鲜国王已经预先把妻子、儿女、臣僚等人送出京城，暂时入居江华岛。对于后事做了妥当安排的朝鲜国王已经做好了与城共存亡的准备，抱着宁可身死国亡也要与清军较量到底的态度。

皇太极得知这种情况后，认为当前唯有采取先攻江华岛，得其妻子儿女之法，才能让朝鲜国王心悦诚服地投降大清，于是，命多尔衮出兵江华岛。

关键时候，多尔衮又显神威。

他预先用战车拖着小船在陆地前行，到江华岛渡口后，乘船渡江，一举击溃了江华岛的守卫力量，俘获了朝鲜国王的妃子、阁臣、宗室多人，凯旋而归。多尔衮的胜利增加了皇太极与朝鲜国王谈判的砝码。果然，朝鲜国王得知江华岛失陷的消息后，乖乖地投降了。

据史书记载，这次征服朝鲜的战争，致使“朝鲜八道，闾阎荡残，只有狂犬，饱食人肉后狂走”。据说，之所以有数量众多的狗没有受到伤害，是因为后金军队自老汗王努尔哈赤以来就有传统，不杀狗，以报当年狗曾经挺身救护老汗王的大恩。

但是，多尔衮进攻江华岛之后，并没有纵兵屠城，而是力图维持原貌，朝鲜国王的娇妻幼子也获得了多尔衮的保护。因此，据说在清军撤走的时候，朝鲜国王对于多尔衮感激不尽，洒泪相别。

这场战争的胜利者，皇太极、多尔衮，以及他们所代表的大清国在历史车轮的推动下，又开始了新的征伐。

这一次，作战的目标直指明朝。

崇德三年（1638 年）八月，大清出师伐明。多尔衮被任命为此行的总统帅。

在此之前，大清在崇德元年曾经发动过对明朝的战争，小试身手。当时清军势如破竹，攻克明长城，长驱直入，纵兵驰突，凡克城十二，摧毁敌阵五十八，俘获人畜十八万，生擒了明总兵等人。获胜的清军将士凯旋而归，并砍下柏树，在上面大书“各官免送”，扔于道上，以嘲弄明朝的将吏胆怯畏战。

多尔衮在战场上是一只狂傲的雄鹰。

从儿童时代起，多尔衮的耳边就常常听到人们对于明朝的议论。在他的印象里，明朝是一个富庶的帝国，明朝人所居住的自然环境也远远优越于满族人所在的白山黑水之间。在多尔衮心目中，明朝是一个流光溢彩、风景如画的好地方。

作为敌手，更重要的是了解敌人的动向，领会敌军的意图。

多尔衮以前虽然没有与明军直接交过手，但是，对于明军的战斗力却并不陌生。从后金建国以来，直至皇太极称帝建立大清，满族的军队一直在明朝的边境往来骚扰。努尔哈赤更是曾经与明军面对面地交锋过，与明军对役的惨败使得努尔哈赤郁郁寡欢，一病而亡。皇太极即位以来，还没有大张旗鼓地与明军发生冲突，但是，也曾经借助讨伐临境的机会，试探明军的虚实。

多尔衮对于明军是非常了解的。他觉得明军除了对普通百姓作威作福之外，在军事方面实在是没什么建树。但是，他也觉得明军仍然不可小看，明军行伍之中有不少的能人武将。

大清军队是有备而来的，而明朝此时已是内战连年，遍地烽火，兵无斗志，吏无治心。面对内忧外患的崇祯帝，虽然并不甘心束手就擒，丢掉祖宗的江山，但他本性多疑，刚愎自用，变幻无常，又处事操切，急于求成，结果欲速则不达，又往往委罪于臣下。明王朝实际上已处于风雨飘摇之中。

所以，皇太极此时伐明，正当其时。

此时的多尔衮已经熟悉了战场上的摸爬滚打，一次又一次的胜利给他增添了无穷的信心。在战场上的胜利使他逐渐成为一个狂傲的人，大清皇帝皇太极对他的信任也达到了极点。

崇德三年（1638 年）的明清战争以清军的胜利而告终。多尔衮统兵大举进犯关内，历时半年多，蹂躏了明朝畿南和山东二千余里的土地。多尔衮带走了丰厚的战利品，也带走了对于明军的藐视，他对明军的作战力和军事部署都嗤之以鼻。

清军在崇德五年（1640 年）又一次大规模出击，明清双方开始了著名的松锦之役。

在这次战役中，多尔衮在战场上遭受到了挫折。

松锦之役中，多尔衮的对手是明朝的著名将领洪承畴，这次他遇到了劲敌，遭遇了他行军打仗以来的首次挫折。

崇德六年（1641 年）的春夏之间，明军与清军在锦州外围的交战中，互有胜负。双方你来我往，展开拉锯战。但是，从总的形势来看，清军遭受了挫折，遇到了阻力。而且由于持续作战，消耗过多，清军人困马乏，已经呈现不支的状态。

在这种情况下，多尔衮为了保存实力，恢复围困锦州清军的兵力，曾经两次组织清军的部分人员和马匹回家养息，并将围困锦州的清军后撤到距离锦州三十里的地方扎营。多尔衮本来是出于好意，不料这些举措惹恼了皇太极。

皇太极坐镇沈阳，一心盼望着前线的捷报。

皇太极得知多尔衮自作主张，后撤军队后，极为恼怒，命令济尔哈朗速到前线将多尔衮换回。济尔哈朗本来就是多尔衮的对头，他带兵到多尔衮的营中当众宣读皇太极的命令，让多尔衮差点羞愧而死。

多尔衮又是难过，又是疑虑重重，他心里并不了解皇太极的恼怒来自于何处，他觉得自己并没有做错什么。多尔衮郁郁地回到沈阳。谁知，城门紧闭。为皇太极立下汗马功劳的多尔衮，竟然被皇太极关在了城门外。

月色朦胧，城门外的多尔衮思绪万千。一阵凉风袭来，他打了一个寒战，竟不由自主地想起了父丧母亡的悲惨夜晚。回忆深深地烙在了他灵魂的深处。

忽然，城门哐啷一声开了，多尔衮被一群一拥而出的兵丁绑了起来，有无数把刀架在了他的脖子上。

他没有挣扎，但心头充满了悲愤。

他想，也许，这就是生命的尽头了。

不知道过了多久，多尔衮抬起头来，看见了自己的异母兄长、面色铁青的皇太极。

皇太极的脸在火把摇曳之中阴森而昏暗。皇太极仿佛在等待着多尔衮先说话。

多尔衮没有说话，他没有像其他人那样面对皇太极的指责而委曲求全，他倔强地闭上了眼睛。二十九岁，正是血气方刚的年纪。

皇太极看着多尔衮倔强的脸，忽然意味深长地微笑起来。他忽然换了一副表情，由严君变成了慈兄。

皇太极走上前去，亲手为多尔衮解下绳索，抱着多尔衮的肩，又轻轻地拍着，语气竟哽咽起来了："好兄弟，好兄弟。我知你有满腹的话，不妨说来。"

多尔衮本来是闭目等死的，忽然听了皇太极的一番话，愣在了一旁。

"汗父去世以来，为兄苦心经营，一心盼着早日了却汗父的心愿，谁想欲速则不达。为兄急于求成，难为兄弟了。"皇太极言罢竟泣不成声。

多尔衮的眼中涌动着泪花，无言地，他抱住了皇太极的肩。

兄弟二人仿佛久别重逢一般，抱在一起。

夜色渐渐地退去了，新的一天来临了。多尔衮对着皇太极深深地施礼："皇兄，让我回锦州前线吧。"

三个月后，多尔衮回到了前线。此时，他已经因罪被降为郡王，并被罚银一万两，夺两牛录户口。但是他还是很幸运，没有死于皇太极的盛怒之下，而且又重新获取了皇太极的信任。

多尔衮回到围困锦州的前线之时，正逢开到松锦前线的明将洪承畴。

有的清军将领听到洪承畴的名字就会发抖，洪承畴，可不是一个一般的明朝将领。

洪承畴是明朝威震八方的大将军，他熟读兵书战策，有良好的指挥才能。在征剿农民起义军的过程中，洪承畴赢得了威信。对于洪承畴以及他所率领的军队，清军还是非常忌惮的。在刚开始的战斗中，清军屡次被洪承畴率领的明军击败。据说，洪承畴的军队驻扎在乳峰山与松山之间，营寨林立，旌旗翻飞，战马嘶鸣，阵容严整，使围攻锦州的清军见之无不大骇。

但是，此时的多尔衮已经非昔日可比了。刚刚发生的非常事件深刻地打动了他，他已经收起了傲气，对于此战的每一个细节，多尔衮都做了详细深入的分析，这次出战，他势在必得。

如果多尔衮在此前遭遇洪承畴，结局的胜负很难预料。也许是明朝确已走到了尽头。

多尔衮接到洪承畴出师救援锦州的消息后，迅速回报给皇太极，并要求皇太极派人马增援。在报告中，多尔衮详细地分析了松锦之役的形势以及洪承畴所率军队的虚实，并积极献上计谋，请求皇太极的援军在松山、杏山之间横截大路驻营。在多尔衮的帮助下，皇太极占据了有利的地理位置，又自锦州至南海角，挖掘了深八尺、广十丈的战壕，凡三重，把明军围困在其中，断绝其粮道。

多尔衮的作战方针仍旧是“攻敌之弱，攻敌之心”。皇太极的军队占领了有利的地理位置后，明军粮道断绝，军心动摇，很快一溃而不可收拾。

明军总兵王朴首先率众逃遁，其他几镇的总兵也相继溃逃。溃逃的明军风声鹤唳，一看到火光就误以为是清军，自相践踏，丢盔弃甲，溃不成军。清军在外围紧紧包围阻截，明军无法突出重围，欲退回松山，退路又被切断。

多尔衮接到明军溃败的消息后，立即马不停蹄地前往锦州大路至杏山大路堵截明军，使整个松锦战场的明军陷于崩溃。

松锦之役以清军的胜利而告终结。

这次战役的胜利一方面是由于多尔衮准确无误的指挥，另一方面则是由于明军处处受到崇祯帝的掣肘。崇祯皇帝不能给前线将领以充分授权，在京城坐镇遥控军队，在不了解战局的情况下，做出了一些错误的决策，导致前线将领无所适从，将领离心。无论如何，多尔衮又一次在战场上取得了胜利，曾经威震八方的洪承畴成了他的手下败将。洪承畴百般无奈，最后降清。

豪气干云的多尔衮又一次在战场上展示了自己非凡的才华。不仅如此，军事上的领悟也提高了他在政治上的嗅觉，他忽然变得敏锐起来。

在松锦之役接近尾声的时候，皇太极突然离开战场，回归都城沈阳。他最宠爱的妃子宸妃患了重病，已经奄奄一息了。

皇太极把多尔衮叫到身边，交代自己走后的军事部署时，已经身心憔悴，虚弱不堪了。多尔衮凝视着皇太极疲惫的身形，心头起伏，隐隐约约地，他觉得大清的第一个皇帝有了不祥的征兆。

松锦之役的决战正在进行之中，许多清军将领还沉浸在胜利的喜悦之中，在战场上往来忙碌，捞取着战争的胜利品，而多尔衮已经开始了新的思索。他隐隐约约地觉得皇太极匆匆撤出战场的背后，一定大有文章。人无远虑，必有近忧，多尔衮为自己的将来而思索。

第三章

传说中的美丽爱情

你，从天而降的你，落在我的马背上。如玉的模样，清水般的目光，一丝浅笑让我心发烫。你，头也不回的你，展开你一双翅膀，寻觅着方向，方向在前方，一声叹息将我一生变凉。你在那万人中央，感受到那万丈荣光，看不见你的眼睛，是否会藏着泪光？我没有那种力量，想忘也终不能忘。只等到漆黑夜晚，梦一回那曾经心爱的姑娘！

这首让我们耳熟能详的《你》是电视连续剧《孝庄秘史》的主题曲，也大多被理解为从多尔衮的角度去描述他和庄妃大玉儿的感情最为贴切的一首音乐。在这首音乐的陪衬下，多尔衮和大玉儿之间的这种古代皇室之间的奇特爱情，让我们的灵魂为之震动。多尔衮在这样的爱情面前，作为即将攫取江山万里的戎马英雄，却可以奉上锦绣河山，为博得佳人永不舍予的凄美爱情。这种美的破灭，爱的不可复得，集聚了千万种人性、理想冲突，让我们的灵魂久久为之震荡。

大玉儿，人如其名。果真有着如玉一般的容颜，她的名字其实叫“布木布泰”，但是人们通常都习惯称呼她为大玉儿。她出生于万历四十一年（1631 年）三月二十八日，死于 1687 年，活了七十五岁。她不是满洲人，也不是汉族人，而是蒙古族人，出生于蒙古族的科尔沁部，父亲原来是蒙古科尔沁部一个首领，名叫贝勒塞桑。大玉儿在家排行老二，上有一个姐姐，叫海兰珠，这个姐姐很奇怪，居然在离婚之后嫁给了妹妹的丈夫——皇太极。大玉儿从小就非常得宠，不仅因为她长得漂亮，更因为她的性格非常开朗活泼，能文能武，在科尔沁部非常出名，被誉为“蒙古草原之花”。

大玉儿，号称“满蒙第一美女”，就是满洲人和蒙古族人共同推举认可的第一美女。而多尔衮呢，也号称叫“满洲第一俊男”。现在民间流传一种说法，说多尔衮和大玉儿两个人之间，从小相识，可谓是儿时的玩伴，也就是我们通常所说的青梅竹马。虽然他们两个人的年纪相仿，多尔衮只比大玉儿大了一岁，但是他们两个人之间并不是这样的一种关系。首先，在那个战乱的年代，两个部落之间虽然有联姻，大玉儿的姑姑是皇太极的大福晋，但是平常的走动并不是太多。另外，大玉儿决定嫁给皇太极的时候，她才十二岁，多尔衮也才十三岁，两个人之间在那之前并不可能发生太亲密的联系。多尔衮和大玉儿的缘分开始于大玉儿和皇太极结婚那日。那么，他们又是怎么样结婚的呢？

皇太极在年轻的时候特别喜欢私下里带着自己的亲信到处游山玩水，骑马射猎。有一天，皇太极在沈阳的皇宫实在是憋闷得太久了，于是带着几名侍卫偷偷地出宫打猎。由于心情大好，皇太极翻山越岭走了好久都不觉得累。来到一片茂密的森林后，皇太极发现那里的野兽非常多，他看中了一只大梅花鹿。他一直追着这只梅花鹿，穿过一片松林，绕过好几个山冈，来到了一望无际的大草原上。这里草长莺飞，美不胜收。突然一阵急促的马蹄声打乱了皇太极的沉醉，他定睛一看，一群背着弓箭、骑在马上的女孩子们环绕着一位少女，大家已经把她团团包围了。中间的那位首领一般的少女长得真是太漂亮了。她白净滋润的脸庞如同羊脂白玉一般，一双漆黑的眸子深深的，流露出万种风情。这个女孩子在蓝天白云的衬托下，像一朵盛开的鲜花。

这个又聪明、能文又能武的少女，就是大玉儿。她那一年十二岁，已经出落成蒙古草原上最美丽、最娇艳的花朵。她还有一个比她大两岁的姐姐，叫作海兰珠，姐妹俩因为出色而在草原上享有盛名，已经不知道被多少优秀的男人看中了。大玉儿她们家的门槛都要让提亲的人给踏破了，但是这两个小女子却生性爱玩，加上年龄也小，丝毫不为所动，谁也没有要嫁人的意思。可是，命运偏偏就是这么奇怪，姐妹两个人最后居然都阴差阳错地成了皇太极的女人。大玉儿和皇太极见面的第一天，这个心性高的女孩子只消一眼就喜欢上了眼前的这个身材魁梧、相貌堂堂的男人。

大玉儿佯装冷静，问皇太极：“你到底是谁？竟敢跑到我们草原上来？你来这里是什么目的？”

皇太极忍俊不禁，三十岁的他忽然也有了开玩笑的兴致：“我来找你玩呀！听说这片草原上有一朵特别美丽的鲜花，我就来碰碰运气，看能不能摘到。”一席话说的让大玉儿的玉脸飞红：“还敢油嘴滑舌？小心姑娘我的鞭子可不留情！”皇太极心想玩笑开得也不能太过分，连忙下马作揖，低声说：“姑娘，我可只告诉你我是谁，我是建州的四贝勒——皇太极！”

“呀！这可太好了！真没想到，咱们原来还是亲戚呢，我的姑姑博尔济吉特氏是不是你的福晋？”皇太极听到这个消息之后更是心花怒放，他之后的决定几乎是在那一秒钟之内完成的。他要得到这朵草原上最美丽的花！博尔济吉特氏性格温和贤惠，她是一定不会反对的。

就这样，1625年初，一支马队冒着严寒，风尘仆仆地开进了后金的都城。四贝勒皇太极的宅地里张灯结彩，礼炮隆隆，皇太极亲自迎接这支远道而来的队伍——年仅十二岁的大玉儿在她的哥哥克善的陪同下，前来与皇太极正式完婚。大玉儿作为蒙古草原科尔沁部落的格格，出嫁也非同儿戏。她给皇太极带来了丰厚的嫁妆。不是别的，而是一支由八千人组成的科尔沁铁骑。这让当时做后金领袖的努尔哈赤非常高兴，他亲自率领众贝勒到离都城十里外的地方去迎接。然后大宴三天，以示完婚。

就在这样的一种情境下，多尔衮第一次见到了大玉儿。

冰天雪地间，大玉儿虽然裹在繁复沉重的礼服下，但她满身琳琅环佩，满头被金玉等饰物覆盖，乍一看去，就像落入凡间的精灵。这些都还是次要的，多尔衮也不是生在一般家庭，美丽的女孩子见的也多了。更为难得的是，大玉儿那一双晶莹机灵的眼睛和那什么也不畏惧的坦然微笑，一下子就把多尔衮吸引住了。平日里他见的最多的都是那些唯唯诺诺、文文弱弱的女子，身上没有一丝霸气。而大玉儿这朵草原的小花则非同凡响，她生在无垠的天地之间，从小就有一种无拘无束的性格，正是这种性格，深深地抓住了多尔衮。

命运再次给大玉儿开了玩笑。她在见到多尔衮的那一瞬间，灵魂，也得到了轻微的震颤。这就是所谓的一见钟情吧！也许有的人要问了，那不对啊，这个大玉儿不是刚刚才和多尔衮的哥哥皇太极一见钟情过吗？怎么这么快又钟情上了弟弟呢？这里我们必须要想到的是，大玉儿那一年才十二岁，还是一个弄不清楚自己心理状况的年纪。纵然她身为格格，成熟早，但也同样养成了她骄纵的性情。在那个还不懂得真正的爱情是什么的年纪，我们每个人都很容易混淆爱和喜欢、拥有和占有的关系。大玉儿一定是觉得，一个男人英姿勃发、帅气逼人、骁勇善战，就是值得去爱、去崇拜的男人。殊不知，她在快要等到将内心深处的感情都用尽的时候才明白，一个男人优秀和有权力，并不能成为她爱他的理由。

从大玉儿出现的那一瞬间开始，多尔衮的目光和心思一时一刻就没有离开过她。但是大玉儿并没有更多的爱的感觉。直到有一天，她才真正见识到了多尔衮那能杀了猛虎一般的勇猛和顽强，随之被深深地折服了。

大玉儿是在蒙古草原上长大的，她最大的爱好就是骑马射猎，到广阔的天地里去玩。有一天，她实在待得烦闷，就带着几名宫女和侍从到东山去打猎。她本来看到了一只特别可爱的兔子，没想到她骑马追着兔子跑，追着追着就来到了一个林子深处。忽然地，从林子里跳出一头老虎来，直扑向大玉儿的马头。这时，宫女和侍从们都站在林子外，因为他们也很害怕，只有拼命地喊“救命”的份儿，根本没有人敢上前去打老虎。眼看着那只老虎马上就要抓到大玉儿的马蹄子了，那马受了惊，一声长嘶，如人一般地站立起来，大玉儿一个翻身就被摔下马来。正在这个万分危急的时刻，突然地，从林子深处冲出一个英武的少年，提着短刀，一下子就跳上了老虎背，揪住了老虎的脖子。老虎仰起头来，用无比凶恶的眼睛看着少年，少年丝毫不畏惧，举起短刀，直接朝老虎的眼睛刺去。老虎自然是疼得嗷嗷大叫，屁股一撅，就把少年给掀了下来。大玉儿被眼前的阵势给吓懵了，一时没反应过来。待她回过神来，只见这时，少年已经牢牢地被老虎压在身子底下不能动弹，性命难保。

“这个男子好眼熟，似乎在哪里见过。”大玉儿心想，这个少年是为了救我才这样的，我一定要竭尽全力救他。于是，想到这里，她连忙抽出身后背的弓箭，拉开弓，但是由于紧张，手心直冒汗，好不容易射出去了，还没打到老虎。大玉儿急得直跳脚，心想这下可坏了，要是少年为她丧了命，那可怎么办呀？“你可别死呀，你要是死了我也不活了呀！”心里才这么一想，心直口快的大玉儿就把这话给说了出来。

“你放心吧，我死不了！”只见这个少年不慌不忙地拔出短刀，镇定地在老虎肚子下面狠狠地扎了一刀，瞬间让老虎开了膛。老虎的惨叫声惊落了大玉儿手中的弓箭，大玉儿简直不敢相信自己眼前的一切，下意识地闭上了眼睛。等到她睁开眼的时候，只见老虎已经倒在地下，鲜血汩汩地流出，而那个勇敢的少年正笑吟吟地站在她面前。

“谢谢你救了我，你可真勇敢。我觉得你很眼熟，是不是咱们曾经在哪里见过？”大玉儿问少年。

“嫂嫂可真健忘，我是多尔衮，你的十四弟呀！记得不？还是我跟着父汗把嫂嫂迎回来的呢！”原来，这个勇敢地救了大玉儿命的少年，就是多尔衮。这一次，大玉儿可是再也忘不了他了。

他们在林子里策马穿行，耳旁的微风和林间的鸟语，让他们心旷神怡。自从大玉儿嫁给皇太极之后，很久没有这样放松过了。她很自然地就对多尔衮敞开心扉：“宫里实在是太没意思了，我天天觉得特别憋闷，没有什么事情可做。以前在蒙古草原的时候，我和小伙伴们天天策马扬鞭，打猎之后把战利品分给有需要的人。有的时候我们还在草原上生火烤肉，一边喝酒一边跳舞，别提有多快乐了！”多尔衮也难得有心情放松的时刻，他只要一见到大玉儿就觉得心里非常舒服。“我小的时候也常常和父汗去打猎，我的骑射技术在后金是最好的，你信不信？”依照多尔衮平常的性格，他是从来不在别人面前说这样的话的，但是不知道为什么，他特别愿意和大玉儿聊天，觉得她身上特有的女性魅力可以让他在紧张的情况下放松。

“要是没有刚才的事情，我肯定觉得你在吹牛，不过你刚才真的是太勇敢了，特别镇定，你不怕老虎吗？”

“我们男人，在战场上连敌人都不怕，还怕老虎吗？”

“多尔衮，你是真正的勇士！我敬重你！”大玉儿在马上向多尔衮作揖，她那丝毫没有做作的表现和她那浑然天成的笑容，让多尔衮心里生出一阵阵暖意。

“听说你们蒙古草原上到处都是敖包，敖包是什么意思啊？我有几次从那里经过，看见好多人围在敖包的旁边，是在祈祷吗？”多尔衮问大玉儿。

“敖包，是蒙古草原上最壮丽的风景。我们蒙古的年轻男女常常选择在敖包前定终身，是爱情坚贞的象征。而且传说中，敖包非常灵验，你有什么愿望，都可以在敖包前许下，上苍的神会帮你完成心愿的。”很自然地，他们就谈起了蒙古，那一片让大玉儿心魂牵绕的土地。

多尔衮心里明白，这个才十几岁的女孩子肯定是想家了。她那么年轻就嫁给了皇太极，虽然有自己的姑姑作伴，但是因为年龄相差太多，肯定还是有差距的。“你怎么了？我怎么觉得你不是很开心呢？四哥四嫂待你不好吗？”多尔衮试探地问大玉儿。

“也不能说是不好，但是他们和我不一样。皇太极总是很忙的，我几乎见不到他。而姑姑呢，就是喜欢教我规矩，各种各样的规矩。我知道，姑姑是为了我好。怕我年纪小，不懂规矩，让人给欺负了。但是，我从小就不是一个喜欢守规矩的人。所以，难免会觉得很压抑！”大玉儿进宫有一段日子了，皇太极的大福晋出于保护她的目的，天天给她讲规矩和做人的方法。告诉她不可多话、不能随便相信别人、不能干涉皇太极的生活……这一切，都让成长于蒙古草原的大玉儿感觉到很不习惯。

“多尔衮，我觉得你们这里的人很奇怪，看起来都是放荡不羁的，结果全都是生活在条条框框里，其实，你觉得自己幸福吗？”大玉儿仰着脸，问多尔衮。他们的头顶上方，蓝天白云交相辉映，好不自在。

多尔衮策马向前。他没有直接回答大玉儿的问题。能让他怎么回答呢？幸福，似乎是一个非常遥远的词语。他在见到大玉儿的那一个特定的时刻，感觉到了幸福。因为大玉儿身上所具有的乐观向上积极进取的气质，让他看到了生活的希望。然而在幸福感散去过后，多尔衮得到的，是更多的失望。毕竟，大玉儿是他的嫂子，是皇太极的侧福晋，是他一辈子也别想触碰到的女人。他只能远远地看着她，默默地保护着她，在所有人都不知道的前提下。就像现在，大玉儿丝毫都没考虑到，为什么在她遇到危险的时候，林子深处会突然从天而降一个多尔衮来？为什么不早不晚、不远不近的，就是多尔衮出现在她生命遇到威胁的时刻，奋不顾身地救了她？为什么多尔衮能不顾自己的性命，冒着被老虎吃掉的危险，铤而走险地搭救她？大玉儿因为紧张，一切都没考虑到。就算我们的头顶真的有神灵，神灵也是要照顾每个人不同的需要的。多尔衮要不是每天都关心着大玉儿，打听她去什么地方，和什么人在一起，也不会有今天的这一幕了。

“哎，多尔衮，你为什么走得那么快呀？等我一会儿呀！”大玉儿抽了一下马屁股，追了上去。

“嫂子，既然你已经安全了，我就先走一步。咱们同时回宫，让人看见，我觉得不好。”多尔衮忽然间觉得内心十分伤感，头也不回地策马而去。留下大玉儿，呆呆地看着他的背影，一时弄不明白到底发生了什么。“多尔衮，有什么不好的呢？你等我一下吧！”

“对我倒没有什么不好，关键是对你不好！”多尔衮撇下这一句话，就骑着马，消失在扬起的灰尘中。虽然他比大玉儿大不了多少，但敏感的心灵似乎已经察觉到一些脆弱的情绪，为了更好地保护大玉儿，他意识到自己是必须要牺牲一些事情的。

从那之后，大玉儿与多尔衮之间的关系似乎更近了一步。大玉儿从心里把多尔衮当作了自己的救命恩人，而多尔衮也似乎觉得和这个天上的女神之间，多了一分人间的心有灵犀。所以，从那以后，多尔衮经常到大玉儿的宫中去玩儿。他们在一起淡天说地，有的时候结伴出去打猎，好不愉快。在多尔衮心中，自从见到了大玉儿，他就已经认定了大玉儿就是他的人，只不过是暂时放在皇太极那里的。只要有一天自己继承了父汗的位置，就把大玉儿给要过来，或者再大不了，等到皇太极离开人世，他就可以光明正大地和大玉儿在一起，反正后金有这个“兄死弟娶其嫂”的习惯。那一年，正巧多尔衮的母亲再次得到了努尔哈赤的宠爱，多尔衮和多铎的地位也比以前提高了，加上朝廷中的人都在传言，说多尔衮是努尔哈赤选定的继承人，他的前途无可限量，多尔衮虽然一向行事谨慎，但心底里还是有一些喜悦的，如果一切都能按照他的计划行事，大玉儿早晚是他的女人。

大玉儿的性格中有一些很男孩子的地方，这也是她的姑姑对她感觉不太放心之所在。大玉儿其实自己也搞不明白她对多尔衮的复杂感情到底是什么，但是她就是直觉地知道她喜欢见到他，喜欢听他说话，和他一起出去打猎的时候很有安全感，要是连续几天见不到多尔衮，她会很想念他。但是，那一年大玉儿才十三岁，她没有足够的能力来比较她对多尔衮和对皇太极的感情到底有什么区别。直到有一天，她的姑姑来看她的时候，她正在担心，为什么多尔衮已经连续好几日没来找她玩了。

大玉儿一个人非常无聊，在院子里闲逛。姑姑走进门的时候，她正在对着院子里的花花草草发呆。那时，时令已经接近中秋，空气里有微微的凉意。多尔衮、皇太极等人和努尔哈赤一起出外平定叛乱去了，家中所剩的女人们大多百无聊赖，一半放心不下前方的男人，一半又在算计着该怎么样让自己更漂亮一点，等男人们从前方战场上回来，好大聚一番。大玉儿年纪还太小，没有这样的心计，另外她似乎也还没适应宫中的生活，学不会和人争宠。她只是沉浸在自己的小世界里，时而想想家乡的父老乡亲，时而想想勇敢的多尔衮。

“大玉儿，你在想什么呢？怎么一直在发呆呀？姑姑进来，你也没看见呀？”大玉儿的姑姑博尔济吉特氏是皇太极的大福晋，也是后金宫中出了名的贤惠女子，她真的能做到凡事都以皇太极的意愿为自己的意愿，只要皇太极觉得高兴她就觉得高兴。这样的女子，在古代的宫廷中，其实是最为聪明的女人。她们不是没有自我，不是没有自己的想法，而是能够将自己的意愿、自己的想法深深地埋藏在心底，等到适合的时机才显露和表达出来。当博尔济吉特氏听说皇太极要娶大玉儿的时候，其实她是受到了震撼也感觉到了担忧的。大玉儿比她小那么多，而且又是蒙古第一美女，来到皇太极身边，自然会抢走皇太极对她的宠爱。女人，哪里有不吃醋的？但是，她转念一想，大玉儿毕竟是她的亲戚，今后无论在什么样的情况下，只要大家不撕破了脸，这份亲戚的关系始终还是存在的，而且大玉儿生性善良，不会和她抢大福晋的位子，想来想去她在很短的时间内就想通了。反正皇太极始终都是要找女人的，找个自己认识的自己了解的总比一个陌生人要好。所以，在皇太极娶亲的问题上，博尔济吉特氏展现出了前所未有的宽宏大度，让很多贝勒们都交口称赞，连连称赞皇太极真有福气，大福晋是个这么懂事的女人。

大玉儿进宫后，博尔济吉特氏毫无保留地传授给她所有的规矩和应该注意的事项。她们两个人果真亲如一家，时常走动。最近，大玉儿神情恍惚、心事重重的样子她看在眼里，急在心上，正想找个机会和她好好谈谈呢。

“姑姑，你看，你又开我玩笑了。我能想什么？又没有什么国家大事值得我一想。我就是觉得最近院子里好像冷清了很多，大家都不找我来玩了。”大玉儿撅着嘴说，神色很是不快乐。

“大玉儿，你已经是结了婚、嫁了人的人了，你明白吗？别说不能期待着有人来天天找你玩？就是想一想都是不可以的。我们这些女人，所该做的，就是等待。你应该和我一样，等着皇太极，想着皇太极。他如果忙，身体不好，没有时间，我们就只能理解。再也不能想和其他人玩耍的事情了，知道吗？”做姑姑的算是苦口婆心了，年届三十，在感情上已经历尽沧桑的她比任何人都明白，付出去的感情如果收不回来，将会对女人造成很多不必要的伤害。

“姑姑，我没有别的意思，也没想到其他更多的。你不知道这院子里有多冷清，多尔衮来的时候，几个人有说有笑的，他还愿意给我讲讲外面的世界都发生了什么，正在发生什么，以后可能会发生什么。多尔衮不来，我觉得自己好像就被周围的一切都给抛弃了。”大玉儿的眼睛里，有数不尽的落寞。

“大玉儿，你知道吗？你现在的状态很危险。一方面，你的心太野了，总是想知道一些女人没有必要知道的事情。另外一方面，即使你真的很想走出这个院子，你也不能依靠多尔衮呀，你完全可以依靠你的丈夫皇太极啊！尽管多尔衮的年纪比你大，但是他到底是你的弟弟，你是他的嫂子呀！”博尔济吉特氏原本觉得大玉儿只是耐不住寂寞，想找个人排解孤独的情绪而已。今天听她这么一说，反而觉得问题非常严重。看来多尔衮和大玉儿的感情已经不是一天两天的了。

“姑姑，我不知道该不该对你说。可是我除了能对你说，还能对谁说？近来我总觉得，皇太极不喜欢我，我也不喜欢他。他不了解我的喜好，我也时常听不懂他在说什么，我们之间简直无法沟通，我控制不住地在想我和他之间的婚姻也许就是个错误！”大玉儿静静地看着她的姑姑，一字一句地毫不隐瞒地说了出来。仿佛，她也是在那一个瞬间，第一次看到了自己的内心。

大玉儿的一番话深深地刺激了博尔济吉特氏，她一时间找不到适合的语言来劝说大玉儿。在那个动乱的年代，有哪一个女人敢说自己的婚姻不成功呢？就算是真的不成功，又能有什么办法呢？谁不都是这样一步一步熬过来的呢？想了很久，她拉着大玉儿的手，走进房间，沏上一杯茶，苦口婆心地说：“孩子，这就是女人的命，我们每个人都是一样的。以后，等你怀上孩子，生下他，有了孩子一切问题就都解决了。我们就可以把所有的时间都用在照顾孩子上，然后期待着他长大，光宗耀祖，就够了。”

大玉儿不再说话了，但这并不代表她就认同了姑姑的话。难道母凭子贵是唯一的出路吗？难道说，她的命运就真的已经决定了吗？大玉儿不甘心。让她怎么能甘心呢？她才十几岁呀。明明人生才刚刚开始，怎么可能就从此之后过上了一日不如一日的生活呢？大玉儿还是想到了多尔衮，她说不出道理究竟是什么，但是她就是顽强地相信，多尔衮是一个能够被她信赖甚至帮助她改变命运的人。

大玉儿暗暗下了决心，那时的决心虽然有些盲目，不过的确成为她唯一的希望。

那次出征回来之后，多尔衮抑制不住内心的想念，在第一时间来看大玉儿。他知道皇太极一定是首先要去博尔济吉特氏的寝宫的，所以他正好趁这个时间来到大玉儿的院子。午后的宫苑，非常安静。宫女们都在打瞌睡，大玉儿似乎也睡得很熟。宫女们见到多尔衮走进来，很想通报一声，但是都被多尔衮制止了。他悄悄地对宫女们说："我来看看嫂子，你们都出去吧。没什么事情，不要进来，我们说一点话。"宫女们原本就知道多尔衮和大玉儿的关系好，再加上可以偷懒休息，她们是非常高兴的。就这样，房间里只剩下满腔思念无处发泄的多尔衮和熟睡的大玉儿。

多尔衮站在床榻前，静静地目不转睛地看着大玉儿。她长长的睫毛即使是在睡梦中也仿佛是忽闪忽闪的两只小蝴蝶，她大大的眼睛微微地闭着，如同两枚躺月，她柔嫩的面颊因为熟睡而呈现出比平日里更为深沉的红晕，虽然天气已经有点凉了，但是大玉儿由于闭不出户，所以还是穿着很薄的衣服。盖在大玉儿身上的锦缎被子轻轻地滑落了下去，露出她白皙如玉的肌肤。看着看着，多尔衮就心神恍惚了。他浑身感觉到了燥热，身上也开始不安静了，他试探性地伸出了手，轻轻地沿着大玉儿的脖子、肩膀、手臂……一路抚摩下去，无法停止。

大玉儿只是一径地沉沉睡去，仿佛什么也不知道，毫无察觉。或者，她已经早就察觉到了，只是她的心不愿意醒来，这对于她来说，是做了好久的一场美梦，终于实现了。

多尔衮再也无法控制自己了。他猛地压了上去，将自己化成锦缎的被子，覆盖住大玉儿的躯体，伏上来，压下去……"哗啦!"床榻似乎也承受不住两个人的激情，塌陷了下去。然而疯狂的男人在那时根本顾不了那些，甚至没等到女人翻身坐起，就一把按住大玉儿继续做刚才做的事情。

大玉儿这个时候应该说是完全清醒了，但是她仿佛死了一样，紧紧地闭着眼睛，一动也不动，任凭多尔衮为所欲为。这是一段压抑了很长时间的情感，终于得到了全面的爆发。过了一会儿，等风暴停息了之后，大玉儿仍然不睁开眼睛，只是静静地流下了两滴热泪。眼泪中，有说不尽的委屈。多尔衮细心地将这两滴泪吮去，然后，悄悄地离开了。从始至终，他们两个人没有说过一句话，仿佛一切尽在不言中。

多尔衮和大玉儿的感情，尽管受到了重重的限制和阻挠，依然全面地爆发了。原来，这个世界上，连权力和欲望都能控制的多尔衮，却无法控制自己内心深处真实的感情。正是因为这样，我们才更加佩服、敬重、怜惜他。这个铮铮铁骨的男子汉，心里居然有着异样的柔情万种。

这层关系，多尔衮和大玉儿谁都没和谁挑破。事情过去后，他们一如既往地见面，有的时候还相约着到郊外去散步，到林子里去打猎，只是，在只有彼此的时候，眼神中多了一些交流。大玉儿还有一个妹妹，由于长得和她非常像，所以人们都称呼她为小玉儿，但是二人虽然容貌像，气质上却有很大差异。小玉儿没有大玉儿的那种落落大方，反而很是娇纵任性。那一阵子，小玉儿和姐姐住在一起，时常见到多尔衮，渐渐地就喜欢上了他。天真的小玉儿把自己的心事告诉了姐姐，希望姐姐能够出面为二人做媒。大玉儿当然是满心的舍不得，可是又没有适合的拒绝理由。正在她万般无奈的时候，多尔衮渐渐感觉到了大玉儿的不快乐，时常关切地问："你最近这是怎么了？为什么一见到我就皱紧眉头呢？"大玉儿真是一肚子的辛酸不知道该怎么排解。

1626 年，对于多尔衮来说是一个无比悲惨的年头。在那一年，他失去了太多生命中最重要的两个人，父亲、母亲，也失去了继承人的位置。一时间，他万念俱灰。

在百般悲痛之下，他来到了大玉儿的院子。大玉儿那天不在，她那时一直跟着姑姑忙活着皇太极登基的事情，虽然她的心里也很放不下多尔衮，但所能做的只是派人去看望多尔衮，给他送点好吃的和慰问的话而已。多尔衮明明是来找大玉儿的，但没找着，只看到了院子里的小玉儿。小玉儿自然是非常高兴的，上来就拉着多尔衮说话。多尔衮整个人似乎都憔悴了，面孔塌陷，眼神无光，胡须横生，但在憔悴里更显男儿本色。小玉儿心疼地说："多尔衮，你别难过了。事情总会过去的。我想，你的母亲也不希望看到你现在这个样子呀！"

女人家的温存是治疗男人的良药。何况小玉儿长得又十分像多尔衮的心上人大玉儿。多尔衮在极度的伤心里不能自拔，便错把小玉儿当成了大玉儿，扎在她的怀里伤心痛哭起来。恰巧这时，大玉儿回来了，撞见这一幕，她虽然心如刀割，也不便更多打扰，又静静地退了出去。那日晚，大玉儿叫来小玉儿，认真地看着她，问："你和我说过，你喜欢多尔衮。那时的多尔衮，意气风发，很可能成为汗位的继承人。现在多尔衮的样子你已经看到了，你告诉姐姐，你还喜欢他吗？还想嫁给他吗？"小玉儿听姐姐问这个，一点女孩子的矜持也顾不得了，马上说："当然想了，我怎么会不想呢？我想嫁的就是这个人，我会对他比以前更好的。姐姐你今天下午都没看着，多尔衮可可怜了。我看他实在是需要一个人照顾，就让我来照顾他吧！你明天和姑姑、姑父说一下，好不好？"

经历了多尔衮汗位被夺、皇太极登基等大事的大玉儿，已经不再是那个会为了爱情抛弃一切的简单的女孩子了。她比任何人都更知道多尔衮心里的苦，她也比任何人都更能安慰多尔衮的苦，但是现在，残酷的事实摆在面前，她的男人皇太极现在是九五之尊，是绝对不会允许这样的背叛的。如果她的妹妹能代替她照顾多尔衮，从那之后大玉儿反而能借姐妹走动的机会常常见到他，常常关心他，也未尝不是一件好事。想到这里，虽然夜已经很深了，她还是走出自己的院子，来到多尔衮门前。

多尔衮的灯光只是虚设，伤心的男人无助地坐在院子里，仰望着头顶的皎皎明月。第一次，他觉得上苍仿佛是在开他的玩笑，头顶的明月如同一只明亮的眼睛，明明看到了世间的真相，为什么不出来给他多尔衮做主呢？正在这时，他看见大玉儿向他走来，空气中飘来一股幽香。许久，他们只是在月光下静静地互相看着对方，仿佛应该说点什么，话到嘴边又觉得一切都不必再说了。大玉儿张开怀抱，拥住了多尔衮，只是轻轻地拍着他壮硕的后背，贴着他的耳朵说："哭出来吧，孩子，你哭出来会好受很多。"那一夜，从不放声大哭的多尔衮终于在大玉儿的怀抱里解脱了。他高声地哭泣着，凄厉的哭声穿透了宁静的夜。天上的皎皎明月似乎也感染到了悲情的气氛，出神地看着这一对男女，看着这一步之遥却有千里之差的皇权，一步之遥而又天涯海角的爱情。

很久很久，多尔衮终于平静了。大玉儿试探着问："你，喜欢小玉儿吗？"多尔衮在她的怀里轻轻地战栗，回答说："我喜欢玉儿。如果大玉儿不能让我喜欢，小玉儿……是不是也是玉儿？"大玉儿的泪洒在了心里。她坚强地回答说："你已经失去了太多，我不能再冒着让你失去生命的危险，去赌一场没有结果的爱情。你要知道，大玉儿始终是你的玉儿。我现在做的这个选择，也是为了你好！”听她这么一说，多尔衮只有闭口不说话了。逃？多尔衮无数次地想要带着大玉儿逃跑，可是他们能逃到哪里去呢？天下之大，容不得两个相爱的人。“多尔衮，既然这样，那我回去找个适合的时间把你和小玉儿的事情向姑姑说了吧。毕竟是件好事，只要这‘好’能略微冲淡你心里的悲伤，我，也就没白白大方一场。”

临走的时候，大玉儿转过头，死死地看着多尔衮。这个曾经是她的私有物品的男人，现在，终于要开始他自己的生活了。她的心里有万千的舍不得，可是舍不得又能如何？终是要舍的，她现在只求这一切的舍会换来得的那一天。曾经，是多尔衮一厢情愿地把大玉儿当成了自己的女人，从那一天开始，大玉儿也下定了决心。皇太极能不顾兄弟之情抢了多尔衮的皇帝之位，她也就能不顾姐妹之情再次占有她妹妹的男人。不仅如此，她还要通过自己的努力还给多尔衮一片江山。大玉儿本来就不是一般的女子，她不仅是蒙古草原上最美丽的女人，还是心怀天下的女人。从那一天起，这个女孩子似乎突然间就长大了，她正在向着自己的目标一步一步迈进。

皇太极沉浸在即位之后无比的喜悦里，他得到了江山，又得到了美人，他现在觉得全世界的幸福都集中在他一个人的身上，他就是那个上苍选定的人。

一天晚上，皇太极来到大玉儿的寝宫，只见大玉儿打扮得花枝招展，身上散发出一阵阵让人心旌摇荡的香气。皇太极眯着眼睛，微笑着问：“今天什么事情，让你这么高兴呀？”

大玉儿娇嗔地说：“小女子当然是为您感到高兴了。同时也为自己感到高兴，真没想到，小女子的命这么好，嫁了个这么能干的丈夫！”

大玉儿的一席话说得皇太极心花怒放。他一把搂住大玉儿，温存起来。

过后，大玉儿赖在皇太极的怀抱里，轻声细语地说：“大汗，小女子近来有一事相求，不知道当讲不当讲？”

皇太极还沉浸在刚才的喜悦里，闭着眼睛说：“现在有什么不当讲的？天下都是我的，我的就是你的，你想要什么，尽管开口。”“只要大汗平安，我什么都不想要。只是我的妹妹小玉儿，天天在我的院子里待着，也不是那么回事呀。况且她现在年纪也不小了，我当初嫁给大汗的时候，才十二岁呀。她现在都已经十五岁了，我想托大汗给找个好人家!”

“我当是什么事儿呢！这可是好事情呀！那姑娘长得跟你可真像，连我都有点喜欢了。找个人家是不成问题的，不过我的玉儿从来不求我什么事的，这事看来似乎也不太简单。是不是你那聪明的妹妹已经看上谁了，碍于女孩子的面子不好说出口，想借我嘴一说呀?”

夜深人静，大玉儿躺在皇太极的怀里，想着另外一个男人，而且她现在正在将自己喜欢的男人介绍出去，这情境，怎一个辛酸了得?!

“看大汗说的，好像玉儿心机有多么重似的。其实无非是多尔衮和小玉儿近来经常在一起玩，你也知道，小孩子家的，玩着玩着就玩出了感情，小玉儿看上了你的弟弟，我看多尔衮近来也总到我的院子里来，估计也是心里有些想法的，咱们这做兄嫂的，不如就来个顺水推舟得了。”皇太极一听到多尔衮的名字，还是暗暗打了个寒战。近来他做了很多对不起多尔衮的事情，那个孩子眼睛里坚毅的神色曾经让他不寒而栗。

“我怎么就没想到这些呢？多尔衮刚刚失去了母亲，正是难过伤心的时候，给他找个可以说话、可以安慰他的女人，倒是件功德无量的事情！还是玉儿你想得周到呀!”皇太极当时丝毫没加怀疑就同意了。而且心里还暗自高兴，如果可以借此机会达到笼络多尔衮的目的，岂不正好解除了他自己的后顾之忧！“玉儿，这件事情你就放心吧。明天我就告诉你的姑姑，让她出面来撮合这段好事!”说完这番话后，皇太极转过头去，没多少工夫就睡着了。大玉儿愣愣地在床上躺了好久，随着心灵温度的下降，身体也渐渐转成冰凉。两行热泪，顺颊而下。后来，她挣扎着起身，走到梳妆台跟前坐下。月光从窗外流淌进来，她借着幽暗的光看着自己倒影在铜镜中的脸，神情是如此的空虚、悲哀与落寞。

“多尔衮，我们就这样分开了吗？难道，我真的是用自己的手，把你推给了别人吗？你能明白我内心的苦楚吗?”大玉儿反复地无声地问着自己，她突然间深刻地意识到，在这样一个男权的社会里，在皇帝面前，她自己只是一个附属品。她要是想有一日和多尔衮幸福地生活在一起，就必须让自己的手中握有权力。只有她或者多尔衮的手中掌握了至高无上的权力，他们两个人才可能过上他们曾经憧憬过的生活。

多尔衮和小玉儿的婚事就这样定下来了。等到他们二人十六岁的时候，正式完婚。此后，多尔衮和大玉儿的关系慢慢转到地下，而多尔衮同样也把更多的精力都投注在了辅佐皇太极南征北战之中，渐渐获得了很高的威望。

可是这世上根本就没有不透风的墙。再说，多尔衮和大玉儿两个人都正当壮年，情愫萌动时期，彼此对于感情的要求十分强烈。小玉儿虽然生的像大玉儿，但是举止行为简直千差万别，而且她也十分不解风情，总之多尔衮在娶了她之后就没怎么碰过她。小玉儿刚开始的时候还不知道是怎么回事，只是觉得很奇怪而已。慢慢地，宫里人多嘴杂，多尔衮又总是趁皇太极不在的时候，往大玉儿的房间里钻。渐渐地，小玉儿也就明白了几分。她是满心醋意不好意思发作，再加上感觉到多尔衮对自己的冷落，就把所有的不满全都发泄在大玉儿身上。做姐姐的自知理亏，从不辩解，任凭小玉儿如何撒泼耍赖，大玉儿也不说一句话。小玉儿只好到姑姑那里去告状。

“姑姑，你知道吗？多尔衮说不回家就不回家，时常一连七八天我都看不见他。很担心他，又不知道去了哪里，结果几次三番，我见不着多尔衮，你猜谁能见到？”

关于多尔衮和大玉儿的事，博尔济吉特氏也略微有所耳闻，但她是做大妃的人，当初连皇太极变心想娶大玉儿，她都没有一句怨言，这种小辈之间的恩怨，她自然是很能看得开的。“孩子，你以后想说这样的话，只能和我来说，千万不可自己降低了身份，到处去抱怨。你以为你是在出气，在侮辱多尔衮和那个能经常见到他的人吗？不是的，孩子，你错了！你只能侮辱你自己，降低你自己的身份！我不想知道谁能经常见到多尔衮，这个跟我没关系。”

“姑姑你这样说就不对了，你现在是大妃，后宫的事情都归你管。难道你就准备看着他们这样闹，扰乱了后宫的秩序吗？”小玉儿一听没人准备给她撑腰，也急坏了，未加思索就脱口而出。

“孩子，你这话说的可就真是过分了。我念在你年龄还小，不跟你一般见识。我的后宫现在怎么乱了？是哪里乱了？谁说它乱了，没人管了？这话要是传到大汗那里，好像我天天吃闲饭什么事情都不做一样。我倒是劝你不要一天到晚疑神疑鬼的，别说多尔衮不喜欢，就连我，是个女人，我也不喜欢有个人天天在我跟前猜疑这个猜疑那个。我看你还是好好回去反省一下自己，学学该怎么留住男人的心吧！”小玉儿告状不成反倒惹来一身事端，她心里实在难消这口气。

偏偏这天，肃亲王豪格有事情要来找他的叔叔多尔衮，特地进宫求见。来到睿亲王府中，只见到小玉儿一个人在那里生闷气，并没见到多尔衮的踪影。仔细打听了一下才知道，多尔衮已经有六天没回家了。“婶母，叔叔有这么多天没回府，您也没四处打听一下呀？”豪格凑进前，问小玉儿。小玉儿正满怀怒气没地方发泄呢，见到豪格后也不顾辈分大小，不顾言语检点，冷笑一声之后说道：“你叔叔的踪影还用问？我不用大脑只用脚趾头就能想到，他不住在我们府中，自然是上宫里去了。我的那个好姐姐和你的那个好叔叔现在正乐着呢，哪里还顾得了别人的死活？”

多尔衮和大玉儿的事情豪格心里早就十分清楚，他本来就对多尔衮仗着叔叔的辈分平常欺负他很有意见，努力地想找个机会在父亲面前好好告多尔衮一状。现在正巧来了机会，便就势劝说小玉儿，想让她进宫找机会把这件事情闹大。“既然知道叔叔在宫里，婶母何不找个机会进宫去问问他呢，也好放心。”

小玉儿说道：“就凭我这个性格，能不去找吗？但是宫里的人好像全都得了你叔叔的好处，问谁谁都说你叔叔不在。我要闯进去，宫女们一个接一个地拦我，用你父亲的名号吓我，说什么：‘万岁爷留下圣旨，如无召唤，任何人不准擅自进宫！’我这几天正生着气，豪格，你今天既然来了，必须替婶母拿个主意，要不我真的是要活活地让人给欺负死了！”

小玉儿边说边流泪，一副梨花带雨的样子让豪格心下里也生出几分怜惜。他当下把胸脯一拍，斩钉截铁地说：“婶母放心！这一次我的父亲回来，我非要把这件事情跟他汇报一下！我相信父亲一定会维持正义的。你近日来不要进宫去了，只需要耐着性子等我的消息就好，千万不能扛不住气，你要是现在把这件事情声张出去，让叔叔知道了，有所防备，反而事情就难办了！”小玉儿原本就是个没什么心计的女流之辈，到处找人给她撑腰给她做主。现在一听说豪格愿意帮她的忙，自然是非常放心。她连连感谢豪格，并告诉他一定会按照他所说的去做。小玉儿丝毫没有考虑到这件事情一旦让皇太极知道后会有什么后果，只是一心想着一定要把多尔衮从大玉儿身边拉回来。

不久，皇太极回宫，豪格在第一时间内就把这件事情一五一十地告诉给了皇太极。他听了豪格的话之后，怒不可遏。他现在是高高在上的皇上，怎么可能戴着自己弟弟送给他的绿帽子见人？但是，皇太极毕竟是个城府很深的人，他迅速地冷静下来。他强迫着自己压抑住内心汹涌而出的愤怒情绪，脑海中闪过大玉儿的各种各样的神情——娇憨的、温柔的、愁苦的、沉默的……皇太极原本以为，这个从来不要求他做任何事情的女人生来就是善解人意的，就是没有任何要求甘心等待他的眷顾的。直到这一刻他才明白过来，大玉儿不在意名位、不在意赏赐，甚至不在意他多久来看她一次，她的所有不在意，原来都指向一个最为根本的问题——大玉儿不在意他，她的心里没有他。仔细想来，大玉儿从来没有在皇太极面前流露出任何属于女人的情绪，她不嫉妒，不争取，不生气，甚至不要求，只是因为她把自己藏起来了，藏到多尔衮的心里去了，有多尔衮爱她了解她，她根本不需要皇太极！

这口气，皇太极咽得下去吗？他思前想后，来到大玉儿的宫中。那时，大玉儿面露桃色，似乎刚刚从一场激动的缠绵中清醒过来。大玉儿坦然地迎接着皇太极的目光，并没有丝毫的悔意。

“你知道我为什么来吗？”皇太极问。

“我不知道我想得对不对。”

“我来，是告诉你，我是一个天生的征服者，只可以我抢别人的东西，没有人可以拿走我的东西。”皇太极勉强压抑愤怒的情绪，眼睛里似乎都冒出了火。

“既然对于您来说，我已经是东西了，我也没什么好问的。您愿意怎么安置这个东西，就怎么安置吧！”大玉儿的眼睛里看不出一点伤心。皇太极在那时仿佛第一次明白了什么是“女人的狠”。原来是真的，不爱，就无所谓变，变心的都是曾经有心的人。

几乎是在同一时间，多尔衮问小玉儿：“我听说了一些事情，我不想确定这些事情是不是你说出去的，我不在乎。我今天告诉你，就算全世界都知道这件事情了，我也不在乎。你明白了吗？”小玉儿本想着皇太极知道了多尔衮和大玉儿的事，一定会狠狠地处理他们，没想到事情并非她和豪格所愿。当事的这三个人似乎都以平静收场，让他们着实好等。

“多尔衮，你是我的男人，总往别的女人那里跑，是什么意思？她可以给你什么是我给不了的吗？”小玉儿如同失去了控制一般，死命地拽着多尔衮。

“好，你想听是吗？我就告诉你！从来，你就是个影子，我之所以娶你，只不过是因为你长得很像她而已。没想到你自己不安分，认不清你影子的身份，到处给我惹是生非，就凭你这么不懂事，你就差远了。有什么是你给不了的？你就想想，你给过我什么？你除了会要好吃的好穿的好用的，你除了缠着我闹着我非要和我在一起，你给过我什么？你知道我在前方拼死拼活地打仗，心里有多害怕吗？你知道我面对皇太极，内心的情绪有多复杂吗？你知道我母亲殉葬之后，我每天晚上都会梦到她吗？你口口声声地说我是你的男人，你关心过我吗？”

多尔衮的一席话如同头顶炸开的惊雷，让小玉儿不知所措。她忽然觉得，自己做女人做得真是很失败。这一刻，她重重地摔了过去。她是输了，不是输给一个影子的身份，而是输给一个真正强大的女人。那一夜，多尔衮仍旧是出去了，小玉儿不知道他去了哪里，第一次，她也不想知道他去了哪里。她忽然可怜起多尔衮来了，她恍恍惚惚地觉得，多尔衮娶了她这个影子，果真是很失败的事情，因为她做影子都做得不称职。她就这样反反复复地想了一夜，想到死也没想明白。

第二天一早，侍女们到小玉儿的房间里去侍候她起床，没想到都被吓了一跳。大家都没看到多尔衮，只见到小玉儿直挺挺地躺在床上，七窍流血，身体已经冰凉了。她早就已经死了。所有的人都不知道小玉儿是怎么死的，连宫中最好的大夫也无法弄明白。这一死，死得可真是太蹊跷了。在小玉儿的葬礼上，多尔衮表现得十分悲伤，他命令两白旗牛录、章京以上的官员和他们的妻子必须都穿上白色的丧服，其他六旗的牛录、章京以上的官员都要摘去红头缨。外面都在流传着说睿亲王的福晋是让鬼上了身，得了一场不能治愈的急病，一口气没上来就死了。很少有人知道，这个女人，是让自己嫉妒的心魔给害死的。

小玉儿的葬礼上，多尔衮和大玉儿都哭得十分悲伤。皇太极冷眼看着这一切，他知道他们两个人在哭什么。现在，连影子都死了，他们的感情还能发展到哪一步呢？皇太极倒是很有兴趣看一看事情到底会演变成什么样。

可是这个兴趣并没有持续很长时间。因为在这个时候又有一个特别的女子出现了，她就是大玉儿的姐姐——海兰珠。皇太极在历史上算得上是一个武功盖世、驰骋疆场的皇帝，可是他也有自己的儿女情长。大玉儿对他的不爱，和他对大玉儿姑姑的倦怠，其实两相抵消了，没有一个男人会用很长的时间去恨一个女人，尤其对于像皇太极这样的男人来说，他太明白：花时间和精力在一个不爱他的女人身上，是非常不值得的，他有本事寻找一个既爱他也被他爱的女人。海兰珠就是这样一个女人。

海兰珠在入宫之前已经结过一次婚了，她嫁给了蒙古的一个小王子，之后那个人因为吃喝嫖赌落下一身病，年纪轻轻的就离开人世。大玉儿的这个姐姐万万没有想到，自己都已经二十六岁了，命里还能有这样的福气，一眼就被皇太极看中了，封为宸妃，位置居然排在大玉儿之前。可见，皇太极还是记了仇的。庄妃，也就是大玉儿，进宫的时间很早，可是排名一直都在后边，好在她沉浸在与多尔衮的爱情里，也不是很在意。

皇太极的后宫中，其实佳丽无数。大玉儿的姑姑虽然年近四十，但是风韵犹存，她身上的那一种母仪天下的风度，最为难得。大玉儿英姿勃发，仿佛落入凡间的精灵。皇太极究竟看上了海兰珠什么呢？想来就是她身上自然散发出来的那种需要被人保护的柔弱和真心需要皇太极的那种亲切。作为女人，大玉儿和她的姑姑都太强大了，在她们那里，皇太极感受不到自己作为男人的尊严，海兰珠恰恰填补了这个空缺，她身无长物，不具备任何攻击力，她全心全意地依赖着皇太极，皇太极就是她的天。

正因为如此，多尔衮和大玉儿的感情才没有受到严重的阻挠。皇太极沉浸在自己的爱情里，对周遭的一切似乎都不太在意了。我们有理由相信，这个征战了一生的马上帝王，他内心深处原谅了大玉儿的不忠，也原谅了多尔衮的情不自禁。他，原谅了爱情。上苍待他也很厚道，让他在五十余岁的年纪，还能找到一份属于自己的爱情，他也就知足了。海兰珠后来由于失去了自己的儿子，而郁郁寡欢，没享受几天的幸福，就撒手而去。皇太极当时正在征战，因为没有见到他心爱的海兰珠最后一眼，也是一直愧疚在心，没过多少时日，也离开了人世。

1643 年，江山变色。多尔衮和大玉儿，面临着权力与感情的双重抉择。皇太极离开后，大玉儿一直在反复思量自己的命运。早在她和多尔衮的事情东窗事发被皇太极察觉之后，她就已经慢慢地开始学会在复杂的后宫里独善其身，好好保护自己了。她和多尔衮复杂的关系已经被很多人了解，现在，皇太极的突然离去，到底是给他们提供了一个良好的机会，还是从今以后她和多尔衮的命运又面临着更深层次的考验，她一时间也看不清楚。

她正在自己的宫中反复思量的时候，多尔衮走了进来。大玉儿起身迎道："睿亲王此刻来得正巧，我正有事情想与你商量。"多尔衮看着忧虑中的大玉儿，心下里一疼，轻声地说："玉儿，你心里在想什么，我多少能猜出个七八分来。我此刻前来，正是想与你商量今后该怎么办。"大玉儿看着多尔衮，这个曾经在很多个孤寂寒冷的夜温暖过她的男人，一时间竟然不知道该怎么开口求助。"宫中有一些人在传说，你要继承皇帝之位，此事当真?"多尔衮此时也正在挣扎于到底应该不应该即位的问题，一方面他对政治权力有要求，而另外一方面他也深深地明白，现在朝廷的稳定和朝中大臣的齐心合力是最重要的，要是大家一直要求皇太极的亲生儿子继承皇位，他也断然不会白白错失了这个机会。

"关于即位的事情，我仔细想过了。一定要见机行事。我绝对不会违逆大多数人的意见，这么多年了，我对这个位置，已经没有当初那么迫切了。现在我看出来了，一些大臣们很支持立皇太极的儿子为帝。但是，我绝对不会容许豪格做皇帝，万一争执不下，我将提出立你的儿子福临为皇帝。玉儿，你意下如何?"多尔衮此次前来，正是要与大玉儿商量这件事情。他其实早就已经想好了，要是自己能顺利地坐上这个位置，就娶了大玉儿。如果不能，他就要拼尽全力让大玉儿的儿子做皇帝，他再也不忍心看到大玉儿和她的孩子因为没有人照顾而落得像他的母亲一样的下场。

"让福临当皇帝?"这可大大地出乎大玉儿的意料之外，她不由得浑身一惊，"福临才六岁不到呀，他什么事都不懂得呢，怎么能料理国家大事呢?再说，在他之前，还有那么多个又有战功又有威望的哥哥，多尔衮，你的这个建议实在是让我摸不到头脑。"

"玉儿，你在这个问题上怎么这么迟钝呢?让福临即位，一来可以显示我多尔衮大仁大义、并无谋权篡位的野心，反而一心为了朝廷考虑。二来也可以保护你和福临，提高你的位置，从此之后看谁还敢欺负你们孤儿寡母。三来呢，我主张立福临为帝，福临是豪格的亲弟弟，我量他也说不出个'不'字来。至于福临还小，难以当政，就更不成问题了。由我来提出让福临做皇帝，我自然会辅佐他。到那时，大权不就落在你我手中了嘛！你还有什么不放心的呢？”多尔衮说完这番话后，暗自为自己的计算周到而高兴，大玉儿也真心诚意地感觉到了多尔衮对他们母子的好，心下里好生感激。两个人缠绵了一阵子之后，多尔衮回到自己的宫中，既然已经做出了决定，那么他就把所有的希望都压在了福临身上，压在了他爱的这个女人身上。

如果说，曾经有人怀疑多尔衮对大玉儿的感情不过是一桩笑谈的话，到这里，也该结束了。不要江山要美人，多尔衮真正做到了这一点，甚至比这个还要崇高一些。他只求美人母子平安。为了博得大玉儿的幸福，他宁愿拱手奉送上江山。人的一生，总要在一件事情上达成永恒。多尔衮，这个戎马一生的男人，出乎所有人的意料之外，他最后选择了守住爱情的永恒。就为了这一点，他值得我们所有现代人学习。而在福临即位之后，多尔衮竭尽所能地辅佐他，平定叛乱，稳固江山，终于迎来了大清的全面振兴。多尔衮和大玉儿的爱情，也在江山稳固中一日比一日更为升华了。

有几分努力就能获得多少收获，花费多少心血就能得到多少回报。皇位争夺战的结果令多尔衮和大玉儿大喜过望，他们终于安全了。上苍让有情人得到了甘甜的回报。多尔衮和大玉儿在福临身上寄托了无数的希望，他们给他起了一个响亮的年号——顺治。顺，意为顺利；治，意为治理。顺治、顺治，顺利治国之意。这个时候，多尔衮已经做好了准备，无论付出多少心力，一定要安心辅佐大玉儿的孩子，改变现在的烽火连城、流民遍野的局面，帮助他平定江山，获得最高的荣耀。作为母亲的大玉儿也把所有的希望寄托在了儿子身上，她觉得自己多年的忍耐终于有所回报，她再也不用担心皇太极因为宠爱海兰珠而无视自己的屈辱，再也不用害怕皇太极有一天要惩罚她和多尔衮了。

多尔衮，用他的大度和爱情，保护了大玉儿。然而，他们万万没有想到的是，顺治小皇帝将来长大之后会反戈一击。

多年来，“太后下嫁多尔衮”是否是事实这一问题几乎成为历史学家最为感兴趣的话题。到底是大玉儿为了取悦多尔衮，委曲下嫁，以求自己和儿子的地位稳固呢？还是多尔衮想依仗权势，把美貌的大玉儿据为己有，然后再自己寻找机会，登上皇帝宝座呢？又或者是，本身顺治皇帝就是多尔衮和大玉儿的孩子呢？总之，猜测很多，无法一一说清。

有人说，在皇太极死后，大玉儿为了辅助年幼的顺治皇帝，拴住多尔衮的心，嫁给了摄政王多尔衮。据说，这次婚礼大典是由礼部等衙门操办，极为隆重，文武百官都前来祝贺。我个人认为，此事的可信程度不高。一来二人如若想过要以这样的方式定下终身，何必冒天下之大不韪？两个人的感情本来就不是建立在人人交口称赞的前提下的，真正有情谊，何必一纸认可？二来顺治皇帝年龄尚且幼小，做母亲的大玉儿自是事事都以孩子为重，怎么可能将自己刚刚登上皇帝之位的儿子置之于不顾？如果可能，她就不是让后人千古传颂的大玉儿了。至于顺治皇帝成年后对死后的多尔衮的种种不公平的做法，姑且可以算作被控制了很久的孩子一旦寻找到了适合的机会便要报复的不理智行为。

事实上，清兵入关之后，多铎几次三番地劝解多尔衮，让他称帝，都被他婉言谢绝了。多铎和哥哥的感情非常好，又是性情中人，每次说话都非常直接。他曾经好几次对多尔衮放声大喊："现在，你一看见玉姐姐，就什么都忘记了。说到最后，咱们的阿玛死的时候，还有四哥皇太极死的时候，两次，皇帝的宝座都是给你留的，你偏偏不要。早晚你是要后悔的。"

多尔衮究竟有没有后悔呢？当他在生命的最后时分，一个人孤单地躺倒在群雄逐鹿的拼杀场上时，当一切的爱恨情仇伴随着烈马的一声嘶鸣在九天之外化为缕缕残云时，他究竟有没有后悔过呢？在这样的一个时代，他爱上了这样的一个女人，有多少是真心，有多少是利用，他究竟算计过没有呢？多尔衮和大玉儿之间，一再地苦痛迟疑，一再地往复循环，一再地擦肩而过，他们实在是经历了岁岁年年的蹉跎和太久太多的犹豫。结合，已经是不可能了。命运已悄然将他二人青丝化雪，变作了一对名利场上的牺牲品。好在，他们还有爱情。

第四章

顺治登基

松锦之战的胜利，奠定了清朝入主中原的基础。崇德七年（1642年），有很多投降清朝的汉官建议皇太极趁着胜利的形势，赶快进攻北京（燕京），快马加鞭，一鼓作气。但是，皇太极却表示："取北京如伐大树，从两旁斫削，则大树自仆。"皇太极盼望着在军事上再取得一些胜利，以获得进军北京的资本。可惜，他没有等来这一天，历史就把进军关内的任务交给了多尔衮。

大清皇帝皇太极的身体早就有了衰弱的迹象，只是，他自己从来不愿意承认这一点罢了。连年征战严重地损耗了他的体力，他身体上留下了许多战争的伤疤，他的体质严重下降。而且，作为大清帝国的最高统治者，为了治理国务，他也耗尽了心血。

对于行军作战，皇太极经常感到心有余而力不足，为了缓解自己的压力，他培养了很多帮手。多尔衮就是其中的一个，也是最出色的一个。但是治理国务是皇太极无法推卸给旁人的，这是最琐碎、最繁杂的工作。治理国家本来就是一件耗心耗力的事情，而皇太极自己又急于在父亲努尔哈赤已有基业的基础上有所创新和发挥，在文治和武功方面均力图有所建树，这就更加费心费神了，因此，身体日益衰弱。

崇德八年（明崇祯十六年，1643 年）八月初九，皇太极像往常一样，忙碌了一整天。在庄妃的陪同下，皇太极在崇政殿召见嫁给蒙古察哈尔部的女儿固伦公主，并接受庄妃的提议，封女儿、女婿诰命和仪仗。礼仪完毕后，皇太极的脸色略显难看之色，心中也微觉不适，但他并未太在意。紧接着，又召见了刚从前线归来的多尔衮，详细询问山海关、宁远一线的明军布防情况，多尔衮据实一一回奏。

渐渐地，皇太极感到有点儿头晕目眩，遂喝了点参汤，闭目养神，感叹道："精力不济呀。"

大学士范文程看在眼里，心中颇感不安，上前奏道："皇上事必躬亲，以致身心劳瘁。愿皇上清心定气，一切细小的事务，均交付各部自行处理，至于军国大计，方许向皇上奏报。况且方今大清，大业将成，远人来归，正是圣心安慰欣悦之时，可以稍辍忧劳。臣以为，皇上可择佳日出游巡猎，以慰圣心。"

皇太极微睁双目，叹道："山峻则崩，木秀则折，年富则衰，天命不假人长寿，何以自求？"说完后，面呈达观之神色。由于皇太极时常把这句话挂在嘴边，大臣仍以为这是皇太极通常所有的豁达乐观之语，并未往深里探究。

退朝后，皇太极即去了后宫。刚行至清宁宫门前，他想起了什么，便转身吩咐内臣道：

"传朕之言，晓谕众臣工：朕日理万机之下，仍事无巨细皆躬亲自劳，非朕好劳也，乃因部臣不能替朕分忧，不得不躬自裁断。自今日起，各部之事令和硕郑亲王，和硕睿亲王，和硕肃亲王，多罗、武英郡王等共同议处。"

入宫后，皇太极进入东暖阁小憩。孝端皇后心里欢愉，舒眉展眼、喜形于色，便要亲自为皇太极宽衣以准备就寝。皇太极疲倦地摆摆手，轻声道："让朕坐一会儿，稍歇片刻再说……"皇后于是先回了内寝，留下几名内侍太监和宫女静静地候在门外。

永福宫里，庄妃带着6岁的儿子福临早早地便安歇了。她知道今日皇上忙碌一天后要就寝于清宁宫，这也是她希望看到的。她心里清楚，连日来皇上临幸永福宫，已经引起中宫皇后人前人后的许多闲言碎语。

庄妃躺在凉床上，思绪翻腾、夜不能寐。她想到了皇上，想到了大清国，也想到了自己和儿子福临的前途、命运。她知道，皇上的身体状况，没有谁能比她更清楚已病衰到何种地步。她常常觉得在皇上的眉宇之间，隐隐有晦暗之气在流动，这是思虑过度的征兆。尤其是皇上经常深夜惊梦，口中不断地呼喊宸妃之名。最可忧虑的还是皇上自己为自己表面上颇为健壮的身体所蒙蔽，似乎还毫不在意，而一如既往地劳心劳神。

庄妃实在不敢想象，皇上哪天真的倒下去，留下自己这孤儿寡母，该如何是好！她还想到要是找一适当时机向皇上谏言立太子事宜，皇上又会怎么想呢？

庄妃整夜不能寐，翻来覆去地胡思乱想不休之时，突然之间，清宁宫传来女人的凄哭声，哭声中夹杂着惊呼：“快，快传御医!”继而是一片哀恸声大作。

庄妃急忙翻身而起时，一个宫女已跌跌撞撞地跑了进来，“回庄妃娘娘，皇上在清宁宫驾崩了!”

庄妃听后只觉得天旋地转，眼前一黑，便什么都不知道了。慌得苏麻喇和其他宫女们又是传太医，又是紧呼慢唤地一阵忙乱，方才清醒过来。

噩耗来得太突然了，任何人都没有思想准备。次日，皇太极的遗体被装殓完毕，诸王贝勒将梓宫暂放在崇政殿内，并下令全国举哀三天。全体官员素装孝服，女眷们还剪去发辫，以表哀痛。宗室们会集在清宁宫前，在皇太极生前的寝宫里焚香跪奠，三巡后起立举哀。

为了表示对先皇的哀悼，朝中规定，初十这一天，王公大臣们俱持斋戒，诸王率固山额真等每日黎明哭临一次，凡此七日、十三日之内举国禁止屠宰。

皇太极匆匆地离去了。由于他生前未对身后之事做任何安排，所以王公大臣在哀痛背后，正迅速酝酿一场激烈的皇位争夺战。

当时最有希望当皇帝的有三个人。第一个是和硕礼亲王代善，其次是皇太极的长子和硕肃亲王豪格，第三个便是多尔衮了。

代善在众亲王中资历最老，地位最高，并据有两旗的强大实力，下面有一大群子孙，一个个跃跃欲试，都盼望代善能出来争夺皇位。然而历尽沧桑的代善，这时年过花甲，早已磨尽了年轻时的锐气，他不愿意再出头露面，对于政治斗争已没有什么兴趣了。不过，他的一举一动仍然对全局有重要的作用。

再说豪格，一来他可凭借父皇的余荫；二来他多年来南征北战，战功卓著，特别是在松棉大战中又立下了大功，这都是他继承皇位极为有利的条件。不过，这时的满族，世袭还未形成一种制度，八大贝勒合议制还在大多数满族人心里占有重要位置。

至于多尔衮，是太祖努尔哈赤的第十四子，是后起之秀，文武全才，被皇室宗族公认为最有才能的人。更兼他的背后还有两白旗以及两位以勇猛善战著称的兄弟阿济格和多铎的支持。除此之外，在红旗、蓝旗和黄旗中也有支持者。

另外还有一个人不容忽视，他就是镶蓝族主和硕郑亲王济尔哈朗。他虽然不具有夺取皇位的实力，但他的倾向性选择却具有十分重要的作用。

上面所述的政治格局只是一种表面现象，对多尔衮来说，最为不利的是代善和济尔哈朗担心多尔衮上台会对他们不利，已经暗中把他看作一个强劲的政治对手了。

正当皇宫内院众皇妃及年幼的王子悲痛欲绝，哭声震天的时候，八旗豪门贵族们或策划于密室，或游说于四方，紧锣密鼓地开始了争夺皇位的斗争。聚集在豪格周围的有两黄旗诸位大臣，图尔格、索尼、图赖、锡翰、巩阿岱、鳌拜、谭泰、塔瞻等八位王公大臣发起倡议，欲拥立豪格为君。豪格在下面的推动下，由迟疑不决变得积极起来，决心争夺皇位，为此他派手下心腹何洛会和杨善二人做说客，去说服济尔哈朗。性格懦弱，缺乏主见的济尔哈朗含糊其辞地表示同意，但又说，须和他人商量好才能作出最后决定。

多尔衮这边也是加紧活动，两白旗的王公大臣也是极力鼓动多尔衮争皇位。性情急躁的阿济格、多铎更是急不可待，有一天两人一齐跪在他的面前，问他：

“你不即位，莫非畏惧两黄旗大臣不成？我们已通过人了解，两黄旗的人矛盾重重，面和心不和，真心实意拥护豪格继位的寥寥无几，我们在那边的亲戚大多都希望你能继位。”此时的多尔衮表现出惊人的冷静、沉着。尽管十分渴望能当上大清国的皇帝，甚至可以说，朝思暮想，梦寐以求，但他觉得还须静观以待，不能仓促行事。阿济格和多铎也不管多尔衮赞同与否，私下里召集本旗大臣加紧准备。

两白旗这边的一举一动早就被两黄旗那边的人盯上了。他们见两白旗开始行动，也立即采取了紧急对策。图尔格下令所辖三牛录下的护军披挂甲胄，手持弓箭，严阵以待。

建立不久的清国上空，战云翻滚，形势十分紧张，一场内战就要爆发了。整个沈阳城一片肃杀之气，大街小巷，行人稀少。到了晚上，家家关门闭户，似乎连空气都凝固了。

只有皇宫内院的人一个个哭哑了嗓子，哭干了泪。有的妃子哭得背过气去，下面的人又是喊，又是叫，一片混乱。

庄妃这时已哭得泪人似的。那天晚上，皇上还同她一起进食，一起说笑。突然之间，撒手离去，怎能不叫她悲恸欲绝。自己还年轻，以后的日子怎样过呢？

国不可一日无君。皇太极过世已经五天了，继立皇帝这一关系国家命运和前途的大事却仍然没有头绪。这事如果解决不好，随时都有可能发生一场内乱。那样的话，太祖努尔哈赤历经千难万险创立的基业，太宗奠定的清国大业就会毁于一旦。覆巢之下，岂有完卵？八旗自身的利益自然蒙受无法弥补的损失。

崇德八年八月十四日，皇太极下世的五天之后，是个决定新兴的清国命运的关键日子，这一天，诸王大臣要召开会议，决定皇位的继承人，而这个问题是否能够和平解决，也就取决于这次会议。这一夜，各派势力的关键人物都辗转反侧，久久不能成眠。是啊，太祖创立后金，攻取辽沈，奠定了大清的基业，皇太极安定了蒙古和朝鲜，消除了后顾之忧，又继续攻明，使明朝在山海关外只剩下宁远一座孤城。特别是皇太极在对外攻略的同时，大力整顿内政，增强国力，不仅贵族们丰衣足食，百姓们也有余力出征，搞得声威大震，远近闻名，甚至漠西厄鲁特蒙古和西藏的政教首领们也前来朝见。遇到节日庆典，满洲诸王、贝勒与大臣们，蒙古、汉族诸王与大臣们在大政殿排班行礼，一时仰俯跪拜，欢声雷动。这样的形势可是来之不易啊！如今，如果万一在争位问题上发生冲突，演成流血的事件，最后势必造成一损俱损、两败俱伤的结局，而更严重的后果就是，这将大大有损于八旗自身的实力，使其难以遵循努尔哈赤和皇太极的遗愿——打进关去，争夺全国的统治权。

这一点，热衷于争夺皇位的诸王大臣们，都还没有虑及。这天天刚亮，多尔衮就急忙赶到宫中的三官庙询问索尼对皇位继承人的意见，打算在会议召开之前摸清两黄旗大臣的态度。不料索尼毫不顾及他的面子，直言不讳地告诉他：

“先帝有皇子在，必立其一，他非所知也。”

多尔衮碰了一鼻子灰，不高兴地退出来，知道反对他登位的人们态度是很坚决的。不料出来之后，发现两黄旗大臣派两旗精锐的护军弯弓搭箭，把会议召开地点崇政殿团团包围起来，大有以武力相挟之势！尔后，刚刚在一起宣誓立皇子的索尼、图赖、鳌拜等两黄旗大臣，又手扶剑柄，气势汹汹地闯入崇政殿，等待会议的开始。形势对多尔衮已经颇为不利了。

崇政殿，是皇太极生前议论朝政的正式场所，皇太极死后，梓宫又停放在这里，诸王大臣选择这个所在推选皇太极的继承人，本意是对大行皇帝的尊重，但如果双方相持不下，最后导致兵戎相见的话，对于先帝来说，就成为莫大的讽刺了。果然不出所料，会议刚一开始，索尼和鳌拜首先出来倡导立皇子，多尔衮则针锋相对，认为诸王尚未发言，他们还没有说话的资格，厉声将其喝退。

十七年前努尔哈赤谢世之后，议立新汗的责任是在八和硕贝勒身上，因为在这之前，努尔哈赤已确立了“八和硕贝勒共议国政”的制度，因此，议立新汗，只有八和硕贝勒才有权力，即“选择不拒尔等八王之言之人，使继尔父为国之主。若不取尔等之言，不行善道，尔等则更换尔等八王任置之汗，选任不拒尔等之言之贤者”。也就是说，八王之外的其他贵族大臣是没有发言权的，一切听凭八和硕贝勒共议而定。皇太极时期，“八和硕贝勒共治国政”的局面渐渐被改变了，逐渐地形成了帝权独尊的统治方式。但是，皇太极死后，没有一个超乎于诸王之上的决策人物来决定大事，于是仍旧要由诸王来决定立储立君的问题。代善、多尔衮、多铎、济尔哈朗、阿济格、豪格诸王一起会议此事，当是“共议国政”的遗风，但两黄旗大臣参与会议却无论如何是不合旧例和现存仪制的，因为除黄旗大臣之外，并无其他旗分宗室大臣参加会议，所以多尔衮令他们暂退之后，他们也只好顺从。两黄旗大臣全副武装出现在会场内外，完全是有预谋的突然袭击！

在索尼和鳌拜抢先发言被喝退之后，阿济格和多铎便出来劝多尔衮即帝位，多尔衮见两黄旗大臣剑拔弩张的样子，犹豫不决，没有立即答应。但多铎却急不可耐，高声说：

“如不同意，应该立我为皇帝！我的名字已列于太祖遗诏之中。”

多尔衮不知为何却不同意自己这位亲弟弟的大胆自荐，反驳说：

“肃亲王的名字也是太祖遗诏中提到的，不只是有你的名字。”

言外之意是说，并不是太祖遗诏中提到名字的就可即位，你不能，豪格也不能以此为条件。多铎遭到哥哥的反对，就提出第三个候选人：

“不立我可以，要立年长者，当立礼亲王代善。”

代善从会议开始到现在，一直未发一言。他见形势紧张，本不想掺和到里面去，但这时多铎点到了自己头上，便不能不开口说话：

“睿亲王如果应允，当然是国家之福；不然的话，豪格是帝之长子，当承继大统，至于我，年老体衰，实难胜任。”

豪格见前三人都不能顺顺当当被大家通过，自己又为白旗诸王所坚拒，便自嘲道：

“我福小德薄，哪能担当此任？”

说罢力辞而去。其实豪格并不是心甘情愿地退出竞争的，只不过他见各方意见相持不下，便以退席相威胁。对此，后来他也曾表示后悔。果然，两黄旗的大臣见主子离席，便纷纷离座，按剑向前，齐声说道：

“我们这些人，吃的是皇帝的饭，穿的是皇帝的衣，皇帝的养育之恩比天大、比海深。如若不立皇帝之子，我们宁可死从先帝于地下！”

代善见情形不妙，大有火并之势，便连忙说：“我虽是先帝之兄，但当时朝政之事，因年纪大了，没有参与，所以一概不知，怎能参与此次议立呢？”说着说着就起身离去，阿济格也跟在他后面退出，多铎则沉默不语。

这时，崇政殿中一片寂静，只有双方因激动而变得非常急促的呼吸声。这时，殿中只剩下多尔衮、多铎和济尔哈朗，以及两黄旗的大臣们。难道就这样谈崩了么？多尔衮的脑中在飞快地转着念头，两黄旗以武力相逼，我好汉不吃眼前亏，但也绝不能立豪格为帝。他们不是强调对先帝感恩戴德么？不是要立皇子么？多尔衮又迅速地想了一下皇太极除豪格之外的七个儿子。对，就用这个法子来堵他们的嘴吧。他不愧是个“倡谋出奇”的睿智之王，经过迅速地盘算，他缓缓开口道：

“你们大家说得不错，既然肃亲王豪格谦让退出，没有继统的意思，那么就立先帝之子福临吧！不过他还年小幼稚，最好由郑亲王济尔哈朗和我左右辅政，共管八旗事务。等到福临长大，当即归政。”

这一建议，极出与会者的意料。对豪格和两黄旗大臣来说，无论如何，继承帝位的是皇太极之子，自己的地位是保住了，特别是对两黄旗大臣来说，只要立皇子就行，无所谓哪一个，因为这样，两黄旗就仍旧是天子自将之旗。豪格提前退席，至此发现是弄巧成拙，但见此建议，却也不好说什么，当不上皇帝的懊恼，只好咽在肚里。对于多尔衮来说，面对刀剑相逼的两黄旗大臣，他被迫放弃了争位的要求，但作为辅政王，他可与济尔哈朗分掌国家大权，在相当一段时间内，他的地位可与皇帝相仿，虽无名而有其实，也是不错的。对于起初赞成立豪格的济尔哈朗来说，自己做了辅政王，大大地尝到了甜头，自然不会再有反对意见，而代善自己本无争位的计划，就希望化干戈为玉帛，采取妥协折衷的态度，对此当然也无异议。

这个妥协方案为各方接受了。

皇太极的第九个儿子福临被决定为帝，郑亲王济尔哈朗和睿亲王多尔衮共同辅理国政。

一场风波就这样暂时过去了。但是，它却对今后数年乃至数十年的政局产生了巨大影响。

事不宜迟，当与会诸王通过了多尔衮的提议之后，代善立即召集所有王公贵族、文武大臣，开口宣布道：

天位不可久虚，伏观大行皇帝的第九子福临天纵徇齐，昌符协应，爰定议同心翊戴，嗣皇帝位。我们当共立誓书，昭告天地。

接着，他首先率诸王宗室等对天宣誓，誓词曰：

代善、济尔哈朗、多尔衮、豪格、阿济格、多铎、阿达礼、阿巴泰、罗洛浑、尼堪、博洛、硕託、艾度礼、满达海、吞齐、费扬古、博和托、吞齐喀、和託等，不幸值先帝升遐，国不可无主，公议奉先帝子福临缵承大位，嗣后有不遵先帝定制，弗殚忠诚，藐视皇上幼冲，明知欺君怀奸之人，互徇情面，不行举发，及修旧怨，倾害无辜，兄弟谗构，私结党羽者，天地谴之，令短折而死。

紧接着，文武诸臣也朗朗宣誓：

阿山、叶臣、英俄尔岱、杜雷、何洛会、准塔、恩格图、巴特玛、马喇希、俄莫克图、伊拜、阿尔津、阿济格尼堪、敦拜、车尔布、哈宁噶、德尔得赫、石廷柱、巴颜、李国翰、佟图赖、吴守进、金砺、吴达海、拜席特库、星讷、硕詹、觉善、雍舜、俄罗塞臣、巴哈纳、巴都理、蓝拜、明安达礼、库尔禅、谭拜、拖克拖会、济席哈、雅布海、布达席理、康喀赖、纳木、额参、喇玛、图瞻、屯泰、裴国珍、金维城、何济吉尔、王国光、郭朝宗、郎绍贞、孟乔芳、祖泽远、崔名新、张存仁、曹光弼、郎球、韩岱、僧格、吴拜、雅赖、来穆布、俄齐尔、喀查海、钮黑、布颜、布善、萨苏喀、杨善、索浑、达尔岱、敦兑、范文程、刚林、额色黑、詹霸、吴达礼、布丹、渥赫、帕帕、喀木图，谨誓告于天地：我等如谓皇上幼冲，不靖共竭力，如效力先帝时，而谄事本主，豫谋悖乱，仇陷无辜，见贤而蔽抑，见恶而徇隐，私结党羽，构启谗言，有一于此，天地谴之，即办显戮。

最后，又由诸王、贝勒等象征性地讨论通过了济尔哈朗和多尔衮作为辅政王的任命。为了表示对他们二人的信任和支持，大家又誓告天地，说："我等如有应得罪过，不自承受，及从公审断，又不折服者，天地谴之，令短折而死。"相应的，二辅政王也必须做出保证。济尔哈朗和多尔衮便也对天宣誓说：

兹以皇上幼冲，众议以济尔哈朗、多尔衮辅政，我等如不秉公辅理，妄自尊大，漠视兄弟，不从众议，每事行私，以恩仇为轻重，天地谴之，令短折而死。

到此时，大局已定，一切仪式也都结束了，众人三三两两地散去，一直紧绷着的神经开始松弛下来。

时过境迁，但是后人们仍在思考这样两个问题：

第一个问题是，皇太极死后，多尔衮到底是否想过称帝？我们可以从史书中寻找到一些证据。就是说，皇太极死后，多尔衮欲当皇帝的思想应该毋庸置疑。史称："方皇太极之甫殁也，有欲援立多尔衮，为以弟承兄之举者，多尔衮心为之动。"这是野史风闻之语。然而，其中有一句话不错，即"多尔衮心为之动"当是事实。他有一定的势力，即"夫太宗恩育予躬，特异于诸子弟者，盖深信诸子弟之成立，惟予能成立也"。这是他十七年中，在皇太极的呵护下，潜心努力奋斗的结果。这是他的优势。崇德八年（1643 年，崇祯十六年）八月十四日清晨，他主动找索尼探问，有意寻找支持。因索尼不仅代表两黄旗的大臣，而且是谋国高参，具有大政方针决策能力。受这位启心郎启发使自己令皇兄欣赏，没有索尼他很难做到。今日探问索尼本身，表明嗣位问题确实令他动心；阿济格、多铎在多尔衮面前请求他即位，声明："你不即位，莫非是害怕两黄旗大臣吗？舅舅阿布泰和固山额真阿山都说：'两黄旗大臣，愿立皇子即位的不过就是几个人，我们在两黄旗的亲戚都愿你即大位。'”所谓两黄旗亲戚，主要是指舅舅阿布泰等人。而阿布泰“姊弟曾合谋，欲谄太宗，阴行奸恶”。今天阿布泰夫妇“乃欲成其前谋”，可见，阿布泰舅舅的“前谋”就是推举多尔衮嗣先汗之位，这次是重新谋划，故有“欲成其前谋”之说。阿布泰原本在内务府供事，皇太极死后，不再去内务府，而是终日与多铎在一起，显然是在谋划推举多尔衮的问题；皇太极时期受到不同程度处分的宗室不满阶层，乘机助威。所以，增加了多尔衮的幻想。

八月十四日参加崇政殿会议的有：代善、济尔哈朗、多尔衮、多铎、阿济格、豪格等共十九人，这是一次具有决定性意义的会议。从这次参加会议的诸王意见来看，拥护多尔衮的人并不占优势，至多是他们三兄弟，公开表态的多铎、阿济格立场明确，多尔衮“犹豫未允”，不敢明确表态。多铎心急如焚，竟跳出来，宣称“王不允，当立我”，自己要当皇帝，并以自己的名字在先汗遗诏中为由。多尔衮一语双关，称遗诏中“肃亲王亦有名，不独王也”，言语之中表明不同意肃亲王承继皇位。代善无可奈何，说句和稀泥的话：“睿亲王若允，我国之福，否则当立皇子。”其语不过是送个人情，并无拥戴诚意。因此，令多尔衮在关键时刻失去称帝的最佳时机。

在决定国家大事的关键时刻，资格最老的代善，尽管持有两红旗，但次子硕託威信不高，且非旗主。孙子罗洛宏虽为镶红旗旗主，而德、才、威都拿不到桌面上，且太年轻。所以，在十四日会议上，多铎推多尔衮为帝；自告奋勇，无奈则云：“不立我，论长当立礼亲王。”对于代善，这类伤脑筋的事已属过去，听后宣称：“我老矣，能胜此耶！”便转身走人。

我们已说过，皇太极没有令豪格嗣位的意向，但他在世时，已形成以两黄旗、正蓝旗为核心，镶蓝旗为羽翼的强大向心力。豪格在皇太极诸子中地位最高，天命年间以战功封为贝勒，天聪六年（1632年，崇祯五年）封和硕贝勒，崇德元年（1636年，崇祯九年）晋和硕肃亲王，掌管户部，从长子继承角度，当立为帝。以两黄旗大臣为代表的保皇势力，最初倾向于他，豪格亦欣然承受。所以有两黄旗大臣图尔格、索尼、图赖、锡翰、巩阿岱、鳌拜、谭泰、塔瞻八人倡议之举。豪格派何洛会、杨善对济尔哈朗云：“两黄旗大臣已决定立肃亲王为君，当然还需要和你商量。”但他虽有此意，态度谨慎，以要商量为借口，不明确表态，这符合他不冒险、事事求稳的性格。豫亲王多铎后来说他“性格太软，不能说服大家，就没再提起此事”。实际上，两黄旗大臣初议，已征得和硕礼亲王的认可。在崇政殿会议一开始，代善就开门见山地说：“虎口（豪格）帝之长子，当承大统。”当时斗争形势十分严峻，内大臣图尔格担心白旗变乱，下令所属三牛录护军披挂甲胄，手持弓矢，把守家门，害怕成为白旗刀下之鬼。十四日黎明，两黄旗大臣盟于大清门，令两黄旗巴雅喇兵张弓挟矢，环立宫殿。诸王大臣列坐东西庑，索尼与鳌拜，首言立皇子；在两黄旗逼宫的态势下，对豪格有利，如果代善发言后，会议继续讨论，即使豪格不能如愿，也会把事情说个明白。然而，豪格错误估计形势，学习其父以退为进，谦虚地说：“福小德薄，非所堪当。”说完竟退出会议。这正中多尔衮下怀，以“虎口王既让退出，无继统之意”为由，便开始续写自己的文章。

在崇政殿会议前后，有一种值得注意的现象，那就是两黄旗的大臣最初议立豪格为君，代善在会议上明确提出豪格承继皇位，而十四日，两黄旗三官庙会议后，索尼在答复多尔衮的询问时，并未指名立豪格为君，而是说：“先帝有皇子在，必立其一，他非所知也。”言外之意，除豪格之外，还可以另行选择。索尼等两黄旗大臣在崇政殿逼宫中，也说：“若不立帝之子，则宁死从帝于地下而已。”其目标也避开豪格的名字，除代善之外，保皇势力在公开场合，没有人点豪格继承皇位。而多尔衮在自己没有可能承继皇位的情况下，顺水推舟地说：“虎口王既让退出，无继统之意，当立帝之第三子，而年岁幼稚，八高山军兵，吾与右真王（济尔哈朗）分掌其半，左右辅政，年长之后，当即归政。”这第三子即指福临。

我们分析过皇太极的后宫中，科尔沁蒙古的地位和影响。清宁宫的孝端文皇后执掌后宫大权，永宁宫的庄妃是她的侄女。皇太极在时，避开豪格，曾立皇八子为嗣，宫廷内外，包括多尔衮不会不知道。同时，皇太极在最后五年尽管没有立福临为嗣，但他对于福临“六龄即嗜观书史”，愿意学习父皇自幼读书，且已显“博于经籍”的苗头，非常高兴。曾对他“甚钟爱而属意焉”。皇太极死后第二天，九月初十，豪格属下章京敦达里和安达里殉葬前曾问诸王贝勒：“如果先帝在天之灵，问起后事如何安排，我们将如何说呢?”诸王贝勒们说：“先帝肇兴鸿业，我等翊载冲主，嗣位承基，务当实心辅理。如当得先帝在天之灵垂鉴保护，那正是我等心愿。”这种匆忙之中的答复，当时诸王权力斗争激烈之时，恰好反映皇太极的“属意”，即后宫通过两黄旗的大臣所表述的意见。多尔衮最后将福临推出，除各旗力量对比对他不利外，亦受后宫的影响。他被迫同两黄旗合作，自然与后宫意见合一，史称：后宫“博尔济古特氏侦知，胁多尔衮入宫，立其子”，有其可能性；两黄旗大臣态度的微妙变化，应是受后宫影响，索尼是皇太极信赖最深的人，是多年皇太极侦查多尔衮的千里眼，在国家面临重大决策时，索尼不能不考虑科尔沁，不能不想到大清政权后院的安全。多尔衮在满洲贵族中只看重一人，就是索尼。皇太极对他更是百倍信任，命为内大臣，所以在继嗣问题上，维护皇权的积极性最高。因此，推出福临，索尼表达的是后宫之意当起决定性作用。

然而，多尔衮内心的伤痕，难于抹平。虽然将福临捧上皇帝宝座，但自己称帝之心不死。当时郑亲王济尔哈朗已看透多尔衮的心意，曾说：“皇子即帝位，更复何言？唯以他人篡夺为忧。”他的话并非空穴来风。长兄肃亲王悔不当初，在崇政殿乃“待失计矣”，而以硕託为代表的宗室不满皇权分子，很快开始串联。他们的目的是“欲迁皇上而立墨勒根王”。代善第二子硕託，萨哈廉之子阿达礼叔侄对于立福临不满，宣称：“今立稚儿，国事可知，不可不速为处置。”代善曾警告他们：“既立誓天，何出此言？更无生他意。”其中阿达礼为多罗郡王，是七大议政王之一，竟于十六日前往睿亲王府，告诉他：“王正大位，我当从王。”硕託身为固山贝子，也派府中人吴丹至睿亲王府宣称：“王可自立为君。”这时的多尔衮，面对侄儿、孙侄儿，密谋叛逆，只是事后说曾“牢拒”，显然不真实，而是默默地等待他们串联，妄图为自己的皇帝梦实现最后一逞，任凭阿达礼等前往拜访郑亲王、豫郡王。多铎以“此非相访之时，始终不出相见”，表明他已知道形势危险，况且参与阴谋的还有舅舅阿布泰夫妇。所谓“群情颇不悦”，就是指这些为多尔衮谋权的人。聪明的多尔衮何尝不知自己幻想不成后的结局。直到硕託、阿达礼再次返回礼亲王代善家，最后告诉他：“众已定议立和硕睿亲王矣。”这告诉人们，经过串联已决定，不过是最后争得代善的同意，取得两红旗的支持而已。我们很难想象多尔衮真的“牢拒”，还会允许两位侄儿、孙儿舍命为自己争位，且抱着成功的喜悦最后去告诉自己的父亲。大概多尔衮希望代善看在自己儿、孙的前程，会赞同这个方案，自己可侥幸称帝。如果不是礼亲王拖着“足疾”，于十六日下午，将事件揭露出来，多尔衮仍会伏待。所以史称：“查阿达礼、硕託之伏法，原非出于睿王之忠诚。”他是在礼亲王代善“差谕睿王，言辞迫切”的情况下，“惧罪及己，是以出首”，而真正大义灭亲的却是礼亲王代善。

然而，有三个问题值得令人深思：

其一，十六日傍晚事件被揭露，逮捕阿达礼及其母，硕託之妻、吴丹、大学士刚林。将硕託、阿达礼“露体绑缚”，草草审判后，当夜就以“扰政乱国，以叛逆罪”将两个人处死。阿达礼母亲、硕託妻子、吴丹等，以“结党助逆”、“同谋”，急忙“俱伏诛”，显然是杀人灭口。

其二，大学士刚林在正红旗多罗郡王阿达礼身边，一直窥伺“伊主王阿达礼动静”，而一听到形势不妙，直接“将伊主交与和硕睿亲王”。在判处他罪行时，以他交出本主后，将事件“俱首于内大臣”而无罪释放。刚林实则是多尔衮的侦探，时刻窥视两红旗动静。

其三，八月二十三日，多尔衮之兄巴布海的太监，投出一份匿名帖，问题牵连巴布海等多人，多尔衮不听劝阻，竟将巴布海夫妇及其子阿喀喇，坐造匿名帖，陷害谭泰，皆弃市。案件中牵连塔瞻之母，一蒙古夫人和三个太监被杀。多尔衮死后，福临以巴布海无罪为其平冤昭雪，实际上这宗案件是正蓝旗巴布海联合正黄旗舒穆禄氏家族的拥护豪格势力，对拥护福临的谭泰施压。多尔衮大开杀戒是打击豪格势力。

硕託、阿达礼等推翻幼主案件说明四个问题：

其一，多尔衮十多年梦寐以求的皇帝梦，宣告破灭。

其二，他很善于观察形势，随机应变。如果他当时采取蛮干态度，将是一场血的厮杀，满洲贵族入主中原的事业将不堪回首。

其三，福临即位是封建皇权思想的胜利，努尔哈赤提倡的八王共理国政彻底退出历史舞台。

其四，多尔衮绝非正人君子，是心狠手辣之人。

诸贝勒崇政殿“定议同心翊戴，嗣皇帝位”。于是，按照满人习俗当共立誓言，“诏告天地”，开始层层发誓。

首先是辅政王发誓，誓词是：

兹以皇上幼冲，众议以济尔哈朗、多尔衮辅政。我等如不秉公辅理，妄自尊大，莫视兄弟，不从众议，每事行私，以恩仇为轻重，天地谴之，令短折而死。

其次是诸王、贝勒、贝子共誓，参加者是代善、济尔哈朗、多尔衮、豪格、阿济格、多铎、阿达礼、阿巴泰、罗洛宏、尼堪、博洛、硕託、艾度礼、满达海、吞齐、费扬古、博和託、吞齐喀、和託等，誓言云：

不幸值先帝升遐，国不可无主，公议奉先帝子福临缵成大位，嗣后有不遵先帝定制，弗惮忠诚，藐视皇上幼冲，明知欺君怀奸之人，互徇情面，不行举发，及修旧怨，倾害无辜，兄弟谗构，私结党者，天地谴之，令短折而死。

再次是诸位大臣立誓，参加者阿山、叶臣、英俄尔岱等八十四人盟誓：

仅誓告于天地，我等如谓皇上幼冲，不尽躬竭力，如效力先帝时，而谄事本主，预谋悖乱，仇谄无辜，见贤而蔽抑，见恶而徇隐，私结党羽，构启谗言，有一如此，天地谴之，即加显戮。

三部分人盟誓的共同点是忠于皇上，秉公办事；天地鉴察；以寿命作保证。除共同盟誓之外，还有一段插曲，就是两黄旗的主要大臣对多尔衮等不放心，所谓“皇子即帝位，更复何言？唯以他人篡夺为忧”。所以，有索尼、谭泰、图赖、巩阿岱、锡翰、鳌拜，盟于三官庙，誓辅幼主，六人如一体的盟誓，表明这场斗争并没有结束。

另外，在皇太极的几个皇子当中，为什么多尔衮偏偏选中了第九子福临？有人说，多尔衮与福临之母、永福宫漂亮的庄妃早有私情，于是爱屋及乌，将福临推上了皇帝的宝座。我们认为，这种情况的可能性不大，因为如果是这样的话，为什么多尔衮首先是想自己争位，被逼无奈才举出福临来呢？要是他和庄妃早已打算好，就应该一开始就推举其子，还可省却一番剑拔弩张的争斗。于是，又有人说，“这个问题已无从查考”。的确，证实此事的直接材料已难于寻觅，但却不妨碍我们做一些推论。

前面曾说过，除了豪格之外，皇太极共有十一个儿子，但他死时只剩下七个。清宁宫正宫、皇后博尔济锦氏只生下三女，其下是关雎宫宸妃博尔济锦氏，就是福临的姨母，但同样不幸的是，她在崇德二年生下一子，但未及取名就夭折了，自己也在三年后病逝。排在第三位的是麟趾宫贵妃博尔济锦氏，生有一子一女，子即博穆博果尔。第四位是衍庆宫淑妃博尔济锦氏，无子无女，只抚养了一蒙古女，嫁给了多尔衮。第五位才是永福宫庄妃博尔济锦氏——福临的生母。其他生子的侧妃、庶妃还有七位。从年龄来讲，当时比福临大的还有叶布舒（时十七岁）、硕塞（时十六岁）、高塞（时七岁）、常舒（时七岁）等四人；从地位上来讲，博穆博果尔之母为西宫皇后，高于福临之母两级，为什么多尔衮不在这五人当中选一嗣君，偏偏选立了福临呢？

我们推测，造成这一事实可能有如下一些原因：

首先，多尔衮提出选皇子但并不同意豪格，自己做辅政王，目的是为了控制皇帝，自己独揽大权，使自己虽无皇帝之名，却有皇帝之实。因此，绝不能选择年龄较大者继立为帝。所以，叶布舒和硕塞就被排除在外，因为如果那样，他就根本没有理由提出设立辅政王，即使设立了，也辅不了几年的政，这对于他当然是无利可图的。

其次，所立皇子必须是母亲地位较高的，是五宫正妃，而不是没有徽号的侧妃或庶妃所生之子。因为希望立幼只是多尔衮心里的想法，是不能摆上桌面、公之于众的，必须要找到一个相对冠冕堂皇一点的理由说服大家，这就只能从母亲的地位方面来打算盘。皇太极生前最喜欢的妃子有两个，一是宸妃，此人贤淑文静，与太宗感情极深。皇太极曾取《诗经》中以表达爱情著称的“关关雎鸠”诗句，来为她所居宫室命名。崇德六年她病逝之后，皇太极痛不欲生，饮食俱废，长久未从悲痛中恢复过来。另一位就是福临的生母庄妃，此人在五宫后妃中最为年轻，且又美貌动人，聪明伶俐，她善于体察皇太极的心意，有时还帮他去感动降臣，因此很得皇太极宠爱。特别是宸妃死后，她就成为皇太极晚年生活中的唯一爱妃。这二人本是姐妹，且都只生有一子，但宸妃之子不幸夭亡，庄妃之子福临就占了天时、地利、人和，提出他来继嗣，应该是符合先帝心愿的，诸王自然没话可说。

但是，符合以上两个条件的还有一个人，即麟趾宫贵妃的儿子博穆博果尔。此子崇德六年十二月辛酉申刻生，是皇太极的第十一个儿子，也是最后一个儿子，当时不过两岁多。其母博尔济锦氏地位也远比永福宫庄妃高。那么为什么多尔衮没提出博穆博果尔作为皇位继承人呢？原因也可能是两方面：

首先，传说麟趾宫贵妃和衍庆宫淑妃原来都是察哈尔林丹汗的老婆，后来为清军俘获，代善等劝皇太极纳之，后来分列五宫后妃中的第三位和第四位。这样，她们就不是皇太极的原配，在人们眼中的地位就不甚高。此外，麟趾宫贵妃也不甚被皇太极宠爱，她和衍庆宫淑妃之所以被皇太极安排在永福宫庄妃之上，其政治意义则远比夫妻感情的因素要重大得多，就是说，这是招徕蒙古诸部的一个手段，因此其实际地位当低于她的名号。

其次，博穆博果尔虚岁两岁多，但实足年龄不过一岁零八个月而已，也许走路还走不稳，话还说不了几句。虽说多尔衮是辅佐冲主，但太小了也不合适，举行仪式时，总不能由母亲抱着吧？连起码的场面也应付不了，恐怕文武群臣、外藩使节看着也不像个样子。

无论如何，福临被选中了，这绝不是什么偶然的机遇。多尔衮能信口道来，或是由诸多因素造成的。

那么，又是什么因素决定了辅政王的人选呢？为什么诸王大臣只得同意由济尔哈朗和多尔衮，而不是豪格、多铎，或代善来辅理国政呢？多尔衮出任辅政的原因比较清楚，他是牺牲了皇位出任辅政的，这等于是个交换条件。这一点，恐怕双方都很清楚。起初，多尔衮代表两白旗出来争夺皇位。此时，他出任辅政同样是代表着两白旗，这体现着最高统治阶层中各派势力的一种均衡。从这个意义上说，多铎和阿济格自然不能同任辅政王。当然，多尔衮个人的才能也众所周知，多铎和阿济格不可能取而代之。同样，福临冲主即位，已经代表了两黄旗和正蓝旗的利益，豪格再出任辅政，均衡就会被打破，这是多尔衮无论如何不会同意的。但是，能不能就由多尔衮一个人担任辅政王呢？不行。一边是六龄幼主，一边是雄才伟略的叔父，难免会出现大权独揽、个人专政的局面。这样，就必须有一个中间派上台，表面上并非多尔衮的敌对势力，实际上起一种抑制多尔衮的作用。对于多尔衮来说，也必须拉上一个比较好对付的人一同登台，这样，才可以避免暴露自己的真实想法，也好使对手容易通过自己的提案。谁能充当这个角色呢？代善不行，他早就表示“老不预政”，皇帝都不愿当，何况辅政王？于是，就非济尔哈朗莫属了。对于多尔衮来说，济尔哈朗容易对付，而他又曾支持豪格，拉他上来，两黄旗等必定没话说，而且，把他放在第一辅政王的位子上，就更容易被通过。这正好像是一只三足之鼎，缺了一足，鼎必倾斜；这又好像是三国分立，孙吴虽非蜀国一体，蜀国却可以联吴抗曹，在短暂的时间内，济尔哈朗起着他自己预想不到的、非同小可的作用。

对于满朝文武来说，济尔哈朗和多尔衮出任辅政也并不出乎意料，因为皇太极晚年最信任、最重用的就是这两人。崇德七年十月，祖可法和张存仁见皇太极日理万机，不胜其劳，请求他休养休养，国事“付部臣分理”。皇太极认为“这本说得是”，今后“著大学士范文程、希福诣和硕郑亲王、和硕睿亲王、和硕肃亲王、多罗武英郡王处会议”。济尔哈朗和多尔衮列于首位。崇德八年四月，皇太极赐诸王元狐裘，济尔哈朗和多尔衮仍列首位。五月，他又命济尔哈朗和多尔衮向罗洛浑传谕。六月，饶余贝勒阿巴泰征明凯旋，皇太极令诸王大臣出迎，济尔哈朗和多尔衮亦在最前。八月，因阿巴泰征明大捷，文武群臣上表称贺，又是济尔哈朗和多尔衮领衔。这一切都表明，济尔哈朗和多尔衮乃是群臣之首，而且济尔哈朗排在第一位，多尔衮排在第二位，这二人现在做了辅政王，众臣也不会觉得意外，肯定会认为如果需要有人出任辅政的话，郑王和睿王乃是最顺理成章的人选。

对于这样一种方案，有些人实际上是很不满的。朝鲜人李袗从沈阳发回的密报说：“九王废长子虎口王而立其第三子，年甫六岁，群情颇不悦。”所以，多尔衮辅弼初政，就首先遇到了并要处理的争位事件的余波。

就拿镇国公艾度礼来说，他本是镶蓝旗宗室、满洲固山额真，不知为什么不满于二王辅政，在宣誓之前就说：“二王迫胁盟誓，我等面从，心实不服。主上幼冲，我意不悦。今虽竭力从事，其谁知之？二王擅政之处，亦不合我意。每年发誓，予心实难相从，天地神明，其鉴察之。”他还把这些话都写在纸上，在集体宣誓之前焚化，表明他被迫盟誓的内心。

这些口服心不服的人中居然还有多铎！也许是对多尔衮不同意立他为帝不满，他后来对豪格说：“和硕郑亲王初议立尔为君，因他性格太软，不能说服大家，就没再提起此事。当时我也劝大家不立你为帝，今天一想，真是失策呵！如今我愿出力效死于前。”仿佛多铎不是多尔衮的兄弟，而是豪格的死党。

与多铎相反，代善的子孙硕託和阿达礼在盟誓之后，还积极活动，企图把多尔衮推上皇位，改变既成事实，因为福临还没有正式誓天即位，还有可能发生变化。于是，阿达礼先跑到多尔衮那儿，对他说：“王正大位，我当从王。”接着又跑到济尔哈朗那儿，对他说：“和硕礼亲王让我经常到睿王府中往来。”硕託又派吴丹到多尔衮那儿去，对他说：“内大臣图尔格和御前侍卫都与我同谋，王可自立为君。”最后两人又一起到代善那儿，悄悄对他说：“今立稚儿，国事可知，不可不速为处置。”代善明确表示反对，说：“既已誓天，何出此言？更勿生他意！”

在阿达礼和硕託四处游说之时，多尔衮已经迅速盘算了一番，他估计阿达礼和硕託势单力孤，不一定能搞成功，于是，当他们二人再度找上门来时，他就“牢拒”。他们又跑到多铎那儿求见，多铎也让人对他们说：“此非相访之时！”始终不出见。硕託和阿达礼无奈，只得又回到代善那儿去恳求他的支持，代善见告诫不听，发脾气了：“怎么还胡说八道？灾祸就会来的，怎能任尔等所为？”于是，为了不牵连自己，代善和多尔衮就把他俩的活动揭发了出来。

据说，阿济格对多尔衮等立幼子为帝心中也颇不满，只不过这个一贯莽撞的汉子这次不知怎么学乖了，“自退出后，称病不出，帝之丧次，一不往来”。

肃亲王豪格的怨气冲天是可想而知的。他看到两黄旗大臣见立了皇子就不再坚持立他，以为是一种叛变，他大骂谭泰、索尼和图赖，认为他们“向皆附我，今伊等乃率二旗附和硕睿王”。其实两黄旗的大臣不过是见立了皇子，也就接受了多尔衮等辅政的方案，并非就是依附投靠了多尔衮。但豪格还不依不饶，大骂多尔衮“非有福人，乃有疾人也”，“素善病”，“岂能终摄政之事”？并表示“岂不能手裂若辈之颈而杀之乎”！他手下的死党杨善、伊成格、罗硕、俄莫克图等也纷纷摩拳擦掌，愿为豪格效死。

面对这样一种局面，多尔衮和济尔哈朗，甚至代善都主张采取坚决镇压的态度，尽管他们各自的想法不同。像艾度礼之事被揭发出来后（客观些说，是他自首的），济尔哈朗下令将艾度礼、他的妻子及其子海达礼，还有一个知道内情的医生一齐斩首，家产人口全部没收。豪格被夺所属七牛录，罚银五千两，废为庶人。其死党俄莫克图、杨善、伊成格、罗硕全部砍头。其他知情者安泰、夏塞等俱遭鞭责。

对于支持多尔衮的人，代善和济尔哈朗肯定是主张重罚的，像硕託和阿达礼，本是代善的儿孙，都被代善推了出来，目的当然是给多尔衮一个警告。当然，代善对硕託一贯不好，天命年间就听信后妻谗言，虐待甚至要杀硕託，这时把他推出来，并不觉得心疼，倒是个一箭双雕。对于多尔衮来说，问题就比较复杂了，杀了支持自己的人，别人会怎么看？如果不杀，反对派又不干，怎么办？特别是多尔衮意识到，自己的地位并不很稳固，连朝鲜人都看出来，“九王尚且危疑”，甚至要“市恩”于朝鲜来巩固自己的地位。朝鲜国王还奇怪，他“前则待世子太薄，而今乃太厚云”。这样的话，就势必要丢卒保车了。就在八月十四日宣誓完毕之后，以“国舅额驸阿布泰原在内大臣列，令出入大内，及值国家有丧，不入内廷，私从和硕豫亲王多铎游”，认为他“负主恩，无人臣礼”，夺去所属牛录，除国舅额驸名为民。阿布泰何许人？就是当初多铎对多尔衮说，知道两黄旗的大臣中很少有人愿立皇子的那个人，是多尔衮的母亲阿巴亥的弟弟，自然是他的支持者。他在国丧期间不入内廷，和多铎四处游逛，很可能就是在四处游说，为多尔衮登位造舆论，这时也被找个茬子处罚。

至于硕託和阿达礼，多尔衮就更不能心慈手软，代善都可以舍弃自己的亲生骨肉，他要是容情，就势必被人认为是有私心。于是，十六日晚上，他派人把硕託和阿达礼“露体绑缚”以叛逆论斩，将知情的硕託之母和阿达礼之妻“缢杀之”，有一太监和一高丽妇人参与其中，也被斩首。

就这样，定议立福临之后的风波被平息下去了，新的统治集团日益巩固了自己的地位，八旗贵族被重新团结起来。忘却内部的纷争，着眼于攻明大业，这正是多尔衮此时自己努力去做、更希望所有人都努力去做的事情。

但是，我们应该看到，尽管多尔衮提出立福临，自己和济尔哈朗辅政这一方案，在客观上避免了八旗内乱，保存了实力，维护了团结，为进取中原奠定了基础。但是，他这一提案的提出，是在自己争夺皇位不易得逞之后才提出来的，是在两黄旗大臣“佩剑向前”之后提出的中策或下策。我们也应该看到，多尔衮在这前后的势力并不太强，他的一系列举动都显然是在“以屈求伸”，甚至不惜牺牲自己的支持者来麻痹政敌，以稳固自己的地位，并不是像有些人想象的那样势力十分强大。实际上，这二者之间本来就是存在紧密联系的。

多尔衮宣誓就任辅政王之后，下一步就是奉新皇登基。对于他来说，新皇登基的典礼最好是在北京举行，而且更重要的是，怎样才能马上得天下？

崇德八年（1643 年）八月丁亥（二十五日）。

大清第一位皇帝皇太极已经过世十七天了。经过一番剑拔弩张的皇位争夺战，皇帝的宝座将由太宗六岁的幼子福临继承，这一天是新皇登基的日子。

福临是皇太极的第九位皇子，母亲博尔济锦氏，也就是永福宫庄妃。崇德三年（1638 年）正月三十日福临诞生的时候，传说红光照耀宫闱，经久不散，香气弥漫数日。福临头顶正中一缕头发高耸，一副龙凤之姿。据说他 6 岁就爱读经史，不用老师教导，一目数行，触类旁通，很得皇太极宠爱。不过，他的冲龄登基，确实是以多尔衮为首的白旗势力和以豪格为首的黄旗势力矛盾妥协的偶然结果。经过一番争夺，八月十四日，礼亲王代善率领诸王、贝勒、贝子、公及文武群臣宣誓拥立福临登基。以郑亲王济尔哈朗、睿亲王多尔衮共同辅理国政。两天后，又处理了谋立多尔衮的阿达礼和硕託。二十五日，满朝文武斋戒祭告上天，改第二年为顺治元年。

八月二十六日，福临的登基大典在大政殿举行。

大典仪式已经筹备了数日。

大典的筹备是照睿亲王的意思进行的。睿亲王想到，一来时值国丧之期，不宜办得热烈、红火，二来新君年幼，不宜繁杂、冗长。

当日，天气晴朗，和风习习，红日在东方的辉山升起时，诸王、贝勒、贝子、台吉、文武百官已经在大政殿之前、十王亭之间站定。

国丧时期，因官员们的顶子上饰有红缨，故都用黑纱罩了。身上倒没有了孝服，因官员的官服都是暗色、冷色，众人均照穿着原来的官服。

左侧的左翼王亭和右侧的右翼王亭，分别是皇太极的近卫军、骠骑兵各两百人。

左翼第二亭为镶黄旗王亭，两侧由镶黄旗的两百名将士站了。

左翼第三亭为正白旗王亭，两侧由正白旗的两百名将士站了。

左翼第四亭为镶白旗王亭，两侧由镶白旗的两百名将士站了。

左翼第五亭为正蓝旗王亭，两侧由正蓝旗的两百名将士站了。

右翼第二亭为正黄旗正亭，两侧由正黄旗的两百名将士站了。

右翼第三亭为正红旗王亭，两侧由正红旗的两百名将士站了。

右翼第四亭为镶红旗王亭，两侧由镶红旗的两百名将士站了。

右翼第五亭为镶蓝旗王亭，两侧由镶蓝旗的两百名将士站了。

巳时正牌，福临所乘之辇出现在门首。有司高唱："皇上驾到！"

诸王、贝勒、贝子、台吉、文武百官纷纷跪倒，整个皇宫鸦雀无声。

福临坐在龙辇上，身上穿了一件黄色的龙袍。头上的皇冠，本来缨子是猩红的，现已改为黄色。龙辇从留出的御道之上缓缓而过。至大政殿前下辇，福临款步登上大殿丹墀，步入大殿，在龙椅之上坐定。

两位辅政王从跪着的王爷行里起身，步入殿中，给皇上跪了，称道：

"臣济尔哈朗叩见圣上，请圣上赐位，行辅政之职。"

"臣多尔衮扣见圣上，请圣上赐位，行辅政之职。"

福临道："二卿平身，朕赐座，二卿即行辅政之职。"

随后，福临下旨。群臣前趋、叩见。

由礼部承政出殿宣旨。

诸王、贝勒、贝子、台吉、文武百官的前方，原离殿墀十步的距离，听宣后，大家起身向前紧趋几步，前排便到了墀下，然后复又跪了，山呼："吾皇万岁，万岁，万万岁！"

在百官前趋的过程中，福临在殿内看见，第一排的第一人是礼亲王代善。等众臣山呼完毕，福临站了起来，以手指礼亲王道："二伯不要跪，"说着又对旁边的礼部官员道，"给二伯搬把椅子坐了。"

那礼部官员听后一时不知如何是好。

福临生了气，训斥那官员道："你没听到吗？"

那礼部官员只得垂手道："奴才听到了。"

福临一听越发地气了，道："听到了为什么不动？你要抗旨吗？"

那礼部官员听后越发诚惶诚恐，连忙跪了。

郑亲王一见，目视睿亲王。睿亲王遂对那礼部官员道：“去传旨吧。”

那礼部官员这才起身，出殿宣道：“圣上有旨，礼亲王平身，赐座。”

群臣听罢无不惊愕。

礼亲王哪里敢起身？他跪着不住地磕头，道：“臣岂敢越轨行事？望圣上……”

这话福临听到了，仍站着道：“二伯，偌大年纪，要你坐，坐就是了。”

礼亲王自然难以接受，道：“臣实不敢……”

福临一听板起脸来，道：“你要抗旨吗？”

说着偷着乐了。

礼亲王一听更是鸡啄米一般磕起头来：“臣……岂敢……”

礼部有司已搬过一把椅子，礼亲王无奈，只得诚惶诚恐地坐了。

别人都跪着，唯独礼亲王一人鹤立鸡群，坐在那里，如坐针毡。

这是福临的即兴之作。郑亲王战战兢兢，生怕闹出什么笑话儿。

睿亲王坐在那里，不住地偷着乐了一阵。

小小的插曲之后，仪式重又步入正轨。

接着，由郑亲王代福临宣即位诏，宣告：新帝年号为顺治，明年正月起为顺治元年。由睿亲王宣了辅政王的誓词，由成亲王宣了群臣的贺词。随后祭了天地。

此后，顺治帝出宫，率众臣去崇政殿拜了先皇皇太极。而后出宫，率群臣去了太庙，拜了先圣，尊皇太极为应天兴国弘德彰武宽温仁圣睿孝文皇帝，庙号太宗。

回宫后，重登大政殿，尊清宁宫国母福晋为皇太后，尊永福宫庄妃为皇太后。

八月一过，即从北京传来李自成攻入北京的惊人情报。

第五章

威震京华

多尔衮摄政伊始，便以“盈庭聚讼，纷纷不决，反误国家政务”为由，正式宣布废除诸王贝勒管理三院六部事务，由其“身任国政”，所行善与不善，概由二摄政王负责。并要求各部尚书、侍郎等“克矢公忠”听命于摄政王。

大清因继承皇位而引起的内部矛盾解决后，便继续皇太极的遗志，联合农民军，消灭明王朝。顺治元年（1644 年）四月，正当多尔衮准备调集大军直捣中原的时候，忽有来报说，李自成的大顺军攻占北京，明崇祯帝吊死在煤山。

眼看着让李自成占了北京，灭了明朝，大清的将领很少有沉得住气的。在李自成势如破竹地向北京进军的过程中，将领们就三三两两地进入睿王府，要求快快出兵，赶在李自成之前将北京攻陷，占得先机。

但睿亲王稳坐钓鱼台，一直不动。将领们不解其意，议论纷纷。

范文程、宁完我、刚林等谋士们自然知道睿亲王的用意，在见将领时，均道：“我等听候睿亲王调度。”

直到四月初四日，睿亲王才令范文程写一条陈，发牛录章京以上将领传阅。

范文程的条陈是写给睿亲王的，其文曰：

中原百姓蹇罹丧乱，荼苦已极。黔首无依，思择令主，以图乐业。虽间有一二婴城负固者，不过自为身家计，非为君效死也。是则明之受病种种，已不可治。河北一带定属他人，其土地人民，不患不得，患得而不为我有耳。盖明之劲敌惟在我国。而流寇复蹂躏中原，正如秦失其鹿，楚汉逐之。我虽与明争天下，实与流寇角也。

为今日计，我当任贤以抚众，使近悦远来。蠢兹流孽，亦将进而臣属于我。彼明之君知我规模非复往昔，言归于好，亦未可知。倘不此之务，是徒劳我国之力，反为流寇驱民也。夫举已成之局而置之，后仍与流寇争，非长策也。

曩者弃遵化屠永平，两经深入而返，彼地官民必以我为无大志，纵来归附未必抚恤，因怀携贰，盖有之矣。然而有已服者，有未服宜抚者。是当申严纪律，秋毫勿犯，复宣谕以昔日不守内地之由，及今进取中原之意。而官仍其职，民复其业，录其贤能，恤其无告，将见密迩者绥辑，逖听者风声，自翕然而向顺矣。夫如是，则大河以北可传檄而定也。

此行或直趋北京，或相机攻取，要当于入边之后，山海长城以西，择一坚城顿兵而守，以为门户。我师往来，斯为甚便。唯辅政王察之。

睿亲王之所以迟迟不动，是出自他的“一个敌人”的战略思想。谋士们曾多次探讨过，在李自成向北京进军的过程中，八旗军是否猛扎过去，抢先占据北京。那有明显的好处，确实可以占得先机。但那样做的毛病也是显而易见的。那样，清军得先与明军进行一番苦战，方可攻下北京。攻下北京之后，接着要对付义军。义军来势凶猛，有不可阻挡之势。清军占据北京孤城，处于被动挨打的地位，军粮从哪里筹，兵员由哪里补？如何久支？这是为帅者所必须考虑的。经过深思熟虑，他认为这是不可取之策。

要让李自成打过去，占领北京之后，其锐气自消。然后，趁李自成立脚未稳，杀过去，必取奇胜。

与义军作战的方略也经过了精心研究最后制定。总的是不与义军抢占城池，而是充分运用清军机动的特点，集中兵力，各个歼灭，打击士气，最终取得完全的胜利。义军也是善机动的，但义军得了地盘，得分兵据守，难以集中兵力。清军赢，就赢在既机动，又集中，赢在这上面。

有一个特殊因素必须想到，这就是驻扎在山海关的吴三桂。

吴三桂手中有近四万人马。平日四万人马算不上什么，可在当时是一支不可忽视的力量。四万人马皆精兵强将，训练有素。虎踞山海关，占据战略咽喉之地，可以东进，亦可以西攻。义军在西面，轻易动不着他。明亡，吴三桂是投降义军，还是与义军抗衡，是一个未知之数。如果降了义军，清军从长城突入，吴三桂在清军背后，对清军是一巨大的制约因素。如果吴三桂与义军继续抗衡，则有一个如何处理与他的关系的问题。究竟如何，一定程度上决定清军的成败，因此，吴三桂的动向不能不密切加以注意。

那日，睿亲王将八旗牛录章京以上将领集于大政殿前，向将士们讲解了他的“一个敌人”的思想和对义军作战的方略，同时宣读了范文程的条陈。

对睿亲王“一个敌人”的思想，将士们是不难理解和接受的，先前只是急着要打过去，没有想到许多。现在经睿亲王一讲，个个心明眼亮，觉得一切对头，遂又摩拳擦掌，跃跃欲试。

四月九日，顺治在大政殿视师，赐睿亲王多尔衮大将军印，统大军十万，往定中原，同时册封睿亲王为摄政王。

随行的有：豫亲王多铎、成亲王罗洛浑、英郡王阿济格、恭顺王孔有德、怀顺王耿仲明、智顺王尚可喜、骁余贝勒阿巴泰、安平贝勒杜度，原固山贝子瓦克达、固山贝子尼堪、固山贝子德克勒浑、辅国公满达海、辅国公杜尔祜、辅国公穆尔祜、辅国公特尔祜、镇国公格尔楚浑、镇国将军巴思哈、镇国将军阿拜、镇国将军汤古代、镇国将军额必伦、辅国公博和托、镇国将军巴布海、镇国将军和度、奉国将军额克亲、奉国将军巴布泰、奉国将军邓什库、奉国将军赖慕布、奉国将军达尔察、镇国公傅勒赫、镇国公汉代、镇国公塔海、镇国公务达海、辅国公固尔玛珲、辅国公富尔敦、辅国公济度、辅国公勒度、护军统领图赖、正黄旗固山额真鳌拜、镶黄旗固山额真达尔哈、正白旗固山额真喀克笃礼、镶白旗固山额真伊尔登、正红旗固山额真额驸和硕图、镶红旗固山额真叶臣、正蓝旗固山额真觉罗色勒、镶蓝旗固山额真宗室篇古，大学士范文程、宁完我、刚林、洪承畴，新建理藩院承政张存仁、刑部承政李云等。

八旗人马杀牲祭纛，誓师，鸣炮六十四响，随即向山海关出动。

“两京锁钥无双地，万里长城第一关”。山海关，古称榆关，据说秦时蒙恬北防匈奴，“植榆为塞”，所以边塞多榆木，榆关之名便得于此。明代曾代萧有诗：

榆关十月马毛僵，手挽雕弓射白狼。

一阵雪花飘玉屑，西风犹趁马蹄忙。

描述了山海关秋末冬初的景象。但古榆关并不完全就是后来的山海关。古榆关在今抚宁附近，四周土地空旷，无险可据，明初徐达北伐残元势力，率军来到此处，见其东八十里处“枕山襟海，实辽蓟咽喉”，非常险要，便把关城移到那里，成为万里长城东段的一个重要关口，由于它倚山临海，所以人们新称它为山海关。

山海关确实是军事上的战略要塞，用明朝人的话说：“山海关外控辽阳，内护畿辅，防扼海泊倭番，验放高丽、女直进贡诸夷，盖东北重镇。譬人之身，京师则腹心也，蓟镇则有背也，辽阳则臂指也，山海关则节窍窾却之最紧要者也。”因此，聪明的统治者对其防务十分重视，关城东北，墩台守望，鳞次栉比；柳栅沙沟，纵横路旁。特别是关城修得十分坚固，呈四方形，周围八里多，墙高数丈。且四门之上皆有城楼，透过箭窗，北望长城，蜿蜒曲折，十分雄伟；东观大海，可见巨浪“摇落千层花喷雪，怒号万里势奔雷”，极为壮观。明朝后期努尔哈赤起兵反明，辽东吃紧，几次大军出征皆由此通过，“兵役繁兴，商贾辐辏，五方杂处”，仿佛成为一个都会。对于这样一个重要冲塞的地理意义，清统治者是不会不清楚的。

早在天聪年间，皇太极降朝鲜、抚蒙古，免除了后顾之忧，又打下大凌河，准备进一步围困松锦。特别是天聪三年皇太极亲率大军破边墙进围北京，大举攻明便已在日程之上。这时，便有许多汉官建议攻打山海关，取得进一步向关内攻打的通道。天聪六年张弘谟就曾建议“直抵关门，再遣精骑由口外乘虚闯入，内外夹攻山海，山海下，则关外各城可传檄定，东西道通”。宁完我更请“急图山海”，认为“宁锦八城，攻取为难；山海一区，图谋较易”，取得山海，可内外夹攻锦州等关外城池，又可进窥畿辅、北京，实在是一举两得之策。更有马光远谆谆告诫：“……越山海而不攻……是明损声势，暗失机会。”在这种情况下，决策人皇太极却偏偏不采纳这些建议。有人精辟地分析说：这一是因为皇太极当时迫切希望议和，影响了他对进取策略的认真思考；二是因为诸王贝勒劫掠财物的故习不改，并不重视攻城战守；三是皇太极对汉官仍心存疑忌，如此之多的汉官倡议攻取山海关，是否别有用心，也促使皇太极心理上的提防和疑虑；四是因为攻坚不易，代价太大；五，也是最根本的一条，是皇太极害怕在满洲社会发展不够充分之时入据山海关，会即刻被汉人同化。

实际上，皇太极未敢在天聪年间攻取山海关，还有一个重要原因，就是明军十分重视山海关这个京师的门户，因此在关前关上层层设防，并不十分易攻。明朝统帅熊廷弼、孙承宗、袁崇焕等之所以反对王在晋、高第等人放弃辽西、退守山海关的意见，就是企图在山海关外层层布防——大凌河、小凌河、宁远、锦州、松山、杏山，乃至中前所、中后所、前屯卫，即所谓“守关当于关外守之”，使皇太极攻取山海关等于攻取十数个坚城，所耗代价并非可与仅攻一山海关城可比。因此，天聪三年、八年，崇德元年、三年、七年等几次入关，都绕道西行，或从蒙古科尔沁草原进入喜峰口，或入山西趋宣大，或由延庆入居庸关，或由墙子岭毁边墙而入，全不考虑山海关。而天聪三年袁崇焕回援京师，正是自山海关调集各部扼守，自己抢居蓟州；崇德元年阿济格出边攻明，皇太极又另派多尔衮、多铎等人率劲旅往山海关进发，牵制彼处的明军，说明山海关的防守力量还是较强的。正如后来皇太极所认为的那样，“大军屡入塞，不得明尺寸地，皆由山海关阻隔，而欲取关，非先取关外四城不可”。结果崇德六年到七年，清军连克锦州、松山、杏山、塔山，开始打开通往山海关的通路。于是，崇德七年（1642 年）九月，李国翰、佟图赖、祖泽润、祖可法、张存仁等一齐请求皇太极“直取北京，控断山海”，以成大业，而皇太极仍坚持认为“北京如大树，不先削其两旁，何能倾仆。朕今不取关外四城，岂能克山海关?”他这种充分认识自己的实力，稳扎稳打，步步为营，消灭敌人有生力量，而决不急躁冒进的战略思想是极其难得的，从实践上看，也是非常正确的。

到顺治元年三月中旬，由于吴三桂奉诏尽撤辽民入关，关外宁远诸城便为清军不战而得，清军且乘胜追至关下，“屯扎懊恼岭下，不攻关，亦不去”，等待多尔衮的命令。按照皇太极生前的想法，这时攻打山海关可谓时机成熟，但他无法料及的是，形势有了突然变化，农民军已攻占了北京，甚至山海关也已为农民军所有。那么，多尔衮这次全力攻明是否可以攻取这个军事重镇，然后进逼畿辅，抑或仍旧走老路，绕道向西，“毁边墙而入”。

一、吴三桂降清

吴三桂降而复叛于农民军，重据山海关后，自己已处于腹背受敌的窘境。既然与农民军不共戴天，就势必求助于关外清军。且不说吴三桂与清朝统治者有着阶级性质上的一致，其亲属、部下、同僚大都在为清朝服务这一点，也对他降清极为有利。特别是吴三桂打出为恢复明朝而战、替先帝复仇的旗号邀请清军入援，不仅对于降清的他心理上是个安慰，在号召汉人官绅方面也会顺利得多。于是，吴三桂立即派人召集山海关的士绅大户，紧急商议如何对付非常可能出现的农民军大军平叛的情况。正像这些士绅之一的余一元诗中所记述的："一朝忽下令，南郊大阅兵。飞骑唤吾侪，偕来共参评。"但是，由于山海关城小人多，很多居民商贾又因战乱而迁移，因此吴军的供给已成问题。"仓库净如洗，室家奔匿多。关辽五万众，庚癸呼如何！"但事情紧急，只有强向百姓绅商征饷，所谓"捐输兼敛科"，然后把全体军民全部武装起来，准备对付农民军的讨伐。随即他们又一同定计，一方面派人出关向清军求援，一方面又派人西去，向农民军诈降，以争取时间，等待清军来助。

三月二十六、七日吴三桂自玉田叛归山海关，四月初消息便传入京师，但未得确证。至唐通被击溃，吴三桂正式扯大旗宣布反对大顺政权确已为李自成所知，已是四月初十左右，这一日，"平西伯吴三桂移檄至京，近京一路尽传"。李自成闻讯，便于十二日召集部下商议东征，并定于次日启程，亲征山海关。行期一定，李自成便将明大学士陈演、定国公徐允贞、新建伯王光通等官员贵戚六十余员斩于西华门外，留牛金星、李牟等人守京师，以安后方。十三日，李自成率刘宗敏、李过等数万人马，出东长安门赴通州，十五日抵密云，十七日至永平，十八日便派先头部队前去攻打山海关。

山海关之战，从事后来看，对清军和农民军来说都是关键性的一战，因为在山海关这个地方，两军将要第一次交锋，并且一决胜负。而且山海关之战的胜负，将决定两大政权的命运。李自成得到吴三桂降而复叛的消息后立即出征，说明他意识到了山海关的重要性，但他并没有意识到此去要与清军接仗，并且始终抱有招抚吴三桂的侥幸心理。因此，他不仅把明太子朱慈烺和永王、定王，以及吴三桂之父吴襄带在军中，试图再以君父之德感而化之，而且把明降臣张若骐带在军中，为他出谋划策，也是希望以张与吴三桂的亲谊关系来说降吴三桂。因此，当吴三桂派高选、李友松、谭邃环、刘泰临、刘台山、董镇庵六人前来诈降缓师时，李自成必然受到影响。我们知道，李自成军进山海关，可自通州、三河、玉田、卢龙直抵山海关，但在三河遇到了这六个诈降者之后，不知为何又北赴密云，然后回过头来，奔东南至卢龙。无论这是不是诈降者诡计得逞的表现，但行军路程延长，误了一天时间，战机就被耽搁了，没有能在清军抵关之前消灭吴三桂，因此还在山海关战役发生之前，就已潜伏下了李自成农民军必败的因素。

然而戏剧性的是，清军也并不是一开始就抓住了战机、意识到这里要发生一场生死存亡的争斗的。四月初九日，多尔衮同多铎、阿济格、孔有德、耿仲明、尚可喜、罗洛浑、尼堪、博洛、满达海、吞齐喀、博和托、沈志祥，以及朝鲜国世子李湰，与八旗固山额真、梅勒章京一道诣堂子，奏乐，行礼，陈列八纛，对天行礼。然后统率满洲、蒙古八旗的三分之二，汉军八旗全部，及三顺王、续顺公的兵马，鸣炮出征。十三日，清军到了辽河边，三四天只走了一两百里。多尔衮在这里把洪承畴找来，征求他的意见。因为在降清的汉官中，只有洪承畴和农民军面对面地交过手，对这仗怎么打，洪承畴最有发言权。于是，洪承畴向多尔衮建议：

第一，“今宜先遣官宣布王令，示以此行，特扫除乱逆，期于灭贼，有抗拒者，必加诛戮，不屠人民，不焚庐舍，不掠财物之意。仍布告各府州县，有开门身降者，官则加升，军民秋毫无犯。若抗拒不服者，城下之日，官吏诛，百姓仍予安全。有首倡内应，立大功者，则破格封赏。法在必行，此要务也。”另一方面重申了范文程关于申严纪律、实行安抚政策的建议，另一方面又通过威胁和利诱，劝告沿途官民归顺。

第二，“流寇初起时，遇弱则战，遇强则遁。今得京城，财足志骄，已无固志。一旦闻我军至，必焚其宫殿府库，遁而西行。贼之骡马不下三十余万，昼夜兼程，可两三百里，及我兵抵京，贼已远去，财物悉空，逆恶不得除，士卒无所获，亦大惜也。今宜计道里，限时日，辎重在后，精兵在前，出其不意，从蓟州、密云近京处，疾行而前。贼走则即行追剿，倘仍坐据京城以拒我，则伐之更易。如此庶逆贼扑灭，而神人之怒可回，更收其财畜以赏士卒，殊有益也。”洪承畴当然不知道农民军此时正发兵奔赴山海关平叛，因此建议清军轻装简行，迅速绕道入边墙，从密云直下正南，以迅雷不及掩耳之势，在农民军“逃遁”之前，围住北京。如果多尔衮接受了洪承畴的建议，并在吴三桂乞师之后仍然这样做的话，便会形成偶然的批亢捣虚、围魏救赵之势，因为李自成的主力已离开京师，彼处只有万余守军，如清军乘虚攻下北京，便会与吴三桂一起，形成对李自成东征军的两面夹击之势，农民军的境况将更为不利。

第三，“初明之守边者，兵弱马疲，犹可轻入，今恐贼遣精锐，伏于山谷狭处，以步兵扼路，我国骑兵不能履险，宜于骑兵内选作步兵，从高处观其埋伏，俾步兵在前，骑兵在后。比及入边，则步兵皆骑兵也，孰能御之？若沿边仍复空虚，则接踵而进，不劳余力。抵京之日，我兵连营城外，侦探勿绝，庶可断陕西、宣府、大同、真、保诸路，以备来攻，则马首所至，计日功成矣。流寇十余年来，用兵已久，虽不能与大军相拒，亦未可以昔日汉兵轻视之也。”对于如何与农民军交战提出了具体的战略战术。特别值得注意的是，洪承畴敦请多尔衮重视农民军的战斗力，不要对其掉以轻心。这对多尔衮后来的决策影响很大。

从以后的事态发展来看，多尔衮基本接受了洪承畴的建议。尽管此次出兵意在夺取中原，但对农民军的沿边防御，如山海等关的守备情况不甚了解，使多尔衮不敢贸然轻进，只得缓缓前行。到十四日，多尔衮还传令于次日行猎。十五日到翁后（阜新一带），仍不过离沈阳三百多里，显然是在犹豫观望。然而就在这时，从南边来了两名使者，他们的突然到来，竟使整个局势改观，可以说对满洲自身的社会发展道路，对中国王朝兴衰更替的结局，乃至对此后东亚的政治格局产生了重大影响，其效果如此，自然是当事人们所无法料及的。

来人正是吴三桂差来向清兵求援的使节——副总兵杨珅、游击郭云龙。

四月十五日晨六七点钟，清军起程行进了五里左右，遇到了这两个求援使者。多尔衮立即下令停止前进，召见杨坤、郭云龙二人，他们向多尔衮呈交了吴三桂的信函。信上说：

我蒙先帝提拔，肩负辽东总兵的重任，王爷的威望，我是一直深慕的。但春秋之义，不能越境交往，所以很久没敢联系，作为臣子的情谊，谅王爷应该理解。如今我国以宁远孤立一方，命我放弃宁远，镇守山海关，从而镇守东部边疆、防卫京城。不想流寇攻打北京，由于人心不稳，奸党开门投降，先帝不幸身亡。如今贼首僭称帝号，抢掠妇女财物，罪恶已极，真是赤眉、绿林、黄巢、安禄山之流，天人共怒，众叛亲离，马上就会失败。……各省宗室纷纷兴举义兵，山左江北，星罗棋布。我受国厚恩，不忍百姓遭难，拒守边门。虽想兴师问罪，以安人心，但京东地小兵弱，特泣血求助。我们与你们通好二百余年，今我们遭国难，你们应有恻隐之心，而乱臣贼子也不是你们所能容忍的。除暴剪恶，拯救危难，出民水火，是大仁大义之事；兴灭继绝，取威定霸，可得大名大功，何况流寇聚集了金帛子女无数，清军一到，都是王爷您的。王爷以盖世英雄的身份，在此关键时刻，希望考虑我这亡国孤臣的忠义之言，速选精兵直入中协、西协，我自率部直抵北京，灭流寇于宫廷。我报答贵朝的绝不仅是财帛，而将裂土以酬。……本应上书贵朝皇帝，但由于不知你们的礼节，所以只好请王爷转奏。

吴三桂在这封信中，除了说明当时形势及一些客套话之外，主要表明他站在明王朝立场上请求清军支援的态度，还没有表示降清。其条件是与清军分治中原，或说“访东宫及二王所在，立之南京，黄河为界，通南北好”。再者请清军入喜峰口、龙井关、墙子岭诸处（即中协、西协），自己从山海关出兵（即东协），分兵合击，目的是对清军保持独立性。吴三桂派出信使时在十三日，显然不知道农民军已派兵东征，或者还寄希望前去北京诈降的六个人能取得成功，因此并未请清军直奔山海关。也许，吴三桂也不希望清军占据自己的势力范围，因为他此时还是希望清军“帮忙”之后仍撤归一隅的。

多尔衮看了信，当然会感到意外。他没想到屡招不降、抗拒关宁的吴三桂会如此轻易向清军敞开大门，特别是吴三桂并不说投降，而且让清军另道入边，不赴山海关，更使人有些怀疑。他对阿济格和多铎说：

“莫非三桂知我南来，故意引我上钩？而且我军三次围困明都，不能立克，自成一举破之，其智勇肯定过人，如今率大军而来，志不在小，是不是想乘胜攻辽？”

于是他派学士詹霸、来衮赴锦州召汉军带红衣炮向山海关进发；同时，又派其妻弟拜然与郭云龙去山海关探听虚实，杨珅留在清军营中做人质。奇怪的是，为什么多尔衮出兵时未把操红衣大炮的汉军带在军中以备攻城之用，而此时才突然派人去召唤？是多尔衮以前并没有考虑攻打关内各城（如北京），还是多尔衮对吴三桂不放心，假如兵临关下，发现是诈，便可用大炮攻关？由于记载上的缺陷，我们很难回答这些问题，但我们至少可以说，多尔衮虽然知道这是一个千载难逢的大好机会，但对吴三桂的真实用心仍然疑虑重重，不得不做好各种应急准备。

经过一天策划商议，四月十六日，大兵启程向山海关进发，当日到西拉塔拉。多尔衮已写好给吴三桂的复信，叫人送去。信上说：

我们一向想与明朝修好，屡次写信，但明朝君臣不管国家受难，军民死亡，不曾有一言相答，所以我们三次进兵攻打，对明朝官吏表明我们的想法，就是要明朝皇帝考虑通好。如今我们不再这样做了，只有平定国家、与民休息而已。我听说流寇攻陷京师，明主惨死，不胜发指。于是率仁义之师，破釜沉舟，誓不返旌，灭亡流贼，出民水火。到平西伯遣使来信之时，我很高兴，于是率兵前进。伯想报恩，与流贼不共戴天，当然是忠臣之义，所以尽管一向与我为敌，如今也不必因为以前的事存有什么疑虑。……如果率众来归，一定封以故土，升为藩王，另一方面报了国仇，另一方面可保身家，子孙万代，永享富贵。

多尔衮这封信表面上冠冕堂皇，实际上就是一封招降书。他想让吴三桂明明白白地表示归顺，别想走第三条路。因此他根本不理会吴三桂提出的什么“裂土分封”条件，而是以一国之主的口气，用“封以故土，升为藩王”的条件招降吴三桂；而且没从中、西协入边，径直南下，奔山海关而来。这一番书信来往，乃是多尔衮与吴三桂讨价还价的“外交”斗争的第一个回合。

在这种既心怀疑虑，又还在讨价还价过程中的情况下，多尔衮当然不会急速前进的。四月二十日，即四天之后，多尔衮以平均每天六十里左右的速度来到连山驿（宁远以北，今锦西）。这时候，李自成的大队人马已经来到山海关下。于是，吴三桂又派郭云龙和孙文焕来见多尔衮，递交了吴三桂的第二封信。信上说：

接到王爷的来信，知大军已到宁远，救民伐暴，扶弱除强，义声震天地。您帮助我们实在是为了我们先帝，我的感谢是微乎其微的。我按您的指教，立即派出精锐到山海关以西的紧要处，引诱贼寇速来。如今李贼亲率党羽驻扎永平一带，此乃自投陷阱，天意亡他。现在我已尽整精锐部队，希望看时机合适就出发，如果有幸王爷速率军队直入山海，首尾夹攻，逆贼可擒，京东京西可传檄平定。另外您的仁义之师，首重安民，发布的檄文非常合适，但更请大军秋毫无犯，这样百姓心服，财物、土地也可到手，什么事不能做成呢？

这时吴三桂已得知农民军逼近山海关，也从郭云龙带回的多尔衮书信中得悉清方的要求，更清楚清军已直奔山海关而来，在这种情况下，吴三桂只得暂且放下一些具体的谈判条件，要求清军紧急入关。多尔衮见此书信，也就下定决心，立即昼夜兼程，越过宁远，小驻于沙河驿（中后所与前屯卫之间，距连山一百五十里，距山海关一百里），然后继续进发。二十一日，清军尚离山海关十里之遥，但已隐约可闻关内炮号轰鸣、喊杀阵阵。多尔衮知道，这是农民军在与拒守关城的吴三桂军交战。的确，历史上著名的山海关之战就在这天开始了。

二、石河西激战

李自成仅仅比多尔衮早到山海关一日。实际上，四月十八日前后，农民军主力便已抵达永平，离山海关只有一百五十里左右，如果一天之内赶到关前大举攻城，那么多尔衮还在连山驿的时候就会听到吴三桂的败讯。但是，直到二十一日之前，农民军还未有所动作，虽然缺乏史料记载，我们也还是可以想象，这是因为李自成仍抱有招抚吴三桂的幻想，很可能在这段时间里利用乃父乃主对其加以招降的缘故。另外，也有可能是吴三桂的缓兵之计产生了效果，有些书记载李自成在用唐通等招降失败后仍发给吴三桂犒金，而吴亦佯受，或许就是这种情况的说明。无论如何，那六名假降代表一直被李自成带到山海关下，直到吴三桂假降露出破绽，他们企图于阵前脱逃，这才被李自成杀掉五个，一个跑掉，身上还中了三箭。这也说明李自成直到最后才识破吴三桂的诡计，但宝贵的战机却丧失了，山海关的地主士绅自己也说，“关城卒赖以完”。

山海关除县城以外，四面分别是东、西罗城和南、北翼城，起着拱卫县城的作用。其中除南翼城偏近大海以外，其他三城均为攻取整个关城的障碍。因此，李自成大军二十一日到山海关之后，立即调兵遣将，攻击这三个城池。由于西罗城面向关内，前有石河，所以两军首先在这里接触。吴三桂与高第首先在石河西布阵迎敌，两军对垒，自然有一番恶战，从上午八九点钟一直杀到中午一点左右，历时四五个钟头。农民军力战得胜，首先在西北角击退敌军，然后以数千骑兵飞驰过阵，至西罗城北侧，准备登城。眼看西罗城就要被农民军将士拿下，守城将领又以伪降来骗取农民军将领的信任，然后令偏将从北坡连贯而下，偷袭农民军，城上又同时用大炮猛轰，里外夹攻，使农民军攻取西罗城的行动功败垂成。我们看到，在李自成东征的整个过程里，农民军竟几次因为敌人的诈降缓师而上当受骗，坐失良机。显然，大顺军领导人在吴三桂降而复叛之后，仍对招降他抱有幻想是出现这种情况的根源，遗憾的是，正是这种幻想使事业功败垂成！

就在农民军与吴三桂主力在石河西激战的同时，另有几支农民军分队在攻打北翼城和东罗城，唐通等也率军赴一片石"出边立营"，意在截断吴军北逃之路。当时北翼城的守将是山海关副总兵冷允登，面对农民军对此城的重点猛攻，他也拼命抵挡，几次打退农民军的攻击，但农民军为了"联络直下"，"故独日夜狠攻"。这样，守城官军军心不稳，有些人企图做农民军的内应，使冷允登忙于"御寇防奸，内外兼顾"，城池看来即刻不保。东罗城的情况也同样不妙。当时除吴三桂在石河西与农民军主力接战，北翼城为山海关副总兵冷允登所率官军驻守之外，西罗城与东罗城都是由山海关士绅马维熙、吕鸣章等十人率乡勇"总理""协理"守城，据说东罗城当时"孤当贼冲，危急劳瘁，倍于两城"，显然也处在危急存亡之际。特别是入夜后，吴三桂与高第已将主力撤回城中，连十几里外屯驻的清军都听见"关上炮声，夜深不止"。到黎明时分，吴三桂见情形不妙，又知清军已到关外，赶忙亲自出关搬兵。就在这时，"北翼城一军叛降贼"，农民军蜂拥而上，冷允登率亲兵抵挡，眼看不能遏止农民军的进攻，幸得吴三桂一支援军到来，才保城池未失。不几时，清军大举入关，战争的形势便从此逆转。

四月二十一日清军距山海关十余里时，天色已经昏黑，多尔衮为了避免忙中出错，便下令屯兵不进，观察动静，同时前锋兵马已在一片石与唐通部交战，将其击溃，并生擒二人。但多尔衮十分警惕，令将士夜间披甲戒严，并半夜移阵，前往山海关以东的欢喜岭驻扎，“骈阗之声，四面沓至”，多尔衮亲驻欢喜岭上的威远台，静观形势的发展。这时，多尔衮心中还没有完全打消疑虑，便派使节到山海关去侦察，吴三桂也多次派人促请清军入关，据说“三桂遣使者相望于道，凡往返八次”。其中吴三桂曾派山海关士绅余一元、冯祥聘、吕鸣章、曹敏时、程印占5人去见多尔衮，并让他们速去速回。多尔衮接见这5人时，“赐座赐茶，款接温蔼”，与范文程一起说明了来意，使这些地主官绅感激涕零，认为“煌煌十数语，王言实大哉！”双方表示了相互信任之后，多尔衮便令范文程与这5人一齐到山海关城里“晓谕军民”，一方面以清军即刻便到来鼓舞士气，另一方面不外宣扬清军此来为崇祯发丧的目的，表示严守军纪，以安民心。这样一来，增强了守城者的斗志，为农民军迅速结束战斗增添了困难。

在双方使节多次交涉，山海关士绅又亲见了多尔衮的基础上，吴三桂决定亲自出城去见多尔衮，请他立即发兵。而多尔衮迟迟不行，到此时已不是对吴三桂有什么怀疑，而是双方谈判的条件还没有讲好。而形势对吴三桂越是急迫，就越有利于多尔衮在谈判桌上讨价还价。这天天刚蒙蒙亮，吴三桂强冒矢林弹雨，率数骑赴欢喜岭见多尔衮，与其进行了一场紧急谈判。谈判内容现已不得而知，但可以猜测他们是以扶立明太子为帝，用裂土封疆酬清军的条件成交的。多尔衮十分高兴，立即与吴三桂对天盟誓，并与吴三桂约定：“让你手下的士兵都在肩膀上系块白布，不然都是汉人，我们就没法区分你的军队和农民军了，免得误杀。”让吴三桂先走一步，与农民军进行决战，并答应清军随后就到。

二十一日晚清军在一片石击溃了唐通的小部队，唐通即奔回关内，李自成自然也就知道了清军的到来。他昼夜环攻山海关城，就是为了抢在清军前面消灭吴三桂军。由于已知清军入关参战，农民军便在关内石河以西列阵，“北至山，南至海”，排成一字长蛇。而吴三桂先出迎战，英王阿济格率万骑入北水门，豫王多铎率万骑入南水门，为吴三桂左右翼，多尔衮自率主力部队从关中门进，并即赴石河西。这时，吴三桂已挥兵上阵，与农民军交手。这已是双方第二次交兵了，尽管在前一天的战斗中双方都有损伤，但谁都知道这一次战斗将决定双方的生死存亡，成败在此一举，所以双方都投入了全部精锐，希图在战斗中获胜。

这真是一场恶战！这天，大风狂吹，尘土扬起来，遮天盖地，几乎对面不见人，根本谈不上整整齐齐地列阵交手。有些满洲将领不禁急躁起来，想乘势杀将过去，但被多尔衮止住。多尔衮对诸王大臣们说："你们千万不要越伍轻进，农民军力量很强，不是轻易打得败的。大家应各自努力，这一仗打胜了，大业就成了。"

然后他把八旗主力部队面向大海、分层排开，主要针对农民军的阵尾；而令吴三桂军作为右翼之末，即最西端，实际上就是让他作为前锋，与列阵于石河西的农民军首先交战，自己衔住农民军长蛇阵的阵尾，使其无法合围自如，这体现了多尔衮战术的高明之处。由于风卷黄沙，对面不见人，所以吴三桂军出农民军之不意，出现在农民军阵前。李自成在庙冈之上观战，见此情形，急令农民军包围吴军。霎时，金鼓之声、呐喊之声传到百里之外。在农民军层层包围之下，吴三桂率军左冲右突，拼命死战。但农民军数量上胜于吴军，战斗力亦很强，因此步步进逼，前仆后继。吴三桂军被围在核心，向左突围，便有农民军号旗向左指，使军队向左迎击；吴军向右冲击，号旗便向右挥，农民军又向右堵截，使吴三桂恰如瓮中之鳖，几无脱身之路，"阵数十交，围开复合"。

"炮声如雷，矢集如雨"。双方苦战了大半日，直至下午时分，吴三桂开始支持不住了。就在他精疲力竭的时刻，多尔衮抓住战机，突令清军出击。于是，清军三吹号角，呐喊三声，以白旗骑兵数万从吴三桂军右侧突入，"万马奔腾不可止"。农民军不畏强敌，仍然奋勇拼杀，刘宗敏勇冠三军，但亦中箭负伤。由于农民军已与吴三桂军相持了大半日，伤亡者较多，而且力气耗费甚大，因此无法抵挡一直养精蓄锐、在双方交战中作壁上观的清军。况且清军此次南来，出动人马将近十二万，加上吴三桂、高第的"关辽五万众"，自然是"胡兵似倍于流贼"。这样，从力量对比上看，就是农民军初次出战，也不大可能占据上风。尽管农民军战斗力很强，但其对手清军和关辽边兵也都久经战阵，装备上相差不多，这就决定了农民军在这场战斗中难免失败的噩运。在这种情况下，李自成当即下令撤退，清军则乘胜追击，一直追出四十里开外，获得许多驼马缎币。

如前所述，农民军山海关战败的因素是早已潜在了的。

由于政策上的疏忽和战略上的欠妥，使招抚吴三桂军一同抗击清军的计划成为泡影；东征途中几度中计而失去战机，使农民军不能尽早消灭关上叛军、阻绝清军于关城之外；再加上战斗当中，清吴联军以逸待劳，就更奠定了农民军的败局。

但需要澄清的是，农民军东征并非一败涂地，他们在二十一日的攻城战中，在二十二日的围吴战斗中，都显示出他们英勇的斗志。石河西一役，也并非像清代官书吹嘘自己战功时所说的：农民军“横尸遍野”、丢盔卸甲、自相践踏。因为农民军败退到永平时，还有数万兵马。山海关之战中死伤的人员中，又有很多“胁从以及近乡驱迫供刍粮之民”，但抛弃了许多器物当是真实的。

无论如何，对于多尔衮来说，山海关之战的胜利意义重大，因为它为清政权入主中原，实现皇太极乃至努尔哈赤的积年夙愿奠定了基础；对他个人来说，决定性战役的胜利对于他独尊摄政的地位当然是一次最有效的巩固。

夜幕又降临了，两天来一直震耳欲聋的炮声和呐喊声终于停息了。清军追击还师，在关内五里扎营，渐渐地也没有了声响。此时除了多尔衮、李自成等几个主要角色以外，又有多少人知道，自从三月十九日以来，历史又将翻开新的一页？

三、顺利进军京师

取得山海关战役的胜利之后，多尔衮松了一口气。从皇太极即位起对明作战多少次，都是为了取得这个关隘，以便进窥畿内，今天，终于如愿以偿了。但是，多尔衮也应该意识到，这场战争的胜利在很大程度上应归功于历史的偶然：如果李自成的策略对头，不误战机；如果吴三桂并没有背叛李自成，或在清军赶到之前被大顺军消灭，那么结局将很可能是另一个样子。尽管清军几乎倾巢出动，也未必能取得这样的效果。无论如何，战役的胜利为清军夺取北京城打开了一道畅通无阻的大门。

李自成毕竟是草野人物，经不起失败的打击。他认为在京城立足不稳，而且北京人心浮动，谣言四起，长此以往，不利于农民军的继续发展，决心退出北京，回师陕西、山西两省，以图东山再起。李自成认为这次作战失败主要是因为吴三桂玩弄两面手法，欺骗农民军，因此对吴三桂的家族进行了惩罚。吴三桂降而复叛、奴侍外族的恶劣行径激起了农民军的强烈愤慨，吴三桂全家三十余口被斩首示众，首级被悬挂在城门上，以示对投敌卖国者的惩戒。

另外，李自成也没有忘记临行前在武英殿上演一出登极加冕的典礼，为自己圆皇帝之梦。

加冕当日，李自成心境有些凄凉，也有一丝成功的喜悦。草莽生涯，今日能在京城称帝，这是他万万没有想到的，这是何等的荣耀啊。在鼓乐声中，李自成祭告天地，并册封自己的祖先，做着帝王们祭告时所做的一切。但是，追兵就在不远处，危急形势已经显现，李自成又难免心中悲苦。在登极仪式开始之前，李自成就派士卒将木柴、硫磺等物运进承天门，预备到二更时放火烧城。

在熊熊的火光中，农民军悲壮地撤离北京。自 1164 年三月十九日农民军气势逼人地开进北京城，到四月十三日仓皇撤离，其间不过四十余日，仿佛是黄粱一梦，而北京城上下，则经历了天崩地裂的震撼。

山海关一战的胜利让多尔衮尝到了成功的喜悦，夺取这座关隘是爱新觉罗家族几代人的梦想，如今，梦想终于成真了。山海关大门洞开，为清军南下中原奠定了坚实的基础。下一个目标，当然是北京。

早在出兵山海关之前，明朝的降将洪承畴就向多尔衮提出过建议：为了不让农民军遁逃，必须派遣精兵先行追击，而粮食辎重等后勤物资可以缓行，跟在队伍后面。多尔衮深知洪承畴在征剿农民军方面很有一套，于是，多尔衮立即分封吴三桂为平西王，赏赐给他玉带、蟒袍等物，命令他与多铎、阿济格等率兵前去追赶溃逃的农民军。

多尔衮自己则坐镇军中，他的任务是让大清在中原地区建立起自己的根基。

多尔衮开始着手争取民心的工作，他命令吴三桂以自己的名义发表檄文，号召汉族官民归顺清军。由于吴三桂的檄文中是以复君父仇、借师助剿的名义邀请清军南下的，对汉族群众带有一定的欺骗性，加之农民军溃败后，一路上没有什么其他的抵抗力量，所以各地乡绅往往望风而降。多尔衮的军队几乎是一帆风顺地到达了北京。

北京，古老庄严的北京城成了历史的见证人。

北京，风景如画的北京城遭受了磨难。

农民军进驻北京使北京城经历了最初的动荡，农民军撤出北京，北京城又一次受到摧残。历代封建王朝的都城都是久经磨难的，当年秦朝的都城咸阳被项羽军队占领时，就曾经受过火光之灾。项羽在离开咸阳的时候，放火烧掉了阿房宫。巍峨壮观的阿房宫就此从历史舞台上消失了。如今，李自成在离开北京城的时候，又重复了项羽的行为。北京城在农民军离城的时候燃起了熊熊的烈火。

大火照亮了天空，也照亮了多尔衮进军北京的方向。

北京的火烧起来的时候，多尔衮的军队已经离城不远了。看着火光熊熊的北京城，多尔衮产生了一种由衷的亲切感，他催促清军快马加鞭，赶赴北京。

北京城中的人恍如在梦中，犹未醒来。当农民军入城的时候，很多明朝的遗老捶心顿足，以为以前的好日子已经不再，从此必将受尽折磨之苦。农民军仓皇撤走，他们的心中立刻产生了无尽的希望，他们天真地以为，明朝英勇的将军吴三桂已经成功地借助清军的力量打退了农民军，此后大明江山有望了。一些明朝的官员跑到崇祯皇帝的墓前哭拜，他们一方面表示自己有忠于故主之心，另一方面也在崇祯皇帝的墓前立誓，将会用心辅佐新主，重整大明的江山。

北京城忽然充满了希望。

北京城中的百姓也充满了希望。

结束战争，恢复和平，这是每一个人的心愿。这些希望都是对即将进入北京城的这支队伍而发出的，但是，北京城内的人没有料到的是，昂然进入北京的是大清的王爷多尔衮率领的清军。

历史仿佛演起了魔术，让很多人都目瞪口呆了。

北京城没有在李自成临行前放的那一把火中毁灭，一场大雨，熄灭了熊熊燃烧着的火焰。但是皇宫中的主要建筑还是遭受了涂炭，几乎都已成为灰烬。而宫城内外的白玉石桥则经受住了考验，虽然被大火烤得漆黑发亮，却完好无损。在火的余温、烟的余味中，北京城迎来了新的主人。

城门没有遵守大明法律确定的开门时间，早早地就被打开了，那是一些大明官员的杰作。他们自发地早起，打开城门，迎接他们心中的王。在他们的想象中，大明旧的苦难将永远地离去，不久后，新王登极，很快就天下太平了。在一些官员的布置下，进城门的路被打扫得干干净净，洒上了清水，一条洁净的道路懒洋洋地躺在中央，等待着北京的新主人。他们以为，九泉之下的崇祯皇帝的儿子，将成为王朝新的主人。

清晨，大明的官员们就自觉地迎候在朝阳门外，銮仪法驾早就已经准备好了，有关迎接新王的礼仪，他们都是得心应手的。当他们看到远处有尘埃飞起时，就不约而同地跪倒，有些激动，也有些向往。百姓们点起了祝福的香烛，甚至有人已经开始高呼万岁了。

马蹄声渐渐地近了，人们的心激动起来。

一人端坐马上，昂然而来，他的身后，紧紧跟随的是八旗的劲旅，穿着奇怪装束的满洲人开进了北京城。人们的目光在寻找着，而队伍中竟然没有明朝太子的身影，更不见人们心中的救国英雄——吴三桂，仿佛观看了一个大型魔术，人们眼见得活人被变没了，都惊呆了。

一些大明官员面面相觑，十分惊异。但是，善于见风使舵的人很快转过神来，请求大清的王爷多尔衮乘坐明朝皇帝的仪仗进城。多尔衮急忙推辞，说是按照礼节，臣子是不能够坐皇帝的銮仪的。但是由于大家一再跪地请求，多尔衮也就依从了。

多尔衮坐在辇车之上，心头充满了喜悦之情。主宰一切的感觉是相当刺激和新鲜的，多尔衮有一阵子几乎忘记了山海关外还有一对母子在关注着关内发生的一切，他们眺望着关内，盼望着关内的消息这对母亲就是大清的新帝福临和他的母亲。

多尔衮是在随军使者的催促下才想起这一对母子的，他的眼光暗淡了许多。他命令使者送信回沈阳，将北京城已被占领的消息报告给大清皇帝。

多尔衮心事重重地坐下来，又是一个新的开始，他又要开始新的忙碌了。

北京城是一个名副其实的乱摊子。

接连不断的战火已经把北京变成了一座谣言之城，京城上上下下传诵着一些可怕的谣言，包括崇祯皇帝的阴魂作祟了，农民军就要打回城了，当然也包括八旗军队就要屠城了等等，人们陷于恐慌之中。

京城内外，久经战火，本来就人心不稳，加上又赶上大旱，百姓缺衣少食，相聚为盗。农民军在撤离北京城之前，运走了大批粮食，城中剩下的多是陈年旧米，已经腐烂生霉，兵丁吃了，腹痛不止。更重要的是，中原地区的汉族居民对于满族兵丁心怀疑虑，一些明朝遗老开始煽动反清情绪，这些都严重影响着清军在京的稳定。

北京作为都城，当然有不容忽视的象征意义和战略意义，但是作为财富和人文渊薮的江南半壁河山还掌握在明朝的故老遗臣手中，他们随时有可能向北方反扑，形势不是很乐观。而且，农民军还是清军的劲敌，他们还有数十万兵马。笑到最后才能笑得最好，多尔衮提醒自己，注意敌人的动向，同时要使自己处于有利的位置，争取到民心。“得道者多助，失道者寡助”，他要让清军在关内先站稳了脚跟。

为了安定民心，刚刚进入北京城，多尔衮就下令军队驻扎在京城之外，以防止扰民事件的发生。他还严格规定，禁止清军士卒进入百姓家，有出入百姓之家者，要斩首示众。其实，刚刚进入北京城的时候，多尔衮的同母哥哥阿济格就提议要在北京尽情地抢掠一番，北京作为明朝的都城，明朝皇帝的居住之地，一定有不少的奇珍异玩，阿济格摩拳擦掌，他几乎就等不及了。但是，他的建议遭到了多尔衮的严厉斥责，多尔衮指责哥哥没有长远的眼光，只看到眼前的利益，缺乏头脑。阿济格只好满腹牢骚地离开了。

多尔衮知道，他完全可以大肆屠戮一番，然后功成身退，回到关外，仍旧是不小的功绩。但是，多尔衮从来没有把安于关外作为自己的志向。实际上，从满族建立自己的政权以来，统治者无时无刻不在梦想着有朝一日攻进关内，大展身手。如今，机会来了，多尔衮怎能为了一些小小的利益而放弃几代人的梦想呢？他要好好地经营，为更好的前途努力进取。

为了安定民心，多尔衮多次发出文告，表明清军纪律严明，绝不会轻动百姓的财物。另外，多尔衮又命令跟随清军进驻北京的蒙古军队暂时离京，以解决清军军饷短缺的危机。同时，多尔衮还开始着手争取关内汉族地主的支持。因为多尔衮是打着为崇祯皇帝复仇的旗号进京的，为了维持自己始终如一的形象，多尔衮必须做出一定的姿态来。

首先，多尔衮声势浩大地为崇祯皇帝发丧，并向故明的官员、遗老、兵民等发下谕旨，指斥农民军弑主暴尸的罪行，宣扬本国乃是仁义之师，奉辞罚罪。多尔衮的举措取得了显著的效果，汉族地主阶级无不为此感激涕零。他们认为清军杀退逆贼，恢复北京，又发丧安葬先帝，举国上下，无不感激清朝的恩德。

其次，他还有意抚绥明朝的旧官吏，声称既往不咎，原来在明朝为官的士人，只要前来报名，一律官复原职。命令一下，许多明朝的旧官都前来报名，多尔衮此举，又为清朝争取到了旧明官员的支持。

一切基本就绪以后，多尔衮开始把目光投向了富庶的江南。

当北京的风浪基本上平息之后，多尔衮又想起出师前福临母子的目光，心头感怀不已，大清的新皇帝福临该驾临北京了。

看到福临坐上龙椅对多尔衮而言并不是一件愉快的事，就如同种了一年的庄稼，而秋天收获的人却不是自己一样。但享受福临母子的感激是一种幸福，每一个成年男子都有一种虚荣，而孤儿寡母的感激使这种虚荣心得到了最大的满足。

多尔衮长叹一声，无论如何，现在都不是他多尔衮显露锋芒的时候，权力斗争，四处都是杀机，危机重重啊。

其实，将都城定在北京是自努尔哈赤以来的爱新觉罗家族的最大心愿，努尔哈赤和皇太极连续南下，目的正是为了定都北京，并进而南下统一全中国，多尔衮只不过是把他们的愿望变为现实而已。但是，爱新觉罗家族内部还是有不同的声音。比如英亲王阿济格就不同意，他认为，当年夺取辽东的时候，因为顾及到民心，所以没有随意杀人，结果清军反而遭受了重大的损失，被当地人杀掉很多。现在进京后，正应该大肆屠戮一番，然后或者留兵驻守，或者退出关内，才不至于留下祸患。阿济格满脑子还是以前清军得了便宜就走的那种想法。其他的一些满族贵族也认为，退回关外才是明智之举。

多尔衮则坚持自己的立场，他认为目前的形势与清军在关外时的情形已经有极大的不同，而且他还以先帝皇太极的话作根据。皇太极曾经说过："若得北京，当即迁都。"在多尔衮的极力坚持之下，迁都北京就被定下来了。

很快，远在沈阳的福临母子率领着大批的人马辎重起程了。

因为要处理的事情很多，小皇帝一行出发的日子就比原定的时间晚了许多。

小皇帝福临的队伍行进速度很慢。一来带着大批的辎重器物；二来队伍中有很多两宫女眷，行走本来就很缓慢；三来皇帝初次出行，非同一般，速度不宜过快。多种因素加在一起，队伍行走迟缓拖沓，这一走竟然走了近一个月。

顺治元年九月十九日，福临终于来到了北京。

大清皇帝驾临都城，是非同小可的事情。早在福临一行到达北京郊外通县的时候，多尔衮就率领文武群臣迎接在那里。小皇帝福临慢吞吞地走下来，满面笑容地对早已迎候多时的多尔衮伸出了手：“有劳皇叔了。”多尔衮急忙跪倒行礼，表示谦虚。在众人的簇拥下，福临以及大批的皇家仪仗队伍向北京城继续前进。

队伍中，有一辆明黄色的车子格外耀眼，车身上绣满了飞翔的凤凰，在阳光下起舞飞翔，煞是好看，知情的人都知道，那是福临的母亲、永福宫的庄妃博尔济锦氏的车子。这辆车子常常有意无意地在多尔衮的马前停留片刻，那是庄妃，现在的皇太后博尔济锦氏有话要对摄政王多尔衮交代。

小皇帝福临从通县起驾，摆起仪仗，奏响礼乐，对天行礼。而进入北京城之后，还有更加声势浩大的皇帝登极仪式在等待着入关后的福临。在关外的时候，福临已经进行了登极加冕的仪式。但是，入主关内对于大清来说有非同寻常的意义，因此在多尔衮的执意劝说下，福临又一次举行了登极加冕的仪式。

其实，早在福临到达之前，北京城内已经紧锣密鼓地准备开了。在多尔衮的授意之下，进入山海关的满族文武大臣会同降清的故明官吏共同策划，要举行一次别开生面的开国大典。福临进京后不久，多尔衮就按照预定的方案率领满汉大臣向福临上书，请求福临立即登极称帝。此时的福临年幼无知，对于多尔衮无不言听计从。很快，多尔衮以福临的名义发下旨意，定于十月一日举行开国大典。

十月一日这天，北京城的上空祥云朵朵，年幼的福临与母亲庄妃博尔济锦氏严肃庄重，他们在心中默默地向皇太极的在天之灵祷告，保佑大清江山，也保佑年幼的小皇帝福临。

多尔衮在人群之中暗暗纳罕，小皇帝福临竟是生来的稳重端正，遇事不急不躁、谦和有礼，加之处事老成练达，天生的皇帝风骨，不由人心中不服气。多尔衮暗自思忖，难道大清的江山天命所归，竟是福临的？

这天清晨，太阳刚刚升起，内院的官员就奏请福临前往天坛祭告天地。经过一系列的程序，福临穿上了黄袍，南面独坐，宣布正式代天受命，成为新朝天子。

福临赴天坛祭告天地，正式宣布登极以后，大封群臣，多尔衮功劳最大，被封为叔父摄政王，并且福临还命令礼部为多尔衮树碑立传，以传后世。

多尔衮对于这种极大的荣誉采取了谦虚接受的方式，他甚至敛去了入关之时的跋扈之气，英华内敛，他在政治上的修养又达到了新的境界。

对于这次开国大典，多尔衮费尽了苦心。他明白在这次开国典礼上，他多尔衮已经不再唱主角了，这对于习惯于发号施令的多尔衮来说无疑是个痛苦的经历。而且，多尔衮还清楚地明白，这一次，还仅仅是一个开端。

多尔衮的功绩被福临母子大吹特吹，他们两个各尽所能地安抚着多尔衮，仿佛对于多尔衮的野心没有丝毫的觉察一般。多尔衮得到的封赏、得到的尊崇都远远地超出众人，他们母子仿佛是在力图表明他们对于多尔衮的感激之情。当然，这种感激还是居高临下的，其含义很清楚，多尔衮可以得到他想要的一切，但是，多尔衮是带着臣子的名义享受这些赏赐的，这丝毫不能含糊。

第六章

统一全国

多尔衮等满洲贵族尽管在畿辅等北方地区站稳脚跟，但面临的统一中原任务仍十分严峻，阶级矛盾和民族矛盾等各种冲突刚揭开序幕，真正立足中原更加艰难。

一、反清浪潮

中国社会经过多年变乱，民心不一，多尔衮的首要任务是治理北方，安定民心。然而，没过多久，民族矛盾逐渐上升，反清浪潮滚滚到来。

（1）京畿变乱

多尔衮在进京路上，受到百姓欢迎的局面，没维持多久，京畿便开始变乱。从五月至七月有三河县民为乱，所谓“无知奸民乘机窃发，谋害邑令”；昌平州“贼”作乱；天津等处“乱民”闹事；各处“土寇”纷起，流言遍地。对此，满洲贵族十分惊慌，对于“土寇蜂起，乌合唱乱”“传布讹言，最可骇异”的严重形势，策划要从实下手，以安畿甸。因此，采取诸多措施：

其一，严禁讦告。当时京城风气就是动辄告状，所谓“首告纷纷”。许多人闲来无事，投机取巧，“以越诉为等闲，以诬告为常事”。教唆建讼，败俗伤财。多尔衮接受大学士范文程的建议，下令严禁，凡是五月二日以前之事，既往不咎。此后，倘奸棍讼，沿袭恶俗，陷害良民，依法处罪。

其二，发兵镇压。派出汉军固山额真巴颜、石廷柱等统兵分别镇压、安抚昌平、天津等处乱民。

其三，设立保甲，加强邻里之间约束。

其四，积极解释“屠民东迁”流言。其五，收缴民间马匹、兵器。

（2）变乱起因

多尔衮等采取各种措施后，“土贼窃发”的形势未见好转，是什么原因他不解。开始认为“必有流贼奸细潜相煽惑，贻祸地方”，是京畿小民好为讹言。这些探讨不无道理，但采取措施后，形势仍旧。进京将近一个月，他才弄明白根在自己身上，就是推行剃法令，激化了民族矛盾。

多尔衮等遵照皇太极遗训，不改满洲发式、服饰制度，并将本族衣冠制度作为政治标准，作为一心还是二意、做清人还是当明人的准绳。这是皇太极民族政策改革不彻底的表现，是民族压迫政策。多尔衮到达山海关，第一个剃头的是吴三桂。百姓看后，认为清朝人轻看中原人，刺激了民族情绪和尊严。接着关城、进京沿路的百姓，一律要求剃发归降。福临在入京路上也念念不忘剃发归降。五月八日给崇祯帝发丧后即刻下令：

凡投诚官吏军民，皆着剃发，衣冠悉遵本朝制度。

半个月后，五月二十四日，京畿形势严重，多尔衮被迫采取退让政策，言不由衷地说：

予前因归顺之民，无所分别，故令其剃发，以别顺逆，今闻甚拂民愿，反非予以文教定民之本心矣。自兹以后，天下臣民，照旧束发，悉从其便。

我们之所以说多尔衮的政策是言不由衷，就是指他宣布的是临时性缓解民族矛盾的手段，而不是诚心改变政策。尽管他同时采取禁止满洲庄头等抢夺，令官商“两得其平”贸易，努力宣传“满汉官民，俱为一家”等。但中原汉族人民仍不买账，反清浪潮一浪高过一浪。

二、通牒江南

多尔衮为安抚京畿地区，用去半年时间，到七月份开始关注南方消息。七月十二日，招抚山东、河南。侍郎王鳌永密报："近闻南中已拥立福王，改元弘光。以史可法为内阁。封总兵刘泽清、刘良佐、黄得功、高杰等分据各镇。"指出江北之地，彼所必争。请即补镇臣，移驻曹、单，控扼淮、徐。这时，河北、河南、山东和山西，在清军镇压下，相继派出地方官管理，逐渐稳定。多尔衮半年前抱着得寸则寸，得尺则尺，没有信心的态度大为改变。二十七日，派南来副将韩拱薇等传谕史可法，向南明政权发出最后通牒。主要内容有三点：

其一，招抚南明。以吴三桂为榜样，希望南明官员主动归降。所谓"亲郡王将军以下，一切故封，不加改削；勋戚文、武诸臣，咸在朝列，恩礼有加。耕市不惊，秋毫无扰"。

其二，否定南明政权合法性。认为南明"拥号称尊，便是天有二日，俨为敌国"。只要削号归藩，永绥福禄，位在诸王侯之上。

其三，进行军事威胁，即"兵行在即，可东可西，南国安危，在此一举"。

史可法于九月十五日的回书中，除强调南明政权的合理合法外，亦强调三个问题：

其一，明朝是中原的正统王朝，清朝是"夙膺封号，载在盟府"的地方政权。希望多尔衮不要"以义始，而以利终"，窥视中原领土。

其二，希望联合讨伐农民军，即"伏乞坚同仇之谊，全始终之德，合师进讨，问罪秦中，共枭逆贼之头，以泄敷天之愤"。

其三，告诉多尔衮南明已派出使团，希望"两国世通盟好，传之无穷"。

史可法的回书，从政治上说，十分软弱，不切实际，是一厢情愿的幻想。特别是多尔衮告诉他，吴三桂已投降清朝，而史可法硬是说"我吴大将军"。义军败退陕西，面对清朝的最后通牒，两军根本不具备联合的条件。

三、消灭南明

从顺治元年（1644 年）七月至顺治二年（1645 年）五月，是清军平定中原进展最快的时期。主要是稳定北方，消灭南明政权。

（1）平定北方

山东是江南运河向京师输送粮饷的命脉，山西是煤运等资源的通道。平定山东、山西是确保京师政权稳定的重大决策。是时，山东反清主要力量是义军旗鼓赵应元占领青州府。总兵刘泽清的将领杨威称帝登莱等府，农民领袖宫文采领导的满家洞起义军。清朝鉴于形势需要，先后派出和硕肃亲王豪格、饶余郡王阿巴泰等领兵驻镇济南。先后将各地起义平定。肃亲王将南明防河将领睢州总兵官许定国招抚。

为扫平西进大军障碍，多尔衮将山东驻军固山额真叶臣等调往山西，先后攻破米脂县等五州二十余县，击败陈有福军，占领太原府城。至顺治元年（1644 年）十一月，山西全省悉平，唐通归降。

（2）克取潼关

顺治元年（1644 年）七月，农民军退守陕西，经过一番休整，很快组织反攻。分路向河南等中原腹心进军，河南巡抚罗绣锦报“流贼”两万余人，渡黄河攻怀庆府。企图恢复清军对中原地区的占领。南明四镇之一高杰所部进驻淮阳。中州南有明兵，西临“流寇”，张缙彦受明直隶、山西、河南总督之职。凌駉结连“土寇”，敌情险峻必先行解决河南，除去肘腋之患，则河北可保无虞。明朝主事凌駉、张缙彦假投降，并受明官职，搞两面政权。他们鉴于南明朝中无定策，文武不和衷，沿黄河防线无重兵防守，便联合地方武装刘洪启、李际遇等加强沿河防线。是时，投降农民军的明副将董学礼兵临淮庆府，与南明势力有会合之势。

多尔衮鉴于形势严峻，于十月令英亲王阿济格为靖远大将军，同平西王吴三桂、智顺王尚可喜率领八旗兵西征秦中，十九日出征。二十四日，清廷向南明宣战，声讨其三大罪行：

其一，即“尔南方诸臣当明国崇祯皇帝遭流贼之难，陵阙焚毁，国破家亡，不遣一兵，不发一矢，如鼠藏穴”。

其二，我兵进剿，“流贼西奔”，南方尚不知京师确信，没有遗诏，擅立福王。

其三，不讨敌报酬，诸将各自拥众，扰害良民，自生反侧，以起兵端。为此决定“爰整六师，问罪征讨”。

二十五日，命和硕豫亲王多铎为定国大将军与恭顺王孔有德、怀顺王耿仲明等率领八旗兵出征江南。任务是：“如已克流寇，即遵谕仍赴南京，如流寇闻风遁走，豫亲王即追蹑贼后至西安。”

是时，大顺军两万余人渡过黄河，进攻河南怀庆。怀庆府北邻太行山，南界黄河，是南北冲要。大顺军攻克济源和孟县，在柏乡迤西击毙清军提督副将金玉和，乘胜追击，一举攻克怀庆府城沁阳。董学礼驻扎怀庆。十二月十四日，豫亲王兵至孟津击败大顺军，分兵两路，主力部队乘胜追击，招降董学礼，直奔潼关。同时派护军统领图赖，先率精兵渡黄河，义军都司黄士欣、果毅将军张友声等遁去。沿河十五寨堡兵民，望风归服。睢州总兵许定国、玉寨首领李际遇等所据一府二州十二县大小山寨千余，官兵四万余众降清。二十二日，师至潼关二十里立营。二十九日，汝侯刘忠敏据山为阵，被斩杀过半。顺治二年（1645年）正月初四日，刘芳亮领兵千余来窥清军大营失败。十三日，清军进驻潼关。当日，大顺军出蓝田口，奔往商州。豫亲王率兵于十六日自潼关起行，十八日至西安。

（3）追击江南

明朝以来，南方一直是富庶稳定的地方。

南京是明朝在南方的政治和军事中心，明朝的开国皇帝朱元璋最早就是在南京建立国都的，所以在南京城中一直保存着一些国家机构。有六部，有科道，有宗人府；南京城的防卫系统也很完备，有四十九卫，有五军都督府，有守备；江南又被称为文化之渊薮，聚集着大部分学者、文人。北京崇祯自杀的消息传到南京仅十几天，弘光小朝廷就建立起来了，故明的南方势力也不容小看。故明南方政权的最终目的是恢复明朝的江山，一统天下。无论何时何地，故明南方政权都是大清的威胁。一旦南方故明残余以“反清复明”的口号相号召，在全国掀起反清高潮，清军就很难在中原地区站稳脚跟。

多尔衮的决策几乎就是在发现问题的同时制定下来的。他觉得自己已经没有选择，清军将士们也没有选择。为了让大清皇帝坐稳江山，必须同时打击农民军和故明势力。

在定下大政方针后，多尔衮等到顺治完成登极大典，立即开始调遣军队，分兵两路，向大顺军和南明弘光政权同时发起进攻。

又是一番新的较量，又是一场新的考验。多尔衮似乎已经习惯了疆场上的风风雨雨，他等待着新一场惊涛骇浪。

顺治元年（1644年）十月十九日，多尔衮开始调兵遣将，他将自己的股肱派往作战前线，而自己则坐守北京，发布命令，协调调度两个战场。多尔衮先任命自己的亲哥哥阿济格为靖远大将军，率清军讨伐李自成。同年十月二十五日，多尔衮又任命自己的亲弟弟多铎为定国大将军，率清军渡过黄河，南下征伐南明。

历史很快就证明，多尔衮的决策是正确的。

两个战场相继传来了捷报。

先是阿济格一方传来了捷报。

清军对于败走的农民军一路追击，没有给他们任何的休整机会。农民军逃往一处，清军就杀向一处。由于缺乏与清军对敌的经验，加上逃遁过程中无暇喘息，农民军接连败阵。清军在顺利攻陷潼关以后，胜利进军，又攻克西安。李自成被迫放弃自己多年来在西安的所有经营，再次后撤。放弃西安时，李自成又重演了在北京时的做法，一把火烧掉了他所用过的所有宫殿。西安，淹没在火海之中。西安的失守，已经使农民军丧失了根据地。农民军又回到了以前四处为营的状态。

顺治二年五月初，李自成在途经湖北通山县境内的九宫山时，遭到当地地主武装的袭击，遇难。农民军从此进入了涣散的状态，丧失了与清军大规模较量的实力。

李自成之死，标志着多尔衮挥出的双拳中已经有一拳得手，他已经取得了初步的胜利。多尔衮胸有成竹，他镇定地坐守京师，等待着下一个好消息。

与对于农民军的态度相比，多尔衮对于南明政权的态度曾经发生过不小的变化。

在清军刚刚占领北京的时候，鉴于清军的主力在对付农民军，无暇顾及江南，多尔衮对弘光政权予以口头上的承认。这样，一方面可以缓解清军的压力，另一方面也可以麻痹弘光政权，淡化他们的反清意识。多尔衮这样做，是有他自己的用意的。清军刚刚进入北京的时候，外围环境非常复杂，清军能够在中原地区产生多大的影响，以及影响的程度和时间的长短都难以估计，清军必须有自己的退路。而对于弘光政权的口头承认，则可以保存清军的退路。

多尔衮认为，一方面，清军是以为明朝讨伐叛逆，报君父之仇的名义进入山海关的，本来就存在着迷惑性，许多江南的士绅对于清军入关的用意一直不明就里，清军必须利用江南人的这种心理。另一方面，清军一旦在中原地区作战不利，要想全身而退，就必须承认南明政权，表示自己入关的动机在于替明朝讨伐叛逆。

但是，随着作战形势的转变，以及多尔衮对于战局的观察和研究，他发现，谨小慎微已经没有什么必要了。

首先，农民军作为最大的敌人，其主力部队已经被消灭，或者正处于虚弱状态，不再构成威胁。其次，南明政权就是一个扶不起来的阿斗，根本就虚弱不堪。另外，最重要的是，清军无论如何也不能放弃江南。多尔衮从许多归降的汉族官吏口中得知，江南物产丰盈，文化繁盛，正是一颗价值连城的明珠。到嘴边的肥肉，焉能让它跑掉。多尔衮对于江南是垂涎良久的，就盼着时机一到，立即挥拳出手了。

仿佛苍天有眼，多尔衮又得到了天赐的良机。

机会来自于腐败的弘光政权的内部。

弘光政权是在明朝的瓦砾堆上建立起来的，弘光政权扶植起来的皇帝就是在瓦砾中筛选出来的一块朽木。最初南方的故明官吏曾经就究竟立谁为主发生争执，关于正统问题的争论在皇族内部由来已久。由于崇祯的三个儿子都没有逃出京城，大臣们只好在明朝的藩王之中进行选择。当时藩王中尚存的神宗直系子孙有福王、惠王、瑞王、桂王，但由于惠王、瑞王和桂王三人封地偏远，离南京最近的只有福王和另外一名属于旁系的潞王。有的大臣认为，立王以贤不以嫡，所以主张立有贤名的潞王为主；而另外一派大臣则认为，立王以嫡不以贤，坚决要求立福王为主。在经过了一番斗争后，要求立福王的一派占了上风，在一批军阀的操纵下，福王被立为弘光政权的国主。

弘光政权建立起来了，但却并没有给已经死去的明朝以任何希望，也没有给那些以兴复明朝作为志向和抱负的故明官吏带来任何希望。如同一支燃尽了灯油的烛台，南明被点燃了，但油尽灯枯，只是徒耗时日而已。

南明政权没有建立起新的声势和气象，却继承了故明政权的所有腐朽和黑暗。尽管有许多忠臣义士的辅佐，还是不能逃脱灭亡的命运。有一些有识之士在失望之余干脆就隐居田园，不问世俗，以山水为乐了。但仍然有一批忠臣义士在为明朝奔走呼号，他们的斗争维持了南明的一线生机。

弘光政权的腐朽是从作为最高统治者的弘光开始的。

福王没有治理国家、复兴明朝的才能，却对吃喝玩乐无师自通。他每天不理朝政，以演杂剧、饮酒作乐、奸淫幼女为务。为了满足自己的淫欲，福王命令在民间大选淑女，他选派太监前往浙江，为自己挑选容貌端庄、音色优美的女子，并责成当地官员要密切协助，如有玩忽，一并治罪。甚至当清军兵临大江边之时，福王挑选美女的工作还在如火如荼地开展着。

福王昏庸无能，朝政大权落于奸臣之手。上下不睦，同室操戈，弘光政权在没有风雨的时候就已经摇摇欲坠了。

顺治元年（1644 年）七月，弘光以与清军议和为名，选派大臣左懋第、陈洪范、马绍愉等人携带着弘光即位的诏书和册封吴三桂为蓟国公的诏书，以及酬谢清军的礼物，由三千官兵护送，北上到了北京。弘光此举也可谓用心良苦，一方面将清军视为友邦，在明朝危急时刻出手相救，送礼物表示感谢；另一方面将吴三桂引清军入关视为忠君爱国，封高官以示奖励；而再一方面的用心则在于力图与清军分江而治，取得喘息之机，以图兴复。

弘光扮演的是一个掩耳盗铃的角色，他装作对清军的动机丝毫不知情的样子，自欺欺人地把义师助剿的帽子强加在清军头上，然后再自作多情，予以表彰。弘光很希望清军和他想象的一样，不是对明朝的江山感兴趣，他们只是出于对农民军的义愤，来帮助明朝剿灭农民军的。弘光不仅这样想，他还这样判断，把自己的幻想变成了现实。可惜的是，决定现实的不是他本人，是清军，是清军事际的统帅——多尔衮。而掩耳盗铃的结果，也只是欺骗了自己，丝毫欺骗不了别人。

多尔衮对于这一番滑稽的表演兴致勃勃，老实说，他也想借机打探南明弘光政权的虚实。无论怎样，先让使团进来再说吧，到时候，是杀是留，是战是和，主动权在自己。多尔衮与弘光双方的实力相差得实在是悬殊。老谋深算的多尔衮对于弘光的良苦用心焉能不知，他只是有心机地不加点破而已。当然，对于自己洞察的一切，多尔衮不会有任何的表示，也不会有任何的行动。以静制动，他不动声色、沉着冷静地把这一干人马请进了城。

南明的使团刚刚渡过淮河，就遇到了下马威。这是多尔衮早就做好了的一个圈套，他要试一试南明的真正用心。

对于南明议和之事，多尔衮认为根本就是不可能的，也根本就没有放在心上。但是，他必须了解，南明政权究竟有什么样的实力，而了解南明弘光政权的突破口就是南明的使团了。多尔衮下令，南明使团所过州县不必以礼相待，只当作一般的贡使就可以了。贡使，顾名思义，就是被派来进献礼品的使团。多尔衮先出一招，他装作不明了南明的政治地位，也不想明了南明的政治地位。

南明使团就受到的待遇问题提出强烈的抗议。他们是大明皇权的正统啊，焉能受此奇耻大辱，他们抗议，再抗议，进行不屈不挠的斗争。

多尔衮对此付之一笑，争名分，争待遇，有明一朝争了几百年了，到了这种危机关头竟还是如此。不过，这至少说明多尔衮的决策是正确的，南明是大清的敌人，对于敌人决不能手软。但是，表面上，他装作妥协，让南明使团体体面面地进城了。如同猫戏老鼠一般，多尔衮将手中的老鼠抛出去，他要好好地玩上一番。

使团进京后，多尔衮手腕一动，重施故伎，又命令使团以属国的礼仪觐见，双方俨然根本没有因为礼仪上的缘故进行过任何的磋商。并且，这一次，多尔衮不再妥协了，他已经胜券在握，还怕什么呢。

果然，南明使臣进京后，就成了瓮中之鳖，手脚被束缚得严严实实。他们的行动受到严密的监视，故明官吏更是避之唯恐不及。吴三桂本人也传出话来，表明绝对不会接见南明的使臣。他们所希望的议和根本就没有机会得到讨论。随后不久，使团中的重要成员陈洪范秘密降清，使团的另一重要成员左懋第被清军杀害。南明派出的使团就仿佛是在大海中丢下了一枚石子，连一点声息都没有就沉没了。

坐镇北京的多尔衮微笑着向弘光将了一军。

实际上，在南明使团北上的时候，多尔衮已经积极地准备以武力征服南明政权了。由于农民军战场的形势一度发生变化，多尔衮适时地调整了战略决策，让多铎率兵先到河南去支援负责追击农民军的清军。等到农民军的主力被消灭之后，多尔衮才腾出手来，专心一意地对付南明。

顺治二年（1645 年）三月初七日，清军兵分三路，向南明进军。一路由多铎率领，出虎牢关；一路由固山额真尹图率领，出龙门关；一路由尚书韩岱率领，走南阳。三路大军殊途同归，直指南京。

而多尔衮本人，坐守在北京，耐心地等待着消息。

他相信，不久，就会有捷报传来。

江南，是许多人心目中如诗如画的地方，是许多人心中的梦想之地，遍地落花，楼台烟雨。但是，随着清军铁蹄的南下，江南变成了梦魇之地。

一时之间，富庶美丽的江南狼烟四起，原本是歌舞升平的楼台庭榭变成了断壁残垣，美丽的江南成了折磨人的地狱。

早在清军进犯之前，弘光政权的内部已经起了纷争，军阀们为了争夺权力，起了内讧。而内部的兵火尚未平息，清军的马队已经开进来了。

江南的城镇经历了战火的洗礼。

江南不屈的人民经历了战火的洗礼。

清军每占领一座城市，都要付出代价。而他们在每占领一座城市之后，又要根据受到的抵抗进行野蛮的报复行动。

著名将领史可法领导扬州城的军民与清军进行了殊死较量，攻破扬州，清军付出了惨重的代价。战争，激发了人们潜伏在内心深处的野性，人们撕去了文明的面纱，变得冷酷而残忍。

清军占领美丽如画的扬州城时，曾经进行了惨绝人寰的大屠杀。由于攻城时清军遭遇了顽强的抵抗，入城后的清军对扬州城的居民实施了残酷的报复行动。从四月二十五日到五月五日，清军在扬州城内屠杀了十天，扬州被鲜血染遍。当时有诗记载：

杀戮不分老与少，城中流血迸城外。
十家不得一家在，到此萧条人转稀。
家家骨肉都狼狈，乱骨纷纷弃草根。
黄云白日昼俱昏，仿佛精灵来此日。

人们把这段血腥的历史称为“扬州十日”。

扬州作为南京的门户，遭受的浩劫只是南京被攻陷的前奏。在清军的铁蹄之下，腐朽的南明很快就土崩瓦解了。

顺治二年（1645 年）五月十五日，清军进入南京城。五月二十五日，弘光被押至南京。当日，百姓自发地沿街唾骂，甚至有人对无耻荒淫的弘光投出了瓦砾和石块。

南明的灭亡，是历史的必然，也是人心所向，大势所趋。

四、统一全国

从顺治二年（1645 年）闰六月十三日到多尔衮病逝的五年中，最初多尔衮认为南明第一政权已轻而易举地被推入坟墓，倍感欣慰，庆幸地说："今天下一统，大业已成。"今后是"统一天下，满汉一家，同享生平"之时。为教育八旗子弟，注意民族关系，对待汉人不得歧视。命令内院大学士太子太保、兵部尚书兼都察院右副都御史洪承畴以原官招抚江南；升礼部右侍郎孙之獬为兵部尚书兼都察院右副都御史翰林院侍读学士提督军务，招抚江西；尚宝寺卿黄熙允招抚福建；原任大同巡抚江禹绪招抚湖广；刑部郎中丁之龙招抚云贵。似乎如此，江南很快就会平定。然而，他只是在法制层面上主张民族平等，而剃法令等民族歧视政策不在其内。正是这一点使他在生平的最后时刻仍旧陷入了艰苦的战争之中。

（1）北方动乱

京畿是满洲贵族统治的心脏地区，直到多尔衮生命结束，"土贼横行"的严重局面始终未得解决。其间有"土贼"杀死知县张必科，攻陷庆云；天津"妖妇"张氏假称故明天启后，"谋为不轨"；东明"土贼"，称天正年号，纠众数十万，围困县城；北直隶接壤山东、河北一带，"盗贼"日炽，商贾不前，耕桑失时；兵到则东剿西遁，兵撤则勾连复起；"贼首"刘洪起等长期占领河南汝宁、西平等县；邳州"土寇"杨秉孝等，啸聚党羽，潜号设官，谋攻邳城；范县"土寇"作乱，如皋李七等威胁凤阳安宁。

山东胶州等地"贼首"谢迁联结南山"诸贼"，攻陷高苑、淄川等县城，众达数万。"贼首"丁维岳、张尧中陷城劫库，势成燎原。"土贼"犯东平，知州战殁。清廷不得不出动大兵弹压。顺治五、六年（1648 年、1649 年），为镇压山东曹县"土寇"，竟派出英亲王阿济格、郑亲王济尔哈朗等出兵。

顺治五年（1648 年）十二月初八日至第二年（1649 年）八月二十八日的九个月中，大同总兵姜瓖叛变。山西、陕西等重镇忻州等一半的州县落入叛军手中。在姜瓖叛变前后的一年时间内，多尔衮忧心忡忡，五次出兵，直接亲临大同三次。直到顺治六年（1649 年）八月二十八日，姜瓖部将总兵扬振威等斩姜瓖等投降，这场战争才结束。

（2）东南激战

南明第一政权灭亡后，顺治二年（1645 年）七月初三日，多尔衮命定国大将军和硕豫亲王多铎退兵，多罗贝勒勒克德浑为平南大将军前往代之，继续完成平定江南任务。八月初四，靖远大将军和硕英亲王所部官军也返回京城。尽管两路大军胜利返回，多尔衮兴奋地宣布："江南各省底定。"但当年六月在八闽、浙东地区，唐王隆武政权、鲁王政权先后诞生。反清斗争并没有结束，顺治三年（1646 年）正月十二日，江宁府城内百姓与"城外贼"相互勾结，三十多位首领人物，拥戴明宗室潞安王等"同谋作乱"，于十八日夜率兵两万余人，三路进犯。同时，在潜山太湖间司空寨有"贼首"石应莲等，拥故明樊山王叛乱；有"逆绅"长兴伯吴日生等出没太湖；有故明废绅侯峒曾等潜通鲁王，对大学士洪承畴及巡抚土国宝等进行策反；明朝推官陈子龙，受鲁王部院职衔，"结联太湖巨寇，潜通舟山余孽"；有苏州提督吴胜兆谋叛；有故明宗姓朱履祧"讹言倡乱"等大案频发。

在安徽先后发生故明翰林金声受唐王敕书，募集乡兵十余万，制造甲胄、枪炮等项，分布山隘，抗拒清兵。有故明唐王朱聿剑兵，在大学士阁部黄道率领下进攻徽州。

从顺治三年（1646 年）至顺治六年（1649 年），江西反清势力此起彼伏。顺治三年有故明永宁王及其子朱慈荣等率兵围攻抚州、建昌；有明永胜伯郑彩率兵增援抚州。顺治四年（1647 年），在瑞金、石城、兴国、英德等州县"土贼"纷起；在东安县有明瑞昌王率众叛乱；吉安等处有郭应铨等盘踞龙泉山中与"渠魁王来八勾连作乱"；有明宜春王朱议衍率众从江西入据汀州山寨反清。顺治五年（1648 年）二月，有江西总兵金声桓称豫国公，王得仁称建武侯，用隆武年号，据南昌反叛，攻陷郡邑；有明巡抚吴江、兵部尚书余应柱等久聚南康、湖口，"党恶助逆"，与金声桓声势相依。顺治六年（1649 年）正月，多尔衮派出征南大将军固山额真谭泰、固山额真何洛会等前往弹压，地方相继平定。江西金声桓反清，将近十一个月，令多尔衮如坐针毡。

同期，浙闽战场斗争亦十分激烈。顺治二年（1645 年）闰六月，贝勒博洛率兵直趋杭州。鲁王势力张名振、王之仁、钱肃乐、张国维等与清军对峙钱塘江。顺治三年五月二日，清军突破钱塘江，"江东底定”。七月初十日，平南大将军多罗贝勒勒克德浑班师回京。在福建有唐王属下阁部李永茂、黄道周等率兵数十万众，声言进攻南赣。顺治三年有“浮梁、余千等县逆寇勾连闽贼倡乱”，进犯饶州、抚州。十一月初一日，征南大将军多罗贝勒博洛再次出兵，唐王在汀州被俘，福建基本平定。直到顺治六年四月，经反复征战，“全闽底定”。

（3）征战湖广

从顺治二年至顺治七年（1650 年）的六年中，在两湖战场呈现农民军余部与南明第二政权唐王隆武势力相结合的反清态势，而清朝动用孔有德、耿仲明、尚可喜“三顺王”兵力进行弹压。顺治二年，在黄冈县有“巨寇易道三、王光淑，拥众猖獗，联络四十八寨”抗清。顺治三年十一月，南明第三政权永历朝诞生。平南大将军多罗贝勒勒克德浑于十二月十八日，自江宁乘舟，向湖广进发。顺治四年正月初十日抵武昌。是时，有义军一只虎所部占据房县、白马洞。光山伯刘体纯攻犯襄阳。明总督何腾蛟所部犯岳州。总兵王朝宣等占据衡山、安仁、新化、龙阳等县及衡州、常德二府。有“潜称镇武伯”者，用永历年号，盘踞郧阳。义军“牛万才窥犯松滋”等地。顺治五年（1648 年），有刘大刀等据兴国合谋于明瑞王等人为乱。顺治六年，清廷派出和硕郑亲王为定远大将军与明总督何腾蛟及义军将领马进忠等战于湘潭、宝庆、衡州、辰州、沅州、靖州、全州，何腾蛟被擒。八月二十三日，郑亲王奉命班师。顺治七年正月二十三日，大军回至京师。四月，孔有德等“三南王”率领大军再战湖南、广西，两军形成拉锯战。

（4）争夺两广

在顺治三年至顺治七年的五年中，孔有德等“三顺王”改封“三南王”驻镇两广。顺治三年八月，多尔衮命恭顺王孔有德为平南大将军与怀顺王耿仲明、智顺王尚可喜等率领满、汉官兵进征湖南、两广。平定湖南后，因江西提督总兵金声桓反叛，而撤回京城。顺治四年，唐王朱聿剑弟朱聿鐭在广州府建立绍武政权。清廷派遣署两广总督事佟养甲，署提督李成栋率师进剿。顺治五年，义军将领李锦在湖广地区。孔有德等“三顺王”班师。十一月，署提督李成栋据广州反叛，称惠国公。清廷派遣和硕郑亲王出兵弹压。顺治六年，封孔有德为定南王，耿仲明为靖南王，尚可喜为平南王，分别进驻广东、广西。顺治七年（1650 年）十一月，平南王、靖南王攻克广州，定南王夺取桂林。各自开府驻镇，是为“三藩”驻镇地方之始。

(5) 西北征战

义军领袖张献忠于顺治元年（1644 年）十月，在成都建立大西政权，改元大顺，以成都为西京。清廷认为其是个潜在威胁，“难为收拾”。顺治二年，在招抚的同时，派遣内大臣何洛会为定西大将军征讨。顺治三年，改派和硕肃亲王豪格为靖远大将军，统兵讨伐张献忠。先后击败二只虎、贺珍等“贼渠”，收复邠州、庆阳、延安、鸡头关、汉中等地。十二月二十七日，在西充境击毙张献忠，大破其军，四川平定。

从顺治三年至顺治七年，在陕西的反清势力声势浩大。顺治三年，有“逆寇贺珍、孙守法、胡向化”等活动在西安、汉中地区。商州有“逆贼二只虎”。顺治四年，有贺珍、孙守法、刘二虎、武大定等转战于兴安、紫阳等州县。顺治五年，在巩昌、临洮、兰州等处有反清回民起义。顺治六年，有南明定远侯赵荣贵率众万余人犯阶州。在汉羌有山阴王反清。有“逆贼王永强”和甘凉回民起义领袖米喇印、丁国栋“倡谋作乱”，攻破同官县、定边、花马池等地。同时，有平阳府“盗贼蜂起”，各属州邑，相继失陷。在浦城、宜川、安塞、清涧等处“贼寇”纷纷起义。在榆林、保德、府谷、榆镇西协、定边有“贼渠刘登楼、任一贵、谢汝德”等活动。清廷派吴三桂出兵弹压。

从上述的事实中不难看出三个问题：

其一，多尔衮在皇太极逝世之后，心存称帝幻想，只是阻力太大，不得不放弃。

其二，他的可贵之处在于胸中有民族和国家大局，想称帝，不蛮干，整军入关，为统一中原作出重大历史贡献。

其三，他不知变通，坚持皇太极遗训，推行剃发令，使统一中原步入漫长、艰苦的历程，给中华民族造成了重大损失。

第七章　为清王朝奠基

政治风浪和军事上的决策已经将多尔衮锻炼得日益成熟和老练，他不仅在行伍之中越来越得心应手，而且也越来越多地参与政治决策。毕竟，入关后的大清必然要面临江山的问题。多尔衮开始放开手，大胆地处理日常政务。他要让大清彻底地站稳脚跟。

多尔衮在军事上是一个老手，但在政治上却还是一个不折不扣的新手。毕竟，关外时期的满族在治理国务方面要省心省力得多。而且，多年以来，多尔衮一直是在马上打江山，如今，入关后的大清基本上平息了大的政治风浪，到了治理天下的时候了。

多尔衮深知，自己的一举一动都将关系到大清的社稷，大清的未来，他必须慎重再慎重。同时，他也深知，自己的一举一动都有很多人在关注。有自己大清统治阵营内部的，他们等着看多尔衮的治国实力；也有属于故明阵营的，他们等着看多尔衮手忙脚乱，他们等着看他的笑话。

多尔衮遇到的第一个难题是满族与汉族在文化方面的冲突，以及由此而导致的汉族人民的反抗和斗争。

满族长期生活在东北地区，形成了独特的民族习俗，剃发是其中固有的习俗之一。所谓剃发，就是把脑袋四周的头发剃掉，只留下头顶部位的头发，向下梳成一条大辫，垂在身后。满族崇尚骑马射箭，所以服装上多穿窄衣短袖，与汉族的宽衣博带有所不同。不同的民族必然有不同的文化特点和风俗习尚，这些本民族固有的东西是很难转变的，它们深藏在民族的血脉之中，而文化方面的冲突又往往是许多政治、经济、军事等方面发生碰撞的内因。

满族离开了祖祖辈辈生活的白山黑水，进入关内，也必然带来文化上的激荡，剃发只是满汉文化冲突的一种表现形式。

满族人当然已经把剃发看成是理所当然的事情，但是对于汉族人来说，则是视为奇耻大辱的事。满族人古怪的装束和发式一直为汉族人所嘲笑，并以为是荒蛮的一种表现，让汉族人剃发无异于让他们背叛他们长期以来接受的道德伦理。

在头发的问题上，满族和汉族开始了针锋相对的斗争。

多尔衮没有预料到刚刚入关的大清会在剃发问题上栽跟斗。

早在努尔哈赤统治时期，就曾经因为剃发问题导致汉族人民的强烈反抗和斗争。皇太极即位后，虽然在很多方面一改努尔哈赤时期的强硬政策，但在剃发问题上执行得却更加严格。当时清军每到一地，都严格命令当地百姓剃发以示服从。这一次，轮到了多尔衮。

多尔衮时期执行剃发令遭到了更大规模的反抗，这是在他的意料之中的，但反抗的程度如此之激烈，却是他未曾料到的。

毕竟，入关后的大清已非昔日所能比，统治区域成倍扩大。现在满族已经不再是凭借人多势众而迫使汉族屈服，现在的满族是以少数深入到了广大的汉族之中。在人数的多寡方面，满族已经不具备任何优势了。

更加复杂的是，剃发问题绝不是军事上以少胜多、以弱胜强那么简单，完全凭借武力上的优势是不能保证对方心服口服的。

多尔衮这一次搞得自己很狼狈，他毕竟对于汉族文化不是十分了解，他还不懂得马上所得的天下是不能单纯地马上治之的道理。大清的天下，很快就变成了一个糟透了的烂摊子，全国上下乱哄哄地闹作了一团。

多尔衮在山海关战役胜利的当天，就命令山海关城内军民一律剃发。进军北京后，多尔衮也曾明确地颁布法令要求所过地方一律剃发。剃发令如同一颗炸弹，将汉族人对于清朝的所有幻想击得粉碎。一时之间，民怨沸腾，人心思变。

鉴于清朝刚刚进入关内，立足未稳，多尔衮暂时停止了剃发令的执行工作，好饭不怕晚，他可以静静地等待着。

随着李自成的农民军和张献忠的农民军的屡屡战败，南明弘光政权的瓦解，多尔衮认为时机已到，是可以全面实行剃发令的时候了。他开始下令在全国范围内实行剃发，清军每征服一地，就命令当地百姓剃发以示归服，声称“留头不留发，留发不留头”。命令一下，全国人心沸腾，无论是故明官吏，还是普通老百姓，都难以掩饰心中的愤慨，纷纷起义，反抗清朝统治者的欺辱。

头发成了民族尊严的象征，剃发令成了激化满汉矛盾的导火线。

多尔衮第一次陷入了政治危机中。

全国上下，一场为了保卫头发的斗争就此如火如荼地开展起来，而斗争的矛头直指剃发令的制定人——多尔衮。

江南地区是汉族文化之乡，受传统儒家礼仪的影响至深，因此是反抗剃发令最强烈的地方。而江阴，则是江南地区反抗剃发最早和坚持最久的一个城市。

剃发令刚刚传到江阴的时候，当地父老还以为可以有所宽泛，一些乡绅还面见知县，请求准许保留头发，人民心中都存了单纯的希望，以为剃发不会真的彻头彻尾地实行。谁知一到衙门，竟遭到当地知县的蛮横拒绝和辱骂，而这个一方父母之官本人也是个不折不扣的汉人。众人忍不住心头火起，纷纷指责知县。知县方亨原本是明朝的进士，也曾经吃过明朝的俸禄。方亨在多次采取强硬态度要求江阴城内百姓剃发遭到拒绝后，看到群众的情绪日益高涨，干脆一纸檄文，将事件上报，要求派兵征剿。

多尔衮没有料到在清军凭借军事优势取得一系列胜利的情况下，一项小小的剃发令竟然会在民间贯彻不下去。他的火气被激起来了，他下令，对于坚持不剃发的，要格杀勿论。

伴随着剃发令的发布和执行，中国大地上掀起了血雨腥风。

江阴城只不过是小小的弹丸之地，江阴城的百姓虽然众志成城，进行了顽强抵抗，但毕竟在实力上无法与装备优良、训练有素的清军相比，坚持斗争了两个多月后，江阴被清军攻破。清军将满城军民杀尽，江阴城内血流成河。当时，有人写诗描述当时的惨境说：“提起江阴城破日，石人也要泪千行”；也有人为江阴父老的勇气和气节叹惋：“寄语行人休掩鼻，活人不及死人香”。

江阴的斗争只是一个开端。为了保卫自己的头发，为了维护民族的尊严而进行的斗争还在全国范围内继续着。历史事实证明，多尔衮对于汉族人民的猜测是完全错误的。头发一事虽小，却严重伤害了汉族人民的民族自尊心和自豪感，他们的斗争激情被激发出来了，他们站起来斗争了。多尔衮没有料到，剃发令将全国刚刚有些熄灭的火种又燃烧起来了，他骑虎难下，被迫继续保持强硬的立场，收拾残局。

剃发令，沾满了汉族人民的血泪。

嘉定，因为反剃发曾经爆发过三次起义，也因此遭到清军的三次剿杀，历史上把这三次血腥的事件称为“嘉定三屠”。

在清军最初进入嘉定的时候，全城的百姓张灯结彩，欢迎清军的到来。他们饱经战火的离乱之苦，一心盼望着安居乐业的美好生活。而且他们对明朝统治者的腐朽和糜烂早已经深恶痛绝，明朝对于百姓实施的苛政早就使人民丧失了信心，嘉定城的居民们盼望着清军的到来，他们盼望着过上美好安宁的日子。为了这美好的愿望，他们感谢清军的到来。他们天真地认为，清军会为他们的生活燃起新的希望。

然而，嘉定百姓的希望很快就破灭了，打碎他们希望的人正是清军的最高统治者，严格贯彻剃发令的大清摄政王多尔衮。

清军进入嘉定，也把剃发令带进了嘉定。

嘉定居民闻听剃发令已下，而且又有清军沿途大肆奸淫杀掠的消息传来，又急又气，对于清军的幻想和热望荡然无存，于是揭竿而起，联合起来抗清。最初，嘉定百姓没有形成集中统一的领导核心，百姓们采取游击的形式，随起随散，既无统一的时间安排，又无统一的组织形式。在斗争过程中，人们发现力量过于分散，不利于斗争的发展，于是就公推明朝进士黄淳耀和故明官吏侯峒曾为首领。

共同的处境和共同的敌人使人们的心紧紧连接在一起，他们联合一心，一次又一次地打退清军的进攻。但是，毕竟是螳臂当车，嘉定遭到了清军的三次屠杀，鲜血染红了嘉定城，血水流成了河。

又有无数无辜的汉族百姓成了剃发令的牺牲品。

多尔衮坐镇京城，本来以为清军攻下南京，就等于啃下了最后一块硬骨头，天下可以传檄而定了。剃发令接踵实行，让汉族人改服归顺，从形式上到实质上天下就是大清的了。结果事与愿违，剃发令激起了全国范围的反抗。一浪高似一浪的斗争如同烈火一般，烤灼着多尔衮的心。他本来是坐得很稳的，但是随着地方上一地又一地告急的消息传来，他有些坐不住了。

多尔衮尝到了焦虑的滋味。但是，他不肯服输，仍旧顽固地坚持着，他不看世人冰冷的眼光，也不顾自己手心里沾满了鲜血。

江阴和嘉定的斗争还只是前奏，江南地区的其他城镇如常州、宜兴、常熟、昆山、松江、绍兴等地，都有反清斗争开展。就连清军最早进入的京畿地区，也有反剃发斗争开展。剃发令引起的反抗不仅波及范围广，而且持续时间长，造成的影响极大。到康熙统治时期，吴三桂反清，还是借助人民对于剃发令的仇视心理，以蓄发、恢复明朝时的衣冠相号召，在当时也鼓动了相当一批人。而且，在康熙统治时期，还有隐匿山林、拒不剃发的人被告发，可见剃发一事在民间的深远影响。

用历史的眼光来看，多尔衮急于发布并通行全国的剃发令完全是出于狭隘的民族观念，也包含着对于汉族人民的猜忌和不信任。强迫汉族人民改变祖祖辈辈延续了几千年的风俗习惯，剃掉头发，并改穿满族人的服装，以此作为汉族归服于满族的标志，这是非常愚昧和野蛮的。剃发令的执行，在满汉人民之间人为地造成了隔阂，不利于民族之间的团结和交流，也不利于社会的稳定和经济的发展。

大清为此付出了惨痛的代价，多尔衮也为此付出了惨痛的代价。

由于强行剃发，导致全国上下，斗争此起彼伏，严重地影响了清初社会的稳定和经济的发展。本来可以稳定发展的清朝，在平息反剃发斗争方面花费了大量的人力和财力，历史证明，这是得不偿失的。

多尔衮在最初的政治统治过程中，走了一条血迹斑斑的屠杀之路。

汉族人民遭受的苦难也远远不止于此，伴随着剃发令颁布的还有其他几条法令，圈地法、投充法、逃人法，这三大法令都给汉族人民带来了深重的灾难。三大法令名义上是为了满足入关后的满族统治者的生活需要，而对于汉族人民来说，则是不折不扣的掠夺。

由于清军开拓的统治面积日益增大，入关的满族人民也日益增多。满族人民在关外时本来主要以渔猎为业，入关后无以为业，急需安顿。为了解决入关的满族人民的衣食住行等问题，多尔衮采取了一系列的措施，而这些措施是以牺牲汉族人民的利益为前提的。

多尔衮首先着手的是土地问题，他要让入关的八旗将士都拥有自己的土地。

顺治元年（1644 年）十二月二十三日，多尔衮正式签发了圈地法。该法规定，将明末战乱以来出现的大量无主耕地分给八旗官兵。虽然圈地法规定八旗将士只是获得无主的荒地，但是，实际上，圈地法令下达以后，被圈占的不只是无主的荒地。负责执行圈地法的户部官员和地方政府管理人员拿着绳子，不分有主无主，看好哪一块地，不由分说，四周一拉，田地就更换了主人。据当时人记载：“圈田所到，田主登时逐出，室中所有皆其有也。妻孥丑者携去，欲留者不敢携。”汉族人民不仅失去了土地，失去了赖以生存的依托，甚至连自己的房屋、妻子儿女也一并被剥夺，他们陷入了苦难的深渊。

一开始，圈地还只限于京畿地区，但是随着清军南下，占领的地区越来越大，圈地浪潮也随之疯狂地扩展到全国各地。当北京附近地区如河间、滦州、遵化等地的土地被圈占已尽后，多尔衮又命令将直隶顺德府，山东济南府、德州、临清，苏北徐州，山西潞安府、平阳府、蒲州等八处地方的所谓无主荒地分给驻防八旗。这样一来，圈地就扩展到了山东、山西和江苏的北部地区。

顺治四年（1647 年），多尔衮下令大规模圈占有主农田，将圈占无主荒地进一步发展到圈占有主农田。这一次，满族贵族在京畿的三十八个府州县圈占土地九十九万二千二百一十七垧。汉族百姓被夺走了土地之后，流离失所，而多尔衮则认为自己的做法是为了满族人着想，难道让汉人丰衣足食，而满族人反倒要饿死吗？他一边为满族人愤愤不平，一边为自己的做法而得意。

当满族贵族对于土地的欲望基本上得到满足之后，多尔衮便做出姿态，于顺治四年晓谕户部，声称几年来满族贵族圈占田地完全是出于自身生计的考虑，是迫不得已，现在闻听百姓因为失去田地而流离失所，非常不忍，从此圈地法永远禁止，以保证百姓安居乐业。

圈地只是维持满族贵族奢侈生活的最基本条件，获得了土地后，满族贵族还需要大量的劳动力，以确保圈占的土地上有充足的劳动人员和他们自身日常生活的需要。在这种情况下，出现了投充现象。当时投充于八旗为奴的现象又可以分为三种不同的情形：

一种是一些汉族地痞恶棍，为了寻求靠山，自愿投充到旗下为奴，他们只是投充者的少数，不具有代表性；一种是一些农民在土地被圈占之后，走投无路，缺衣乏食，为了继续生存下去，被迫投充到旗下为奴，他们完全是从维持生计的角度出发的；另一部分投充者则是被强行投充的。无论从哪一方面讲，投充为奴并不是老百姓心甘情愿的事情。

对八旗王公贵族缺乏劳动力的现象，多尔衮早就看在眼中，顺治二年（1645 年）三月多尔衮晓谕户部：“闻贫民无衣无食，饥寒切身者众，如因不能资生，欲图入满洲家为奴者，本主禀明该部，果系不能资生，即准投充。”仿佛是给了投充者一个天大的面子一样，多尔衮以高高在上的口气将汉人投充为奴以法律的形式确定下来。

语言上的自愿只是一个幌子，执行的时候满洲贵族以言语恐吓者有之，以行动要挟者有之，汉族百姓哪里有权利支配自己的行动呢?

汉族民众被迫为奴，无处控诉，新一轮的压迫激起了新一轮的反抗。

投充法的执行也是以汉族老百姓的血泪为背景的。

为了缓和与汉族人民的矛盾，安定社会秩序，多尔衮曾经许下诺言，声称决不会强迫汉族人为奴，如果确实有强迫为奴的，经府州县官员审明，予以释放。实际上，多尔衮的承诺也只限于口头说一说而已，对于满洲贵族并没有起到约束作用。直到顺治四年，多尔衮看到汉人投充导致政府财政锐减，才下令永远禁止投充。但是，由于汉人投充给满族贵族带来极大的收益，政府虽然明令禁止，但民间投充事件仍然屡见不鲜。

圈地和投充法令的颁布和执行带来的后遗症就是严重的逃人问题。

汉人投充到旗下之后，成为受人役使的奴隶，没有任何自由和独立的经济地位，不仅自己要遭受满族贵族的奴役，而且自己的子孙后代也不能够幸免，世世代代为奴，人身没有自由，生命也没有保证。在这种情况下，投充旗下的汉人无路可走，只有逃亡。

汉人的逃亡，多尔衮视为极其严重的事情，对此采取的措施也十分严厉。多尔衮认为，逃亡的奴隶与盗贼、奸宄无异，必须施之以严厉的惩罚。顺治元年（1644 年）五月初五日，兵部正式颁布严惩隐匿逃人的法令，不仅对于逃跑的汉民施以重罚，就连藏匿汉民的人也要受到株连。法令规定：

隐匿满洲逃人，不行举首，或被旁人讦告，或查获，或地方官查出，即将隐匿之人及邻居九家、甲长、乡约人等提送刑部勘问。将逃人鞭一百，归还原主。隐匿犯人，从重治罪，其家资无多者，断给失主；家资丰厚者，或全给、半给，请旨定夺处分。

逃人本身所受的处罚不算重，而窝藏逃人之家则要受到严厉的处罚。多尔衮此举就是要在全国造成一种舆论氛围，让大家都不敢窝藏逃人，从而绝了汉民逃亡的念头，乖乖地给满族贵族充当奴仆。

此外，逃人法还对举告者给予优厚的奖赏：

首告之人，将本犯家资三分之一赏给，不出百两之外。

奖励举告者，目的是警戒窝藏者；而对窝藏逃人的本犯，还实行株连政策：

其邻居九家、甲长、乡约各鞭一百，流徙边远。

株连政策的实行更使得举告成风。

清朝政府缉捕逃人和惩罚窝藏的法令在清初的社会引起了强烈的反响。拿获一名逃人往往要株连几十户无辜之家，逃人经过之处、食宿之处都要受到株连。更有一些无赖，以举告为业，害得人人自危。多尔衮对待窝藏逃人的人犯丝毫不留情面，清朝靖南王耿仲明因为属下隐匿旗下逃人，差一点被削夺爵位。

为了弥合两个民族之间的风俗习尚的差异，多尔衮野蛮地实行强制政策，力图通过大棒政策达到自己的目的。但是，多尔衮忽视了一点，那就是文化上的差异不是能够通过人为的手段想当然地弥合的，文化有它自身的发展规律和发展方向，在一定的历史背景下不受人为因素的控制。

在表面上，多尔衮达到了自己的目的，全国上下，剃发归服。但是，在文化的深层，究竟是满族文化占上风还是汉族文化占上风还没有定论。文化方面的角逐在清朝确定对天下的统治后才刚刚开始。

优秀先进的文化具有先天的优越性，必然会战胜落后的文化，这是历史的规律。多尔衮虽然是一代天之骄子，在历史规律面前也不得不低下头来。

大清在关外只不过是一个拥有几十万人口、统治面积约十万平方公里的小朝廷，入关后随着清军铁蹄的南下，统治人口一下子增长到几千万乃至上亿，辖区也增长到数百万平方公里乃至上千万平方公里，今非昔比，如果照搬关外时期的治国方针和政策，肯定是行不通的。但是，如果完全建立新的政府运作体系，一来需要时间，二来恐怕也难以取得满族贵族中守旧派的认同。

作为满族贵族的代表，多尔衮是一心维护满族贵族的利益的，这与他本人的利益是一致的。但是，作为大清实质上的最高统治者，他又必须以维护大清皇朝的利益为先。很快，他就发现，两者并不完全是一致的。

多尔衮从皇太极那里继承来的国家机构、行政制度等还只是一个雏形的状态，并不具备管理整个中国的能力。清军入关之后，面临着与关外完全不同的政治形势，旧的行政制度陈旧老化，很难再发挥功效。多尔衮必须做出抉择，要么坚持旧的，在现实中接连碰壁；要么接受新的，而那又需要勇气。

皇太极在统治时期对于国家的行政制度进行了一些变动，幅度不是很大，但已经有了一些采纳明朝制度的倾向。多尔衮在仔细分析了两种国家机构和行政制度的优劣后，便毫不迟疑地接受了明王朝留下来的国家机构和行政制度。

一、接受前朝的遗物

（一）父兄的遗产

清朝的国家机构、行政制度等等原来都是从其父努尔哈赤那儿发端的。他建立的八旗最初就行使着政权组织的职能，后金汗王的各种决定都通过八旗的固山额真、甲喇额真和牛录额真贯彻下去。后来又设理政听讼大臣五人，扎尔固齐十人佐理，即所谓议政五大臣和理事十大臣。如有政事或民事需要处理，先由十理事大臣过问，然后再经五议政大臣过问，最后汇报给众贝勒，商量定以后报告给汗王。这样，努尔哈赤之下是由诸王子担任的贝勒，再下是由八旗内的功臣贵族担任的五大臣和十大臣，形成处理日常事务的核心。

当时，由于后金汗国处理的事情还并不太多，加上他们刚刚从部落制的道路上走出来，所以努尔哈赤一再表示，大臣不能独断专行，不能私自处理政事。百姓有事不要到大臣家中去，而要到公所去办理。这个“公所”既是处理政务的国务院，又是处理民事的乡公所、区公所，真是“国事、家事、天下事，事事关心”呢！只是这些公所每五天才开门一次。

七年以后，努尔哈赤已经占领了沈阳和辽阳，并把都城迁到了辽阳。统治地区扩大了，被统治者中又增加了许多汉人，加上继嗣问题需要解决，天命七年三月，努尔哈赤就实行了八大贝勒共治国政的制度。就是以八旗旗主或八位王子为和硕贝勒，共同组成最高领导机构，共同处理军国大政，奖惩刑罚，还有立汗罢汗的权力。第二年正月戊戌，又设大臣八人为副，观察八贝勒处事是否公正，并对于国政、军事、人才选用等方面可以提出自己的意见。实际上，他们起着监督和补充八贝勒的作用。这八个副职实际上是满、蒙、汉大臣各八人，其下又有满、蒙、汉理事官各八人。八贝勒面前，又有满、蒙、汉巴克什各八人，行使秘书之责。这种情况比起七年前来，自然要充实得多了。

但是，这样一种国家机构毕竟还简单了些，特别是那种共议国政的分权局面极其不利于后金国家和社会的发展和强盛。天命十一年皇太极继承汗位后，一方面正式开始了八贝勒共议国政，但又每旗各设一总管旗务大臣，参与议政，每旗再设二佐管大臣、二调遣大臣协助管理本旗的刑法、军事等事务。这实际上是分散了议政贝勒的权力，对汗王的权力略有集中。

所谓八大贝勒共议国政，实际上是四大贝勒代善、阿敏、莽古尔泰和皇太极共同秉政，因为多尔衮、多铎、岳託等年龄不大，实力不足，处理政务时难以参与意见。皇太极身为后金国汗，当然不愿意受其他三人处处掣肘，因此除了找机会打击他们之外，在政权机构上也不断作出调整，逐渐改变共议国政的局面。如天聪三年设立文馆，吸收了一批满、汉文臣谋士；天聪五年仿明制设立六部，处理各类事务，六部尚书中还有三位非旗主贝勒；到天聪十年改元之后，设立了内三院、都察院等机构，并分别任以满、蒙、汉官员，不仅在实际上结束八大贝勒共议国政的制度，而且建立起了一整套既仿照明朝制度，又有自身特色的皇权独尊的政治制度。

（二）招用叛将降臣

到福临登基、多尔衮代天摄政的时候，一切暂仍皇太极时代之旧，因此，一切行政制度都还只是初具规模，并没有管理整个中国的能力。崇德八年十二月，多尔衮宣布除贝子博洛、满达海之外，诸王、贝勒、贝子等不再兼管部务，也不过是崇德三年皇太极停王贝勒领部院事的重申，加强集权的措施。到顺治元年五月清军进入北京后，多尔衮所面临的便是一种全然不同的形势。

也许是皇太极时期已经有了一个很好的开端，也许是多尔衮早就对明朝的制度有所了解，总之在他入关之后，立刻毫不迟疑地、几乎是全面地接受了明王朝留下的机构制度，接受了它的文臣武将，而他带来的满洲贵族和关外旧官也立刻登上了政治舞台，毫无障碍地开动了旧的统治机器，比接受明王朝留下的地盘要得心应手和顺利得多。

多尔衮的高明之处，就是他深刻而清楚地认识到，非汉人不能治理汉人。他入关时政策策略方面的两个最主要的谋士就是范文程和洪承畴两个汉人。范文程出身于明朝世宦之家，读书甚多，对明朝历史文化颇为熟悉。洪承畴则更是明朝大臣之中的佼佼者，万历年间中了进士，曾先后做过陕西总督、五省总督、蓟辽总督等高官，对明朝典章制度、汉族习惯风俗更是通晓。就是他们首先向多尔衮建议，入关后要“官仍其职，民复其一，录其贤能，恤其无告”，从投诚过来的官吏中选拔德操声誉历来很好的予以重用，让他们对政策措施提出建议。

多尔衮也比较开明，能够注意倾听他们的意见，只要有利于清人的统治，他都能采纳。

在任用人才方面，多尔衮更显示出他的胆识过人之处。进入北京之后，他马上下令，各地投降官员各晋一级，让各地主要官员把钱粮册籍、兵马数目亲自送到京城朝见；并且下令，各衙门官员只要归顺，一律照旧录用，着令尽快将职务、姓名开报上来，就是对于那些因避农民军而隐居山林的，也以原官录用。进京的第三天，多尔衮又下令，令在京的内阁、六部、都察院等衙门的官员均以原官同满族官员一同处理政务。

这三条命令一下达，地方官前来投顺的、京官前来报名的，纷至沓来，络绎不绝。多尔衮这种新瓶装陈酒，换汤不换药的做法，大大减轻了工作负担，无须费多大气力，从中央政府直至地方各级政府国家这部大机器就重新运转起来。

从上到下，多尔衮都给汉人留下职位。譬如六部衙门，他直接点名陈名夏、谢启光、李若琳、刘武元、党崇雅、金之俊分别任吏、户、礼、兵、刑、工六部尚书，徐起元为都察院左都御史，与满族正官共同处理日常事务，从此奠定了满汉复职的官僚制度。不过，多尔衮对汉人从心眼里是不太信任的，在几乎所有重要机构，仍然是以满族人为正，而以汉族人为副。即便是名义上是正职，也不给其实权。汉族官员对此不是没有想法的，如工部尚书金之俊就曾很有感慨地说：“汉官作为下职从我们这些人开始，不胜感慨，更不胜恐惧呀！”

多尔衮在任官用人上确实比清太祖努尔哈赤、清太宗皇太极更开明，他对此也颇为自信。有一次，他对大学士们说：“别的聪明我不能，这知人一事，我也颇用功夫。”说这话时，脸上流露出颇为自得的样子。

“王上虽说大智大能，但切不可自恃有知人之明，不宁兼听才是。”不识时务的大学士李建泰脱口劝谏道。

多尔衮听了脸色阴沉下来。众人见他这样，一个个吓得噤若寒蝉，就连刚才劝谏的李建泰，见此情景也惴惴不安起来。

多尔衮见下面大学士一个个紧张的样子，脸色渐渐缓和过来，说了句“你说得不错”，还冲李建泰点点头。

不过，多尔衮能做到这点也算不错了。还有一次，他当着洪承畴的面对大学士们说：“我在东边就得闻洪军门是个最清的好官，用兵打仗也挺有一套。松山之战我们打得很艰苦，我不得不亲自披挂上阵，现在身体疲弱，就是那会儿留下的病根。”

冯铨听出话头不好，赶忙回护道：“洪军门以前冒犯大王，也是各为其主，如今到江南去总督军务，就可以立功赎罪。”

多尔衮话头一转，说道：“我也是看他干得不错，诸王也都推荐他，说他能干，所以这次才派他南去。”

洪承畴站在那里，心里早就打了鼓，听他这样说，才算一块石头落了地，不由得暗地里长吁一口气。

多尔衮急于建立健全的官僚统治机构，也就避免不了鱼龙混杂，致使原明朝的一些贪官污吏、追名逐利之徒混进新的统治集团。他无法一一甄别考察，因为那样做，费时费力，解决不了当务之急。

大学士柳寅东曾上疏建议，要谨慎用人选官。多尔衮批示道：“不必苛求。”吏部给事中向玉轩也上疏提出“裁汰中密寓甄别之法”，并列举朱徽和龚鼎孳两人在前朝都曾因事受过罪罚之事，从而请求对这类人加以审查，再决定去留。但多尔衮阅后却批示：

朝廷寤寐贤才，经纶上理，量才见缺，非为汰人。况今朝列尚虚，何得遽行甄别？至于前朝弊习，每以门户为职掌，以恩仇为功罪。朱徽两经议处，龚鼎孳问拟城旦，事属既往，着各以厚官供职，矢傥摅忠，尽心图报。该部知道。

在清朝初立，朝代更替这一特殊的历史条件下，多尔衮急于网罗人才，稳定大局，考虑到“已经录用后无罪而黜，会引起官员的疑心”，产生不利结果，这样做应该说是不错的。

多尔衮并非对所录用官员放松监督考察。顺治六年，巡视长芦盐课的御史一年任期已满，按旧例应该更换，都察院以广东道御史王世功和江南道御史杜果资历合适，请旨选择一人。多尔衮当即指示：

巡视长芦盐课，著王世功去。

多尔衮能迅速做出抉择，显然对这两人的情况心中有数。这年十二月，他就大顺政权宰相牛金星之子牛铨，在任黄州知府期间贪污银两一事，批示道：

著牛铨革职查办，并本内有关人员，该督抚按提问具奏，该部知道。

湖广四川总督罗绣锦奉旨会同各臣详审，认为“所供前情属实”，按律应绞。结果，牛铨等人被处以死刑。

多尔衮读过《资治通鉴》，很懂得怎样用人。他送洪承畴南下总督军务时曾对他说：

凡我心爱之人，虽万金不惜。昨日赐你衣帽，物轻意在，望卿此行，用心做事。

洪承畴不禁感激涕零，连忙拜谢：

臣感王上厚恩，敢不竭尽心力？

山东巡按朱朗镲回京述职，临返任时，多尔衮特意派内院侍臣对他面谕：

今王上差你巡按山东连日，知道你原是一个好官，再无别言诚谕，只要你实心做事，毋循前朝情面弊政。

朱朗镲听到夸赞，竟感动得泪流满面，一再表示要“肝脑涂地，赤心为国”。

多尔衮为了收买人心，不惜血本，经常赏赐那些为清政府效忠的臣子。有一次，他各赏赐冯铨、谢升、洪承畴黄金二十两、白银一千两、嵌宝金钟盘二副、螺钿盒二架、王壶一执，另外还赏赐沈惟炳、谢启光、王公弼、孙元獬等二十一人鞍马各一匹。

像这样的赏赐还有许多。多尔衮就是凭恩威并用这两手，将一大批人才掌握在自己手中，为清政府效力。

（三）中央机构——新时期的三院八衙门

所谓“三院八衙门”是皇太极一手创建的。三院就是内三院，八衙门则是六部加上都察院和理藩院，这就构成了清朝初年行政机构的核心。

内三院是皇太极仿照明朝内阁建立起来的，内国史院设大学士一人，学士两人，负责记注皇帝起居、诏令，记录政事，编纂史书等。内秘书院设大学士两人，学士一人，负责撰写对外书信、敕谕，记录各衙门奏疏等。内弘文院设大学士一人，学士两人，负责侍讲、颁行制度等。从工作范围看，他们是远远比不上内阁的，大学士的权力也比内阁大学士小得多。当时，内三院的地位比六部要低，后者为一品衙门，前者为二品衙门，这和六部尚书大多为满洲贵族有关。

多尔衮进入北京后，一切按明朝留下的规矩办。这年六月初一日，多尔衮令洪承畴仍以太子太保、兵部尚书兼都祭院右副都御史，和内院官员一同处理军国大事。

第二天，洪承畴就和冯铨一起向多尔衮建议，说：“国家最紧要的事情莫过于用人行政。我们身为内院官员，任何事都应该参与处理。但如今各部的题本奏章我们都不怎么知道，所票拟的不过官民奏闻的事情而已。如果内院都不参与处理，更何况六科呢？如果有错误的地方，我们凭什么指出来？六科凭什么参奏？按明朝时的旧例，内外文武官民的奏疏和各部院复奏的本章，全部发下内阁去票拟，批了红的仍由内阁发到六科去抄发各部院，这些都是为了防微杜渐呢。希望今后一切要紧事务都要送到内院去票拟，然后请旨裁定。”

多尔衮听了，连连点头称是。洪、冯二人按照明朝内阁的样式改造清的内三院，企图使内院也成为皇帝之下的最高权力机构。

然而此时此刻，内院大学士的地位仍然很低。大学士希福听范文程说某人一天吃了二十次宴会，便对范文程抱怨说：“我们这些儒臣哪里比得上六部大臣和那些开疆辟土的功臣啊！能这样丰盛？”于是就和范文程、刚林一起到多尔衮那儿去诉苦。多尔衮则认为他们抱怨得不错，承认这是自己的失误。但希福又把这事对别人说，被谭泰揭发出去，还被迫否认多尔衮有过承认错误的话。最后希福这个多年效力的老臣被革职为民，还算是对他宽大处理。

到顺治二年三月，多尔衮似乎觉得洪承畴他们的建议不妥，以为如按明制，一切本章都通过内院，会耽误事情。因此下令各部院一切疏章可直接上奉候旨。属某部的衙门有事，可通过该部转奏；省级地方官有事与某部有关，则必须先送到该部，由部臣请旨定夺；如果部臣处理不当，或有参劾部臣的本章，可通过都察院上奏，只有“与各部无涉，或条陈政事、或外国机密、或奇特谋略，此等本章，俱赴内院转奏”。

但过了二十几天，四月十一日，多尔衮又发出令旨，说一切题奏本章都照旧例也就是明例从内院请旨下部，复奏施行。各省地方官民的本章该通过通政司的，仍从该司封进。可见他在故明臣僚的包围下，难以对习惯势力加以变更。但这样变来变去，下面也要跟着左摇右晃，各部在三月十五日到四月十一日之间收到的本章，又要移送到内院去，还要请旨才行。多尔衮希望对明制有所损益改革，维持一些清朝入关前的好东西，但毕竟难以行得通。当然，既是换上别人的躯壳，行为做事能不按照别人的吗？

是月戊申，刚林奏请定各部院品级。是时，六部已由原来的一品衙门变为二品，内三院亦仍旧为二品，二者平起平坐。但是，到本年闰六月壬辰定文武官员品级的时候，御前内大臣、固山额真、六部尚书、都察院和理藩院承政等均为一品，而内院大学士却与六部侍郎、都察院和理藩院参政这类副职一样，都是二品官，地位再度低于六部等部门。总的来说，多尔衮尽管对内三院非常重视，一些有能力、有影响的官员如范文程、洪承畴、刚林、冯铨等也颇得他的信任，几乎天天见面，讨论军国大事，但他毕竟只是把他们当作一个咨询机构、顾问班子，没有赋予什么实权。后来到顺治六年正月重定内三院官制，每院只设学士、侍读学士、侍讲学士、侍读、侍讲各一人，加上满汉大学士，每院不过十来个人，比以前以后都要少得多。直到福临亲政后，内院大学士的品级才提高到与六部尚书相同，甚至把内院之名改为内阁。由此可知，多尔衮摄政时期对于全面汉化的趋势还是有所遏制的。

和内阁或内三院有关的是翰林院。顺治元年十一月初一日冯铨上疏，认为明朝因职务繁杂，又为储存有才之士，将来可以备内阁宗伯、少宰之选，所以设立翰林院，而且用人多至三四十，现仍请多尔衮考虑设立。多尔衮同意设立，按明制为正三品衙门，同时裁撤了詹事府和尚宝司。其实清政府机构中本来没有这两个机构，哪儿谈得上什么裁撤?由此更知，多尔衮操纵的原是明朝的政府机器，应裁应设，都是针对这一套而言。过了四个月，给事中朱徽提出詹事府、太仆寺和尚宝司这些衙门还是应该恢复，多尔衮又表示同意，可见他对于这类可有可无的机构（明制詹事府为辅导东宫之官，太仆寺负责牧马等）是不太在乎的。他重视的是六部这些掌管具体事务和权力的衙门。

六部等机构虽然是仿明制而来的，但在皇太极时期，其主要负责人全都是清一色的满人，副手则由满、蒙、汉人参差充任，汉人数量较少。清兵入关后，六部尚书等职仍由满人担任，但由于多尔衮下令故明官员都以原官就任，就势必引起职务、分工上的混乱。顺治元年五月己亥，都察院参政祖可法和张存仁认为，治理国家关键在于得人，但吏、兵二部恐怕任事不实，仍旧是明朝时的陋习，遇事推诿，用人不当。而今天国家大，事情多，一两个人是无法胜任的。因此建议让内院一些有能力的官员来管理吏、兵二部的事务。多尔衮认为他们说得不错，但内院需要处理的事情也很多，因此不便让他们兼管部务。其实根本原因在于吏、兵二部是六部中最重要的两个部门，多尔衮并不愿意文臣特别是汉人身居其位。所以像明朝一些级别较高的降官，如陈名夏、谢启光、王公弼、孙之獬、刘余祐、金之俊、提桥、党崇雅、赵京仕、李化熙等也只得分任六部侍郎之衔。就是这样，他们还整天里胆战心惊，生怕做错了事情，遇到重要大事，往往推到满官身上去决定。

对这种情况，汉官是不满的，因为一方面汉官无法人尽其才，另一方面满官水平较低，处理事情不甚妥当。于是，顺治三年，吏科都给事中向玉轩实在忍不住，说如今汉官只有侍郎，没有尚书，所以使日常事务有很多没有处理。

况且随着全国的统一，政事益繁，尚书就是满洲一人，左右侍郎限于分工和地位，有事也不敢说，希望改变这种情况。当时多尔衮没有理睬此事，后来还找了个茬子，说向玉轩结党营私，将他革职为民。

可是，治理一个以汉人为主的国家，主要官员不是或没有汉人，虽然体现了“首崇满洲”的原则，但毕竟于行政不利。加上顺治五年金声桓、李成栋埋怨清朝舍不得封官许愿而扯旗造反，在多尔衮的耳边一遍又一遍地敲了警钟。

于是，顺治五年七月十四日，多尔衮没有像明朝那样经过廷议，直接点名陈名夏、谢启光、李若琳、刘余祐、党崇雅、金之俊分任吏、户、礼、兵、刑、工六部尚书，徐起元为都察院左都御史，与满洲正官共同处理日常事务，从此定下了满汉复职的官僚制度。但是，尽管同为六部尚书，但汉尚书地位显然要低。后来金之俊也曾想到：以前遇事推诿还有情可原，现在给了你这个名称，但又不给你实权，这就更可怕了。一旦国计民生、典章礼乐、吏治赏罚、刑法军事等等有所偏差，全是这些汉官的责任。所以他十分感慨地说：“汉官作为正职从我们这些人一开始，不胜感慨，更不胜恐惧呀！”

都察院也是仿明朝制度建立起来的，起初专门负责对王公大臣等官的监察。多尔衮知道这些人的作用，所以上台伊始，就对都察院官员说，你们这些朝廷风纪之官，一定要办事称职。并把他们的职责主要限于稽查诸王贝勒的行为，其他各官均由吏部考核。进入北京后，监察谏劾方面又继承下来一个六科，一个十三道。

多尔衮当然还是希望他们经常上书言事的，一天退朝下来，他对各官说道：“我见着你们不对的地方，马上就指出来。但我摄政以来，却没听到你们对我有一言相劝，难道我的所作所为尽皆合理吗？”

大家相互看了一眼。“王爷您一言一行都好，没说的。如有不合适的地方，我们怎么会保持沉默呢？”官员们异口同声地奉承道。

多尔衮听了此话，心里挺舒坦，但脸上还是挺严肃的。“你们这些话太荒唐了，就是圣主当政，也不能全是好的，所以老能见到大臣诤谏。我怎么能没说的呢？你们这些人都是从先帝时就效力的，对政事很熟，以后碰上不合适的事情，应该直说，我对你们正寄予厚望呢。”

大家听了，都颇感动。

但是，建国之初不同于立国已久，满洲贵族当政不同于以汉人为主，这时候，才从大顺军暴风骤雨中逃脱性命的大小官员不知底细，哪儿敢犯颜直谏？搞不好，还会人头落地。多尔衮不高兴了，七月二十七日他专门发出谕旨给都察院、六科和十三道，说他们身为朝廷耳目之官，近来没保举出一位清廉持正的贤人，没弹劾过一名受贿贪赃的狗官，朝廷设立风宪衙门还有什么用处？希望他们以后直言不讳，举贤内不避亲，外不避仇；劾恶勿徇私情，勿畏权势。但如果党同伐异，门户相争，借权谋私，则一定重惩。两星期后，他又在一启本上批道：“爱憎毁誉，情面城府，皆向来痼习，中外诸臣宜痛鉴前车，懋襄新政”，再三表示了他重视监察机构的诚意。

投降过大顺军、此时又降了清的明官孙承泽倒是颇有感触，说在官制初定之时，首先设置了六科，直房设在故殿之侧，和詹事府、翰林院诸臣在禁城之中办事，真是“镜治之原而挈其大纲”啊！这样，言官们的胆子稍稍大了些，他们不顾直房被烧毁，暂借龙德殿的崇仁、广智二殿办公，不顾桌椅被盗，门窗全无，没有米菜煤炭和侍奉之人，不顾科员寥寥无几，也开始一次又一次地上书言事，以表对新朝的耿诚之心。

凡事不能过分。多尔衮只希望把言官控制在不损害独裁者绝对权威和利益、又能建言论事的限度之内。顺治二年闰六月，多尔衮又声色俱厉，说明末诸臣沽名钓誉，结党营私，任意上书，迷惑其主，使国政颠乱，盗寇四起。今天都察院、科道等官切不可用含糊之词，泛泛揣摸，妄言条奏，博取虚名。这样一来，很多人就把嘴巴闭上了。后来，因为薙发、圈地、投充、衣冠、逃人等几大恶政搅得天下大乱，很多官员纷纷上疏诤谏，多尔衮一怒之下，下令凡为这五件事上疏的一律治罪，本章不许封进，一下子就把他虚怀若谷的面具戳穿。就拿赵开心来说吧，他上书言事被驳，不敢再上了。多尔衮一次与大学士们聊天，说道：“御史赵开心被驳了一个本，再不见上了。人臣进言，说得对自然不错，偶尔说得不对，又何妨再上。”大学士们忙解释说，可能他有谨慎小心的意思。

赵开心受到多尔衮的鼓励，一时频繁上书言事，甚至熬夜具本，但还是免不了挨多尔衮的整。

（四）地方机构——旧人旧制的继承

地方官制更是依仿明制。但明末社会动乱之后，出现了两个问题：一是经过农民起义的打击和清初统治者的高压政策，一大批地主官绅或死或亡，或成为反清的义士，因此形成大量官缺；一是明末旧习不改，地方吏制依然腐败，称职得民心的官员更是凤毛麟角，微乎其微。

顺治元年七月朱朗镁奉命巡按山东，发现当地吏治废弛十分厉害，而且目前急需布政、学道二臣，请多尔衮命令吏部即日推举有能力的官员，星速就任。多尔衮当即批示：

> 齐鲁名邦，士民望治，布政、提学员缺，即与慎选启用。道府各官一并速补，吏部知道。

意大利传教士卫匡国曾记录道："在鞑靼人的战争中，应该特别注意一件罕见的事，他们在占领某地之前就选派了那里的总督和所有准备占领的城镇的官吏。"

一般说来，省级高官上任后治内并未完全平定的情形是不少的，但省以下中、低级官吏却常常是随时安排，甚至占领很久都没有把官缺补足。顺天巡按柳寅东见近来任命的官员或是明朝犯赃被除名的，或是投降过大顺军的，就向多尔衮提出忠告，以为将来会害民不浅。但多尔衮却以建国之初，治理需人为由，认为凡是归顺官员就不必苛求，说明当时缺官的现象的确很严重。

后来多铎攻克南京后，就把一路上投降的官吏三百七十二人分别授官；洪承畴受命总督江南军务后，曾一次推荐旧官一百四十九名为各地方官。直到顺治五年，吏部还因佐贰杂职等官悬缺甚多，命内外大小衙门上报考补。由于缺官甚多，所以任人不甚严格，尽管多尔衮三令五申，严禁官员贿赂公行，夤缘幸进，侵害百姓利益，地方吏治还是不甚清明，关于这一点，我们后面还要述及。

清初地方官僚机构完全仿自明朝，但明朝总督、巡抚二职起初只是临时因事而设、随事平而罢，到明末崇祯年间，由于战事频仍，许多地方始设总督。多尔衮沿袭了这一设置，但自此督抚便成为地方（省）一级的最高长官，取代了明“三司”的地位。

但是，两朝总督、巡抚的具体设置不甚相同，如明末的蓟辽总督、凤阳总督就被取消了，江南江西总督（即后来的两江总督）则属新设；明末巡抚多达三十员上下，顺治初则有所裁撤，有些如顺天巡抚、保定巡抚、登莱巡抚起初还沿袭下来，不久也裁革了。因此，尽管督抚制度自明朝而来，但到多尔衮手里，一方面逐渐固定，一方面减少了三分之一左右的职位。当然，清初也有一些临时因事而设、随事平而罢的官职，如顺治二年闰六月派吴惟华、孙之獬、江禹绪等人招抚粤、赣、闽、湖广等省，到顺治三年四月，多尔衮以江西、湖广二省督抚镇臣已经全设，而且地方逐渐平定，将孙之獬、江禹绪召回。

多尔衮把明朝遗留下来的国家机器全盘继承下来，实际上是为适应清朝以满洲入主中原而施行的明智之举。恰如江南道御史杨四重所说的：“一切诸务，尚仍明旧，不闻有创制立法，见诸施行者。”但是，清王朝毕竟是个少数民族作为最高统治者的王朝，其强烈的民族特色肯定全体现在官僚机构的设置上。譬如议政王大臣会议，本是努尔哈赤时代的遗物，到此时仍然发挥着作用。尽管多尔衮上台之后几次打击和限制诸王的权力，但议政王大臣会议却不可能马上取消，议政处这个机构也仍起着作用。有关军国大事，仍由诸王大臣决定，之后便几无更改的余地。据说后来顺治帝还对内院诸臣说：“你们要好好干，如有问题，我就是想原谅你们也不行了。”但是，多尔衮却对这个机构做了偷梁换柱的改革：一方面任命一些亲信如锡翰之类做议政大臣；另一方面把一些内院官员如范文程、宁完我也破格列入议政大臣之中。这样，尽管议政处仍是一个满洲贵族的最高决策机构，但参与决策的就不仅可以体现多尔衮的意旨，也有一般行政部门的意见。无论如何，这个机构的作用还是很大的，如谈迁所说，“六部事俱议政王口定。清初吏部疏上，即自拟旨见允，不由内院。”又譬如理藩院，虽说它只是个蒙、回、藏事务的衙门，但权力不小，和六部平起平坐，首脑还一律由满、蒙人担任，不许汉人涉足。

多尔衮在继承其父兄遗产的基础上，几乎是全盘接受了明朝在官僚体制方面的衣钵。这首先是因为随着满洲社会受中原文化日益强烈的影响，这样一种上层建筑可以为他们所接受；其次是皇太极时代已经按明制建立起他的决策中枢，使多尔衮对这一切并无陌生阻滞之感；再次也是最重要的一点原因，是多尔衮为首的马上得天下的赳赳武夫在夺取高度成熟的全中国之后，不利用原有的国家机器是根本不可能进行统治的，他们既没有这样的统治经验，又要面临反对军事征服的风暴，只有把旧的统治方法重新利用起来，才是省力省心见效快的聪明之举。

二、求贤取士

多尔衮作为一代豪杰，他并没有满足使用和利用明朝旧官，而是积极谋取治国真才和培养本朝的人才。采取积极求贤，开科取士，设立学校等重要措施。

（一）求贤若渴

在顺治元年（1644 年）七月以前，多尔衮曾多次阐述他求贤若渴之意。综合其意大体有四种情况：

其一，对于明朝归降官吏很不满意，认为“类多明季旧吏及革职废员”，远远不能满足当前人才需要。

其二，“治理天下全在得人”，如何选用好官是当务之急。

其三，希望得到真才，以“先收人望”，即将那些“隐迹贤良”“山泽遗贤”“名贤硕德，并侨寓人才”“肥遁山林，隐迹逃名之士”尽快挖掘出来。这些人才如能在朝，有利于收复民心和加强国家治理。然而，现在这种人在朝者仅是“落落晨星”，实在太少了。

其四，希望各级官员积极荐举。他要求畿辅、山东、山西、河南等处抚按都要留心访举，不得轻视。只要是“我心爱之人，虽万金不惜”。

七月十一日，原大学士谢升被召将入朝，多尔衮十分高兴，在批示中云：“谢升人品不错，前朝时就很有名望，他忠心归顺，所以特发手谕，把他行取来京重用，仍着该地方官照旧例护送。”十二日，再次催促：“谢升已特旨敦聘，其他部院堂上官、翰林官、科道官、吏部官等都着地方官尽快护送来京，以便擢用。”他在谈到自己何以如此求贤时说：

得贤则治理雍熙，不得贤则民生憔悴。予所以辗转夙夜寤寐思服者，皆深为斯事虑也。

真是求贤若渴。

（二）重开科举

清代的开科取士也是上承明制的一个重要方面。

明代，是开科取士的极盛时期。明初时是“几途并用”：

进士、举贡、荐举等等都可做官，后来则主要是由学校逐级考试，通过科举入仕。大致经科考而参加省一级的乡试后中试者为举人；举人再到京师去参加礼部主持的会试，中试者为进士；之后参加殿试，由皇帝亲自主持，最后将进士分为三甲。之后从这些人中选出庶吉士，再学三年，然后分别授官。从明朝来看，全部宰辅百七十余人，由翰林出来的占绝大多数。因而后人总结说，明代“科举视前代为盛，翰林之盛，则前代所绝无也”。

清朝的开科取士始自皇太极天聪时期。天聪三年，他不顾损害满洲贵族的利益，下令境内所有知识分子出来考试，那些沦为奴隶者也要允许他们出试，家主不得阻挠。结果逃避了努尔哈赤屠戮的三百汉族生员中，有两百人中试。天聪八年再从汉生员中考选人才，又选中二百二十八人。崇德六年皇太极接受范文程的建议，在满、蒙、汉人中选考举人、秀才，也颇有收获。这些中试者在清入关前后都曾被委以重任。

多尔衮入关之初，主要是委用旧官，未曾顾及开科举。但随着形势的变化，重开科举就不仅是新王朝开国新政的一个方面，而且日益为吏治的整饬所需要。因此，在顺治元年十月登极诏书中专门列有如下数款：

第一，会试定于辰戌丑未年，各省直乡试定于子卯午酉四年。凡举人不系行止黜革者，仍准会试；各处府州县儒学食廪生员，仍准给廪；增附生员，仍准在学肄业，俱照例优免。

第二，武举会试定于丑辰未戌年，各省直乡试定于子卯午酉年，俱照旧例。

第三，京卫武学官生遇子卯午酉乡试年，仍准开科，一体会试。

第四，京府并省直各府州县学廪生贡额年份不等，今正贡准改恩贡，次贡准改正贡，每处贡二名。止行一年，后不为例。有才华出众、孝悌著闻者，不拘廪增附学，俱许提学官特荐试用。

第五，前朝文武进士、文武举人仍听该部核用。

次月，国子监祭酒李若琳请仿明初之制，使大臣子弟在学者可荫入国子监，民间廪增附生员中好的也可考选入监。此外满洲勋臣子弟愿意读书的也可送监。多尔衮当即批示，无论满、汉官子弟，有愿读清书（满文）或汉书的，俱送入国子监。监中亦设满洲司业一人，助教二人，以教习清书。几天后，多尔衮又廷试前朝贡生，分四等分别授以地方官职。顺治二年三月，礼部又奏说贡士廷试按例应在四月中进行，上年因铨选乏人临时随便考试，这次也请提前。四月，礼部议复龚鼎孳的上疏，制订举人考取的具体事宜，得多尔衮批示："考试仍照例行。"

顺治二年五月底，多铎攻克南京的捷报刚刚传入朝廷，龚鼎孳就建议迅速派遣学臣去南方料理科场诸务。六月多尔衮颁诏江南，其中亦谈到各地乡、会试及儒学廪附生员、贡生等事宜，都按登极恩诏办理。这之后，朝臣纷纷上书谈及科举，如范文程认为"治天下在得民心。上为秀民，士心得则民心得矣"。如张存仁认为"不劳兵之法"就是"速派提学，开科取士，读书人有了出仕的希望，从逆之心自然不存"。云贵招抚丁之龙在条陈滇黔事宜时，也把开科取士当作一项重要的内容。在一阵阵紧锣密鼓之下，顺治二年八月，在已安定的各地方首开乡试（一些初定之地如陕西、江西等六省则于十月举行乡试）。

这样一来，果然颇见成效，大批汉人士子纷纷而至，顺天府试的进场秀才有三千，多尔衮不禁惊叹："可谓多人！"大学士们连忙解释说："进场秀才向来有四千五百余人，皆由提学官选择起送，其中试者不过一百四五十名而已。"但清初战乱之后，入试人数达到承平时的三分之二，也已经是很了不起了。就全国而言，十五省中试举人达到一千四五百名。此外还有副榜，如复社名士侯方域就在几年后考中了副榜。

但是，由于战乱的缘故，道路梗塞，许多士子没能按期赶到省城参加乡试、次年二月也就无法参加会试，当然非常遗憾。范文程了解到这一情况，就在顺治二年十月向多尔衮建议"广其途以搜之"，请于顺治三年会试后的当年八月再补乡试一次（按正常情况需到顺治五年才有第二次乡试，六年第二次会试），顺治四年补增会试一次，得到多尔衮的批准。明代会试，一般取中三百人左右，顺治三年正月，首次会试的前夕，礼部认为“龙飞首科，正是士人弹冠之日”，建议增加进士名额，多尔衮批示说：“开利之始，人文宜广，中试额数扩增到四百名。”

因为道路难行，各省举人名册没有完全送到京城，会试只得从例行的二月初九日推迟到二月十九日。到这一天，历时九天的会试终于开场了。会试的总裁官是大学士范文程、刚林、冯铨和宁完我，所出题目倒是颇结合实际，曰“王道之始也”，会试中试者四百人提前于三月十五日进行殿试，多尔衮第一次代行皇帝的职责，到重华殿出题。其制策题长达五百字左右，主要针对清入主中原之后应遵什么原则才能长治久安，在明末吏治腐败的情况下如何整顿吏治使民风返朴，如何使满汉同心同德，怎样才能网罗贤才等四个问题提出要求。一日后评卷，再一日传胪，分出三甲进士。

这次考试后被称作“得人之科”，顺康名臣傅以渐、魏裔介、魏象枢、李霨、冯溥等等，都是本科的进士。据统计，这一科的进士里，出了四位大学士、八位尚书、十五位侍郎、三位督抚，此外还有都察院副都御史、通政司使、大理寺卿、内院学士等六位高官。

按范文程等人的建议，一年后再举会试，多尔衮命取中三百名，总裁仍以范文程为首，其余刚林、祁充格、冯铨、宁完我和宋权参与其事。当年三月殿试，多尔衮又以怎样才能知人得真才，怎样才能避免官员子弟及地方绅衿迫害百姓，使“贵者日富，贫者日苦”，怎样才能在战争频仍的情况下既足兵饷，又不给百姓增加负担等三个内容为题，令贡士们回答。这次补行的殿试有两处不同于上年的特点：

一是多尔衮强调答题方式“勿用四六，不限长短，毋得预诵套词，拘泥旧式”，表明他务求考试结合实际并能有用于实际，反对形式主义的态度；二是这回取士三百人中，江南士子占一百二十四人，占四成以上，且鼎甲又都是江南人，对比丙戌会试，当时中试四百人中，有四分之一的人数来自山东一省，这说明随着江南的平定，明代开始的文魁中南方人占绝对优势的趋势又卷土重来，而这趋势又成为清初官场中造成南北党争的一个重要因素。

按正常顺序，顺治六年又举行了会试，这次又取四百人，殿试以用什么办法可使满汉同心一体，用什么办法既使百姓休养生息又使国家殷富，用什么办法可以不劳兵而使盗息民安等为题考试贡士。这次会试的进行是在江西、广东等地叛乱刚平、大同等地叛乱又起的暴风骤雨中开始的，因此多尔衮所出三题全部与形势有关，盼望这些日后的统治者能够多献良策。由于两广初定，二甲进士分授参议，三甲全授知府，分派到两广等省补用。而且进士释褐之后即官四品，也是前所未有的。这说明形势的不稳造成了多尔衮急于选官用人的迫切心情。

多尔衮摄政七年，就连续举行了三次会试，共取进士一千一百人，全部安插在中央和地方的各级官僚机构中。此外还通过对前朝贡生的考选，任命了一大批州县级官吏。在以后的岁月里，这些人逐渐代替了暂用的旧官，成为清初统治集团中的骨干力量，使多尔衮手中的国家机器运转得更加顺利。

（三）八旗设学

清廷进驻北京后，利用京城有利的教育资源，积极推进教育事业发展。从形式到内容将关外教育与关内教育有机相结合，揭开了不同民族文化碰撞、融合的开端。

清朝的关外教育有三种形式，一种是以宗室为代表的满洲上层贵族，请汉族老师作为私塾家教，饶余郡王阿巴泰的家便是典型。第二种是八旗教育，每旗大约请两名汉族教师，可能这是入关后八旗官学前身，不具规模。第三种是接受明朝辽东各卫、所的学校教育。名字叫做“辽学”，以汉族子弟为主，共有十五所。清军入关后，这十五所学校都内迁，改附永平府。顺治初年，由于“侨居失业，学问久荒”，很不景气。平西王吴三桂于顺治五年（1648 年）移驻汉中，辽学随往。

顺治初年，八旗子弟经过皇太极时期的大兴文治，对于中原传统文化并不陌生，并且对其产生了极大的兴趣。顺治帝迁居北京，八旗子弟受中原儒家文化的高度吸引，争入国子监读书。国子监祭酒李若琳条奏说：“满洲子弟济济盈庭。”这不仅反映满洲子弟对于学习中原传统文化的进取精神，也反映入关初期满族并非人们想象的那样落后，否则岂能有如此学习的氛围。

顺治时期八旗官学的产生，不是直接在各旗建立官学，任命教师，招收学生而设。它是从国子监中分出来的学校。当时国子监衙门“在城东北隅”，八旗子弟要从北京城四面八方奔去，因为“诸子弟往返，晷短途遥”，实在太辛苦。经过李若琳申请，将国子监中的“国学二庭六堂教官”，即“以二厅六堂分配八旗”派出，“分教八旗子弟”，立为书院，各旗下仍设学长四人就各旗书院。定于每月逢六日，各师长率子弟到国子监考课。当时八旗教学规模不大，顺治元年（1644 年），每年录取官学生一名，以十名习汉书，余习满书。顺治二年（1645 年），每牛录增额一名，与原额习汉书十名外，加十名，余俱习满书。当时是八旗分四处，两黄旗、两白旗、两红旗和两蓝旗，按旗色分别办学。

加速民族文化融合是清初文化教育的重要内容，就八旗官学说，满洲子弟加骑射、满语教学，无疑是加强本民族文化教育。但分出汉语教育课程，并在四处八旗官学中每处配备有汉人“伴读十人”。两种民族文化教育内容，在课堂上直接交融。在国子监，教员多是“顺天府生员，教满洲子弟读书”。有满洲学员习汉书班，由汉族学员习满书班，各班又都“习礼”，即儒家礼教。因此，国子监成了满、汉文化大交融的最佳平台。

清初的国子监教育具有重大意义，当时摄政王制定的国策，“首以满、汉同心合力为念”。目的十分明显，就是要求达到尽早实现“满汉一家”愿望，而妨碍完成这一愿望的是“语言文字间隔难懂，未免彼此有异同之见”。然而，国子监率先使两个民族文化接轨，找到切合点。顺治四年（1647 年）二月初三日，多尔衮高兴地看到，汉族“习满书庶吉士刘泽芳、张文明、韦成贤、王紫绶、夏敷九、沙澄、胡兆龙、陆嵩、李霨、艾元征等”十余名学生毕业，受到奖励，而正在国子监“分别读满、汉书”的庶吉士周启嶲等二十余员，在学士查布海、蒋赫德等教育下逐渐成长，到顺治六年（1649 年）已准备任用他们为科道官员，以实现“出而巡方，亦使与满洲镇抚诸臣，言语相通，可收同寅协恭之效”。

随着满、汉语言逐步得到沟通，新旧人才结合，顺治三年（1646 年）十二月二十日，满文《金史》《辽史》《元史》《洪武宝训》等书首先翻译出版。从此开始，以太和门西廊翻译书房为重地拣择旗员中谙习满文者充之。凡《资治通鉴》《性理精义》《古文渊鉴》诸书，皆翻译满文以行。其深文奥义无烦注释，自能明晰，成为一时盛事。其中，户曹郎中何素，翻译绝精，所译《西厢记》《金瓶梅》诸书纷纷问世，八旗子弟“人皆争诵焉”，有力地推动满人学习中原传统文化势头，加速了两种文化的相互认同。

三、速颁《大清律》

清朝入关前，正处于习惯法向成文法过渡的时期，虽然太祖、太宗都强调“严法度”，但除了以他们本人谕旨的形式出现的法令以外，很少有什么成文法，稍微有点系统性的如“离主条例”“逃人法”等等也都随时变化，不很严格。判决的原则、尺度也都以习惯法为基础，视皇帝的喜怒哀乐而变动，更不用说制定一部包罗万象、条文详密的全面的成文法了。这主要是因为入关前满洲社会发展程度还不是很高，而皇太极等主要从事于增强国力和军事进攻而无暇顾及此事，另外入关前地盘有限，被统治的各种社会集团关系不那么复杂，也暂缓了修律的迫切性。

入关后就不同了。面对如此广大的国土，错综复杂的各种社会关系，以及已经具有数千年成文法传统的人民，原有的一套就根本不够用了。因此，尽快修律就成为维护新统治的一条重要手段，而深悉此情的汉官更是再三呼吁。顺治元年八月初一，刑科给事中孙襄就“定刑书”“存国体”“禁刁讼”“苏滞狱”等问题上了个长达一千三百字的条陈，认为“刑之有律，犹物之有规矩准绳，一成而不可变者也”。他说大明律令虽已家喻户晓，但新朝之初，肯定有所变通，或者需要裁繁补略，或者需要加重减轻，所以应该根据以前的典章，参考新朝的制度，制订成书，以保国泰民安。另外他还就“缙绅齐民同俯首于狱吏之前，亦非盛事”“四方恶棍，把人阴私，吓攫钱利”，以及“刑狱繁多”等事，提出在刑法上应使“衣冠之士与齐民终有别”、禁止“百姓告讦之风”，以及“慎用刑而不留狱”等建议。多尔衮见此十分重视，当即批示：

法律至重，国宪有常，历代帝王莫不刊定律书。着法司官会同廷臣，详译明律，参酌时宜，有繁简疏密、应增损剂量的，都要集议妥当，以便裁定成书，颁行天下。庶几刑措，仰副好生。本内存国体、禁刁讼、苏滞狱各款，皆属要论。以后凡文武官员犯罪，必先经吏、兵二部启准，革去见任职衔，然后送问。在外词讼，专责抚按道府有司听理。在京刑部等衙门除奉旨重大事情不许提人，有司亦不许擅发。非系真正冤枉，既结复告，四处遍告者，加等重治。妇女毋得轻拘，狱情毋得久滞，悉如议通行严饬。问刑官悖旨害民的，你每科道官据实参来重处。如或徇畏不举，一体坐罪，该科记着。

多尔衮进京之初，就批复显示了他对刑法问题的重视。受此鼓舞，本年九月，刑部右侍郎提桥上书说，“修明律令，需人甚急”，请下令给内院，让他们商议在各衙门中选拔官员，充当修律的总裁官、分校官等，使律书得以按期刊定，颁行天下。多尔衮再次批示道：

这本说的是。各衙门中有才识通明、熟谙律令的，着堂上官开送内院，以凭酌派具启，该部知道。

如都察院就选送了陕西道御史赵开心任此事。

到次年二月，修律之事似乎还没有影子。刑科都给事中李士焜上疏说：“今者律例未定，止有杖、决二法……”多尔衮仍批示说：“修律官参酌满汉条例，分别轻重差等，汇成一编进览。”此后，官员纷纷上书请定刑律。如本月原任淮扬参议道杨槚又提出“国之初当先定律令”，应该“酌古准今，按罪定刑”。三月戊戌，山西道御史廖攀龙又大声疾呼“新律之宜速修”，认为现在很多问题处理不当，建议“修律之举即宜派定职员，刻期报竣，早一日告成，早救一日生命”。兵科给事中李运长也呼吁“律例之颁，更宜亟耳”。五月，福建道御史姜金允认为“我朝刑书未备”，判决中出现很多弊病，而如今修律之旨久下，刑书没有马上颁行，实在有损皇上恩德，因此“请敕部速行定律，以垂永久”。多尔衮批示：“著作速汇辑进览，以便裁定颁行”。随后又有马兆煃奏请速定户婚土田等律，孙襄请定家口入官之律。

时间又过一年。到顺治三年五月时，据说编成了一部《大清律集解附例》，还以福临的名义写了序言，但不知为什么并未正式颁行。究其原因，很可能是修律各官意见不一致，或是对满人犯法的处罚不知所措，或是这几年不断出现新情况，刑律中较难处置，或是呈上之后多尔衮不太满意，要推倒重来。所以，刑科给事中杨璜又上疏说，“龙飞三载，更定律令，尚未颁行，天下无所遵守。不但犯法者不知其得罪之由，而用法者不免乘一时之意。乞敕所司，刊定颁示，以几刑措之风”。但并没有什么答复。此后数月，也绝少有人提到此事。直到顺治四年三月乙丑，才正式颁行《大清律》，虽然改了名字，但御制序言还是原来的。令人疑惑的是，此事起初众说纷纭，多尔衮也屡颁谕旨，但到后来言者日少，到《大清律》修成之时，竟毫无隆重的仪式，也无对纂修者的恩赏，完全是虎头蛇尾的样子！甚至，这大清朝的第一部成文法典不像御制序文中所说，“详绎明律，参以国制”，简直就是把《明律》换了名字，几乎原模原样地照搬了过来。

新颁的《大清律》除了结构形式上与明律相同之外，内容也几乎全部雷同。有人统计说，《大清律》仅删去《明律》中关于钞法的三条——《漏用钞印》《钞法》和《伪造宝钞》。因为清初不实行钞法，增加了一条——《边远充军》，将《公式》门中的《信牌》移入《职制》门，《泄露军情》移入《军政》门，其余无所变动。难怪谈迁说：

《大清律》即《大明律》改名也。虽刚林奏定，实出胥吏手。如内云：依《大诰》减等。盖明初颁《大诰》，各布政司刊行，犯者呈《大诰》一本服罪，故减一等。其后不复纳，但引《大诰》，溺其旨矣。今清朝未尝作《大诰》，辄引之，何也？

可见它几乎是全盘照搬明律。由此，我们简直可以猜想，在顺治三年五月《大清律集解附例》编成之后，一定是在某些地方不合统治者的心意，但举朝皆知此书克成，不得不随便把《明律》拿来修改一下，改头换面，顶替出笼，就是这部顺治四年三月的《大清律》。

在多尔衮摄政时期，清律颁行前后，一些问题的处理，基本遵循明制。顺治元年九月，刑部右侍郎提桥以明律中死刑分绞和斩，而“我朝法制罪应死者俱用斩刑”，请求仍按明制分绞、斩，多尔衮表示同意。是年十月，刑部左侍郎党崇雅上疏说：

按旧制，凡刑狱重犯，大逆大盗立即处决之外，其余都监候处决。在京有热审、朝审之例，每年霜降以后才请旨处决；在外各省也有三司秋审之例，没有一判死刑就立斩于市的，就是怕冤枉了百姓，因此还请沿用这项旧制。

另外他还建议“暂用明律，候国制画一，永垂令甲”。多尔衮看了本后点点头，批道：

人命关天的大事，怎能一概马上杀戮呢？以后在京重大狱情，要详审明确，奏请正法；在外各省仍照明律行事，如有随便判决者，指参重处！

后来陕西巡按黄昌允奏闻决囚日期时，多尔衮又再次重申了上面的意思，对奉有监候再审之旨的案子，“地方官毋得轻决”，法司、巡按、监司等官详审后，报部定罪。一反入关前的简单判决，完善了法律程序。后来抚臣崔似骃背旨擅杀、杨允昌背律专杀等，多尔衮都批了“崔似骃背旨擅杀，好生可恶，严究拟罪”和“杨允昌革职提问”，给予重处。

此外，对于入关前割脚筋和贯穿耳鼻等野蛮刑罚，多尔衮也分别下令革除。

顺治二年，有官吏赵鸿儒等犯罪，山西巡抚马国柱等“议得赵鸿儒等所犯，赵鸿儒合依诈欺官私以取财者计赃，准窃盗论一百二十贯，免刺，律杖一百，流三千里。赵应魁、焦近槐、刘绍芳俱合依不应得为之事，理重者律各杖八十”。但因“俱有《大诰》减等，赵鸿儒杖一百，徒三年，系官；赵应魁等各杖七十，俱衙役……”可见当时完全是依明律而决的，无怪后来谈迁也有如是记载。

顺治四年仿照明律而修的清律颁布后，一切案例基本上按律判决。如顺治四年十二月有县官魏象一案转上，法司认为他“计赃已盈三百七十余两，如律科罪拟绞奚辞？”多尔衮红笔一挥：

魏象著就彼处绞。

又如顺治五年有康升一案。康升本是山东即墨知县周铨的下人，在周铨病重时，为了诈取钱财，康升伙同王勤毒死周铨，事发被逮。多尔衮就此案批道：

奴婢及雇工人谋杀家长已经杀死，自有定律，斩未蔽辜，著刑部确拟具奏。

顺治四年《大清律》的颁布，完全是形势的要求。一方面鼎革之初，问题极多，急需一部法律作为处事的依据；另一方面时间仓促、问题复杂，统治者一时还拿不出一部真正是既参考明律又顾及清法的《大清律》来，因此只好“推陈为新”，使《明律》披上《大清律》的外衣再次出笼。这样做自然有它的积极意义，因为很多具体问题及其处理办法并没有由于王朝更替而变化，前朝法律也为一般官民所熟悉，因此明律的沿用是符合当时形势要求的。但是清兵的入关自然也带来许多新问题，靠旧律是不能完全解决的，因此又必然需要因时损益，法外立法。

多尔衮知道，光靠前朝的一套是不行的。不说那些东西本身就有许多毛病，入关前祖宗那一套也不能全丢，否则就不能维持满洲人对全国的统治。

进北京不久，他忽然想起明朝人惩罚总用杖责。当年不是就有许多显贵大臣惹恼了明帝，被立即掩翻在地，加以“廷杖”么？这是件引人不满的事，如果废除掉，便可笼络人心。于是多尔衮向各衙门发下谕旨，说一切应责人犯，应该悉遵本朝鞭责旧制，不许用杖。

清初土地荒芜，人丁逃亡，战争期间犯人俘虏增多，因此有些官员就上疏请定户婚土田之律和家口入官之律，以适应当时形势。对后者多尔衮亦批道：

家口入官原处重罪，岂得滥及？著确拟条例具奏。

顺治五年发生了朱和尚等斗殴杀人一案。说是有个挑夫沈寿在河中洗澡，与船上的水手顾小二发生争执，打起架来，另一水手朱和尚见二人不分胜负，则从船中跃出相助，最后把沈寿打伤致死。后经县、府、按院、道府各官逐级审问，认为朱和尚按律应绞，顾小二判以徒刑。到刑部、都察院、大理寺这三法司，也判朱和尚为绞监候，最后呈到多尔衮这儿过目。

多尔衮觉得，两人打架，都有责任，对方被打死，杀人者也不该偿命。因此批道：

朱和尚姑责四十板，赔人一名，余依议。

然后把刑部左侍郎阿拉善召来面谕：

殴杀人命据律应抵，或偶相互殴、误伤致死者，姑责四十板，赔一人。如素有仇怨因而殴杀者仍依本律，俱确招奏请定夺，著为例。

这样，就对成文律法做了补充和修改。

此外，清初社会矛盾的复杂，也使中央王朝作出许多临时的约法。如顺治五年多尔衮因为地方起义此起彼伏，下令除见任官员和战士之外，其他人一律不得蓄养马匹，不许收藏铳、炮、甲胄、枪、刀、弓箭等器械，如有违犯，“是怀叛逆做贼心虚”，被查出之后，本人处斩，家产妻孥入官，邻佑十家长杖流。另外告发者有奖，习武生童只许留马一匹，弓一张，箭九支，还要登记入册。京城为帝王所居，治安尤关重大，因此有巡城御史秦世祯建议禁止戏馆与说书之场，以防聚众闹事；力行十家牌，严访严查，大街小巷增设栅栏，暮锁朝开，严禁夜行；禁妓院娼店，以防窝藏坏人；严查旅馆等开店之家；严查庵观寺院等多条，由兵、礼、户等部考虑，最后为多尔衮所同意。诸如此类的临时约法在清初还有许多。

至于具有满族特色的法外立法，有代表性的自然要属薙发、易服、投充、逃人诸法。特别是逃人法，自入关前即有，后来延续时间又很长，法严刑重，条款详密，堪称摄政时期以至整个顺治朝的另一部清律。关于此事，我们前面已专节谈过，这里就不再赘述了。

对于清初社会影响重大的问题，靠《明律》翻版的《大清律》是根本解决不了的，在很多人看来，逃人法之类恐怕比《大清律》更引人注目。因此，严格的法律制度等于没有建立起来，况且各级官吏或是前朝旧吏，或是满洲官员，或由于官场陋弊，或由于文化程度较低，就更容易引起执法过程中的弊病。据当时一刑部官员说，顺、永、保、河四府解到的重囚，以顺治元、二、三年者居多，共有两三百起案子，其中“游移参错，情罪多有未协”。其中有靳家新一案，是邻里公举，揭发靳某强奸其已故叔父之妻王氏。问官不详细查问，判为重辟。结果复审之后，发现其叔父靳廷篆现在还活着，而且供认其妻已于崇祯年间死掉了，所谓邻里揭发却在顺治二年。后来刑部也是按原奏复核，没有提被告等亲审，造成如此冤枉。这个官员最后感叹道：“以此推之，天下之沉抑冤滞、幽囚狱底者，不知凡几。”

理刑受满汉民族矛盾的影响也较重。龚鼎孳曾经说，满汉人于刑部十四司中分别任官，但大小狱情回堂时，多数只有满字而无汉字，满洲官员虽对汉族官员讲明意思，“然仓猝片言，是非立判，本末或未及深晰，底案又无从备查。”到重大案情，又多从满字翻出汉字。审问之时，汉官未必留心，待稿案已成，罪名已定之后，汉官想“旁赞一语”都嫌晚了。这样，在刑审中，往往由满官专擅，就可能影响判决的公正。

有正黄旗投充人李从善等四人与马夫一人吵架，有应教官出来处理，但李从善等“见伊官小不跪，反行辱骂”，应教官将他们交给县官傅廷选处理，傅廷选查了部牌档案，没有他们的姓名，问住何地，他们又不实说，就上了夹棍，以致李从善身死。刑官为保护旗下人，将傅廷选“革职，鞭一百，照例收赎，仍发回包衣牛录，仍赔人一个”，应教官也革职。县官的处理算是失误，而且情有可原，但却被重判，这里不顾违反传统的尊卑之别，显然是为照顾满人的情绪。

行刑不公是清初一弊，滞狱不判更令人伤心。赵开心曾见“狱中桎梏之下，冤苦甚多”，送到狱中，置之不问，不经审讯，犯人也无从申诉。“有去故乡百里、千里者，身已系狱，家罔闻知，啼饥号寒，艰苦万状。罪未显著，命先颠殒”。“鞭挞之余，皮肉焦烂；禁锢之久，家产荡然”。因此请求多尔衮发下旨意，让各级司法部门迅速结案。

总的来说，多尔衮摄政时期的法制是极不健全的，这除了清初社会动乱不安、统治者无法严格按律办事之外，大量法外之法的存在也使律条几成空话。另外，皇帝（摄政王）个人的意旨，明末弊习的残存都在不同程度上影响法律的实施。

当然，即使多尔衮制定了一部更为完善的《大清律》，并且使它健全地贯彻下去，它也是为中央王朝服务的。

四、整饬吏治

无论什么时候，这都是统治者经常注意的重要问题之一，新王朝建立之初就更是如此。

无论多尔衮任用旧官，选拔新秀，还是征辟山林野老，这个问题还是使他经常劳神焦思，大费唇舌。

清初的吏治的确是糟糕得很。

顺治元年八月，都察院左副都御史刘汉儒曾上过一本，说“近来吏治不可言矣”，而“有司之不肖，率衙役为之作俑者”，那些“积猾老蠹，枭张虎噬，人莫敢谁何。或指盗以诈良愚，或包讼以陷无辜。室中之藏可窥也，立地便起风波；睚眦之恨欲报也，觌面即加锋刃，一票到手，百姓股栗，倾家破产，比比皆然，民有愿死见阎罗而不愿生逢皂衣者”。请求给予重惩。多尔衮则批示道：

衙役害民，从来积弊。……如果有巨奸，即加重治，严禁重蹈明朝故辙。

如朝中六部，吏部为首，就有四名书办小吏，被称为“四大天王”，有“赃私数万”。多尔衮闻讯大怒，立刻发下旨意：

朱国栋、白元灿著刑部拿了，三法司严审追拟，毋得徇纵。四大天王其二为谁，著一并察明具奏。

地方小吏则更要猖狂得多。如江南太平府繁昌县粮科书手汪启英，串通粮长数人，不按例进行蠲免，额外派征米三千一百多石。再如大名府濬县总书单惟玄等四十保书手，按明末旧规敛派纸张、工食银两共五百两。又如汝宁府快手谢自然“专一把持衙门，诈骗人财，……蛇蝎州县者数百家，视小民为几上之肉”，等等。

府、州、县守一级，贪劣者亦不乏其人。如河南南阳府泌阳县知县傅和羹、南召县知县姜曰敬、邓州知州马迪吉、新野县知县刘壄、淅川县知县冯尔迟等，分别在征收田赋时加收耗银几两到一百几十两不等，揣入自己腰包。这严重违反了多尔衮“有司征收钱粮，止取正数，凡分外侵渔、秤头、火耗，重科加罚，巧取于民者，严加禁约，违者从重参处”的规定，遭到板责革职，甚至站徒三年的处分。但多尔衮并不十分满意，他在本后批道：

……俱依拟。这等事著逐件另本具奏，久已奉旨，如何不遵行？再行申饬！

再如李自成大顺政权宰相牛金星之子牛铨，投降阿济格后被委以黄州知府，他在任上先后征收“非额载全书钱粮”、明末的陋规银，贪污本府属九州县的长夫银、皂隶空额的工食银等多项，共计千两上下。后被湖北巡按王守履举劾，得到多尔衮批示：

牛铨著革了职，并本内有名人员，该督抚按提问具奏，该部知道。

湖广四川总督罗绣锦奉旨会同各官详审，认为“所供前情是的”，按律应绞。

地方人员之贪酷者，无如福建巡按周世科了。有一自号海外散人的文人记录了他在福州的见闻，其中有这样两段：

巡按周世科，凡城外民获进者，俱指为贼。其法以大门扇将人手足展开，钉于其上；又竖木头于地，将人从后股串入，旋转作磨，谓穿心磨；又赤剥其人，以火炬烧其阴，日日如是。……

周世科开妄告之令，无赖之人辄肆志于乡绅大室。前松江府知府陈亨，被人告责十五板。前户部主事林宏衍，锁链到官。前处州府知府郑奎光，锁拿到官，馈送银八百两，免罪。

结果福建各阶层人民纷纷被迫而起，都以周世科暴横为理由。浙江福建总督陈锦等入闽后，在文武群臣中调查，结果都沉默不敢深谈。等到周世科出巡延平，“阖郡士民遂鼎沸，共言其非矣”。有说他专用炮烙、活钉、火燎、水滰，以及桩坐粪门等酷刑，还说是清朝法度的；有说他诈取大量金珠，放在心腹手中隐藏的；有说他贿赂有关人员，委任监军、监纪、私募兵丁的；有的揭发他滥收贼子娼男为义子，送于府学，学道不从反被锁拿；揭发他侵克犯官的赃私，奸淫部民妇女，等等，只因周世科是关外旧人，所以以前无人敢于揭发。结果陈锦与礼部侍郎陈泰、梅勒章京东阿赖、刑部侍郎李延龄一起上疏参劾，得多尔衮批示：

周世科著革了职，并本内有名人犯，该督抚按拿究质对，确审拟罪具奏，敕印着即进缴。该部院知道。

到顺治六年正月，部文下到福州，命将周世科等五名贪官污吏就地斩首，这才略略平息了闽省的仇恨。

这样的例子，体现在清初档案中的就有很多，而实际生活中发生而未被纠参的、我们所无法知道的就更不知有多少。但从以上诸例可以看出，多尔衮对于吏治还是加意整饬的，对于贪官污吏还是严惩的。从入关进京之初，多尔衮就曾多次发布令旨，严禁各级官吏沿明末旧习，为非作歹。顺治元年十月登极诏书中规定：

自本年五月初一日以后，凡在京大小衙门及在外抚、按、司、道，各府、州、县、镇、协、营、路、军、卫等官，并书、吏、班、皂、通事、拨什库、粮长、十季、夜不收等役，但有贪贿枉法，剥削小民者，照常治罪，不在赦列。

十一月，龚鼎孳等上书请实行宽大之政，认为有的高官“罪止铢两之微，而性命鸿毛，弃如草芥”，似为不妥。多尔衮不同意这种说法，因而批道：

贪官必诛，屡旨甚明，何必论赃多少?！以后各官，著用心砥砺，朝廷自有优礼。

天津总督骆养性曾谈到明朝旧例，赋税每两加火耗三分，应予禁革。多尔衮批道：

前有旨：官吏犯赃，审实立行处斩。这钱粮征纳，每两加火耗三分，正是贪婪积弊，何云旧例？况正赋尚且酌蠲，额外岂容多取！著严行禁革。如违禁加耗，即以犯赃论罪。该部知道。

此后，多尔衮又在颁布平定江南诏书、平定浙东福建诏书、平定广东恩诏时，多次重申福临登极诏书中有关吏治的内容，因此，多尔衮对贪官污吏还是经常治、从重治的。一些上司官害怕在考察中被人弹劾，因此也督下较严。如直隶大名府滑县主簿钟濬，到任时用地方银三两为自己修缮房屋，备办家具，亦被揭发出来，“议革职，责二十板，赃照追”。只是多尔衮看了，实在觉得过分，批了“钟濬姑免议”几字，此事才了。又有山西太原府西路管粮同知吴名儒受赠银十四两，被议革职，责二十板，只是念他七十五岁高龄，准其收赎，赃银照追。多尔衮也批准“革其职”，“姑免赎”。由此可见清初吏治还是相当严的。

传统的京察大计仍然在多尔衮摄政时期起着监督吏治的作用。顺治二年五月，四川道监察御史张瀀上书说，各地不安定，主要是因为有司只会讨好上级、不考虑百姓的缘故。他建议“有司殿最，宜以守己端洁、实心爱民者为上考，抚按注册达部，久任责成，三考奏绩，下次擢用。若仅干理簿书，惠鲜无策，虽有才能，止注中考”。

吏科给事中孙襄也请求于顺治三年举行朝觐、大计。吏部和都察院查过旧例之后，认为顺治三年正月举行时间太急，请拖到三月再举。但从实际情况看，三月也难举行。如陕西监察御史廖攀龙因为多尔衮有“计吏大典，该抚按自当预行料理，着察例申饬”之旨，十分着急，发文陕西布政司谘访各级官吏贤否，然后造册送巡按衙门，填注考语后送部院备考。但“移檄无灵，疾呼不应”，“竟无一册造送”，无奈只得请求多尔衮下令给陕西布政司催报。多尔衮也曾批示：

这文册不行造报官员，著廖攀龙指名参奏。

但各地初定，道途梗阻，一些官员新上任，大计很难按期举行。因此多尔衮只好又在吏部、都察院的本上批道：

顺治三年虽系计期，但各省初定，新设之官尚未满任，姑缓朝觐，俟至四年举行。

清初考核官吏的制度也是从明朝继承下来的，每三年考核一次。对地方官的考核称作大计，对京官的考核称为京察。地方督抚和京官三品以上者自陈得失，以下者由吏部和都察院考核。但首次大计，却主要据抚按的报告对官员加以黜陟，吏部和都察院企图按明制加以负责，但遭到满洲贵族的反对。因为台省官多为汉人，而地方督抚按中旗人居多，所以大计当中台省官以拾遗的方式上奏指摘，却多被反坐。顺治六年后再举计典，由于前车之鉴，就连纠拾者也寥寥无几了。

顺治三年七月辛酉，吏部奏言，朝觐考察之期定在次年正月举行，由吏部发下五花册，发到各抚按手中攒造，写明朝觐官员姓名、起程日期等，限十月到部。应朝觐官员限十二月到京，违限者参奏。不许私自驰驿，分外扰民。官员贤否考评，一律由抚按定注。考语止用才、守、政、年四格，须按人指事，明白直书，不许铺叙繁文。如有毁誉徇情，是非颠倒者议处。多尔衮对此表示不同意。

顺治四年二月乙酉，多尔衮以皇帝的名义向天下朝觐官员发布诏谕：

天下人民，困苦极矣，朕既将他们出之水火，与各级地方官一起治理，已有四年。但明末积弊难除，颓风犹煽，有司贪婪成性，小民疾苦谁怜？司道官贿赂熏心，属吏好坏不辨。疮痍未平，剥削加重，百姓流离失所，未见有谁招抚；只得揭竿而起，又不见有谁去消平。朝廷屡有德意，但郡县依然如故。天天闲游，还希望升迁。虽然对贪官污吏偶有纠参，但奸猾者经常贿赂得脱，朕对此甚感愤怒。当此大计之时，已严饬各级部门重惩贪酷，不得宽恕。你们这些人暂时可以留任，但必须改正以前的错误，勉图后效，变秽浊为清廉，易烦苛为宽大，太平治理，体现朕的爱民之意，这样朕还可以表彰提升，但如果借法行私，剥下媚上，巧文欺谩，庇罪保奸，仍继续以前的弊政，就绝不宽恕。尔其钦哉，故谕。

随后，便对地方各级官吏加以升降。这年十月，吏部认为计典三年一举是旧例，现在全国逐渐一统，应以三载考绩为定制。自顺治五年到七年后，大计天下群官，以后永远遵守。多尔衮表示同意。到顺治七年正月，大计全国官员，对谢允复八百一十六名官员分别加以革职、降调、致仕。

至于京察，似手在摄政时期未曾举行。但顺治四年六月，在大计之后，曾以考满称职提升各部院官英俄尔岱、吴达海、冷僧机、多尔济达尔汉、明安达礼、范文程、马光辉等六七十人，也是对京官三年来任职情况的评定。京察和考满，原是对京官加以考核的不同办法，都是三年一次，究竟应该是择一而行还是并行不悖，从顺治年间直到鳌拜辅政时期时有争议和变动，其过程这里就不谈了。

这样的官员考核办法往往是流于形式的，其中弊病也很多。顺治六年四月丙午，刑科给事中陈调元就认为，“朝廷之赏罚，惟凭督按之举劾；而举劾之公私，全凭道府之开报”，这本身就不合适。他说甚至有总督荐举的人恰好就是巡按弹劾的人，而且都说是根据司道的开报。后来魏象枢提出“三年大计，册报责在抚按，考察责在部院，纠拾责在科道”，认为顺治四年大计时，科道拾遗曾经举行，但因立法不善，科道官被处者不一而足。如吏科刘楗以纠拾张守廉责革，杨时化以纠拾左光先降级，刘鸿儒以纠拾劳有学降级，林起龙以纠拾杨云鹤革职，杨璜以纠拾刘孔敏罚俸，都察院臣因此被处分的还不在其内。其主要原因是抚按为了不使人说庇纵部下，所以把部下说得很好；而科道官加以纠参，抚按又怕连累自己为他们百般回护。弊端种种，不一而足。因此魏象枢得出一个结论：“总因四年计典初举，皇上未亲大政，公道未章，事多草率。”

五、安定民生

满州贵族进入中原时，摆在面前的是乱摊子。民以食为天，明王朝末年崩溃的经济是首先要解决的问题。为此，多尔衮采取了多项措施。

（一）开源济急

顺治元年（1644 年），中原地区面临严重饥荒，走出京城大门就会看见：“畿南荒旱，小民饥馑，啖泥食草，面无人形。”京城周围省份，同样“地土荒芜”，人口稀少，百姓流离失所，嗷嗷待哺，而“民以餬赈望之上，上乃以输纳责之下”。赈济贫民，筹集军饷，免征赋税，官员俸禄等，无不使有司望屋而兴叹。

为开源济急，多尔衮一则从清朝关外盛京将“币银取之百余万”，发往北京，大批粮食，“挽输不绝”，并求助于李朝人供应。然而，尽管关东有库藏，但偌大个中原，何能源源供给。为解决长远经济难题，他从明朝旧官那里得知，“山东乃粮运之道，山西乃商贾之途”，只要控制东、西两个通道，便可“财富有出，国用不匮矣”。于是，加快统一中原战争的步伐，成为解决经济困难的重要手段。

明朝王公贵族在京城的俸饷，主要依靠京东大运河，将江南苏、松、常、嘉、湖等地缴纳的税饷北运。每年普通漕粮征集数额多达四百万石。另有供给皇家食用的白熟糯米十七万石，各府糙粳米四千四百石，称为白粮。合起来，叫作漕白粮。多尔衮为恢复漕运，于顺治三年（1646年）八月二十六日，设淮安总理漕储满洲户部堂官，监督管理。尽管官吏贪污、“民命旦夕难支”等原因，北运漕粮，多有挂欠，每年常常缺额少则三十万石，多则七十万石。但多数可以运到京城，基本满足京城所需粮食供应，有利于中央政权稳定。同时，满洲贵族按明朝制度，命江南提督织造原太监车天祥继续“照旧织造”，以供应京城皇家需要。

（二）整顿赋税

多尔衮深知，“国计民生，首重赋税”的道理，为清理明朝赋税积弊，实现既满足军需供应，“以裕国课”，又减轻人民负担，达到“轻徭薄赋，与民休息”的目的。顺治三年（1646年）四月，他要求对明朝横征暴敛的赋税，进行改革，“该蠲的蠲，该革的革”。命前明大学士冯铨会同户部尚书英俄尔岱等，对明朝册籍进行彻底核查，如在京各衙门的钱粮款项额数，今如何收支销算；在外各省钱粮，三饷蠲免额数，民间实际垦种土地有多少，应实征、起解、存留各多少，在内责成各有关部门，在外责成抚按，严核详查，最后拟定《赋役全书》。

与此同时，从顺治元年（1644年）十一月开始，加强盐课银管理。将京城九门盐法管理权，从北城盐察御史衙门手中，转归户部。汝宁的淮盐，仍归两淮巡盐御史管理。临洮、巩昌的原食西和、漳县盐，仍归甘肃巡按监管。凡是盐商仍然使用明朝“旧引”者，一律改称清朝“新引”。经过清理和整顿，七年时间共征收盐课银多达一千万两。

（三）旗人生计

满洲贵族入主中原，民族大搬迁时，正当秋成时期，多数百姓因故土难离、水土不服等影响，不愿意进关，而满洲贵族深知本民族人数偏少，有势单力孤之危，命令全数搬迁。为安置八旗生计，清政府三次圈占近京三百里至六百里之内所谓明朝故明国皇戚、驸马、公、侯、伯、太监等死于寇乱者的无主田地，给予满洲宗室王、贝勒、贝子、将军及八旗官兵。主要地域大部分是在今近京畿辅地区。从顺治元年（1644

年）至康熙二十三年（1684 年），长达四十年，在畿辅地区，凡宗室王、贝勒、贝子、将军之庄田、园，共一万三千三百八十顷有奇。凡勋戚、世爵、职官、军士庄田共一万四千一百二十八顷有奇。据有关专家统计，畿辅八旗庄田，占地数目大约六万余顷。圈占、更换、退拨等经过调整后，在京畿满洲“百万之多，处处裕然也”。特别是诸王、大臣等各级官员，占地很多，所谓：“今诸大人之地，广连阡陌，多至抛荒，则亦委于无用已。”所以，清军入关初期，满洲官民经济生活相当富裕。

（四）经济拮据

多尔衮在世期间，由于民族矛盾和阶级矛盾尖锐，战争频仍，军需浩繁，国家财政经济拮据。顺治八年（1651 年）三月初六日，福临问户部尚书巴哈纳等人国家库存情况时，得到的回答是俸银支出每个月需要十万两，而大库中现存只有二十万两。其经济拮据程度可想而知。福临批评多尔衮将国家库存都用光了。多尔衮在经济方面的决策中，确有不当之处。顺治七年（1650 年）七月初四日的摄政王谕，就是个错误决定。他认为京城夏季“地污水咸”，自己想躲开这个季节，到边外去避暑，决定加派九省钱粮两百五十余万，建筑避暑城。这是他“靡费钱粮，重累百姓”的做法。顺治帝掌政后，立即取消这个决定。

六、“满汉一家”的心愿

顺治二年以后，多尔衮屡次下令禁止满人威逼投充、威逼买卖，禁止投充人借满人之名凌辱缙绅等等，虽然效果十分有限，但他三令五申，却是发自内心，因为他害怕这种矛盾冲突日益扩大。顺治四年三月，他下令禁止投充和圈地；四月，又发谕谈满汉平等之事，呼吁“满汉一家，同享升平”，都是由于形势日益紧张，使他不得不如此去做。顺治六年殿试策论，以满汉人怎样才能一体同心为题，更说明多尔衮对这个问题的重视。顺治五年八月，由于满汉人之间“争端日起，劫杀抢夺，而满汉人等彼此推诿，竟无已时”，万般无奈，只好分居，一切汉官汉人迁到南城，“迁移虽劳一时，然满汉各安，不相扰害，实为永便”，不过这实在是迫不得已的下策，却表明多尔衮为避免满汉矛盾的进一步激化煞费苦心。

顺治六年四月十二日，多尔衮代表皇上身份在殿试天下贡士左敬祖等制策时说：

从古帝王以天下为一家，朕自入主中原以来，满汉曾无异视，而远近百姓，犹未同风，其满人尚质，汉人尚文，习俗或不同欤，音语未通，意见偶殊，畛域或未化欤。今欲满汉为一体，使之同心合力，欢然无间，何道而可。民为邦本，食为民天。自兵兴以来，地荒民逃，赋税不充，今欲休养生息，使之复业力农，民足国裕，何道而可。

为此他采取许多实际步骤。

（一）同神祭孔

清朝入关前，努尔哈赤鉴于本民族已进入农业民族，曾向万历帝请神。但万历帝非常吝啬，只送给一位土地神。努尔哈赤非常高兴，认为这象征明朝将把国土送给自己，何乐而不为。但不久他在赫图阿拉建立七大庙，中原的太岁、观音、关公等神却不请自来，都成了满人的神。皇太极大兴文治，因学习儒家传统文化，开始祭孔，在盛京有孔子庙。但祭孔缺乏正规性。多尔衮时代便将中原祭孔方式全部继承下来。七年中共祭孔十一次。对于祭孔的活动，可见他的重视程度。顺治二年（1645 年）正月二十一日，他批示：“更孔子神牌为大成至圣文宣先师。”六月初八日，亲自“谒先师孔子庙行礼，赐师生胥隶银二千二百余两”。顺治三年（1646 年）四月二十八日，决定重修盛京先师孔子庙。在他看来，满洲人征服中原，包括中原传统文化等所有物质、精神财富都属于满洲贵族所有。因此，遣官祭孔开始派大学士范文程，给人的感觉好像是说那是你们的孔子。但范文程去过四次，而后改派满洲大学士刚林、祁充格，孔子也成满人的了。更令人惊奇的是，从顺治三年（1646 年）三月二十六日开始，多尔衮决定凡是致祭城隍、孔子、关圣君方式“俱仍旧例”，而派遣的官员一律“着遣满官”。同时决定“用满官赞礼，祝词用满文”。从这次开始，中原的城隍庙、孔子庙、关圣君庙等都满洲化了，他们随着时代的变迁，不知是什么时候也都学会了满族语言文字。事实生动地表明，满、汉文化认同在摄政王时期已加速向前推进。这既是社会发展的需要，也是多尔衮的重大历史贡献。

（二）熔融共祖

人们常常说满族是中华民族大家庭中的一员，但人们很少知道满、汉文化在微观方面交融的实际情况。敬重祖先是中华民族传统文化的重要内容，满人在关外已形成同样的道德习惯。顺治三年（1646 年）七月初八日，有汉族御史于嗣登进入太庙，其行为有不敬的表现，受到革职处分。可见，在太庙问题上，两个民族具有完全的共识。

明朝太庙主要体现在中原汉族的皇帝世系上，并承认元世祖的地位。多尔衮作为清朝的开基人物，从少数民族角度重新调整太庙牌位，以今天的观点看，调整后的诸位皇帝和功臣牌位，真正体现出大中华的观点。顺治二年（1645 年）三月初三日，根据礼部请示，历代帝王按故洪武初年立庙，将原始帝王皆入庙享，“而辽金各帝皆不与焉”。多尔衮认为不合理，宋朝曾向辽朝纳贡，对金称侄；宋与辽、金分统天下南北。太庙应当有辽太祖及功臣耶律曷鲁、金太祖、金世宗及功臣完颜粘没罕、完颜干离。元世祖之上追增元太祖及功臣木华黎、伯颜。明朝应增加功臣徐达、刘基。这样才能“以昭帝王功业之隆”。

在祭祀太庙的问题上，同样体现出满、汉文化交融状态。满人在关外，凡是遇到皇帝生日的万寿节，作为一国之君要亲自到奉先殿上香行礼，派官祭陵，上香烛，供酒果。明朝祭陵有读祝。顺治二年（1645 年）正月初五日，多尔衮谕令：

> 遣官祭福陵、昭陵、四祖庙，只上香烛，供酒果，不读祝。

半年之后，他改变主意，增加读祝，“增设满读祝官八员，一切典礼，俱照国朝旧制行”。下令“停读汉文，只读满文”。这样，金太祖、金世宗及功臣完颜粘没罕、完颜干离等人，一定会听得懂，辽人、元人亦可知其大概，而汉族各位帝王和功臣可就为难了，需要加强学习。好在多尔衮对汉族诸位皇帝、功臣也算照顾，将满人七月十五日祭太庙的日子，改成汉人七月初一日祭太庙。这样，汉族帝王等有足够的思想准备，而北方的帝王就不习惯了。同时，多尔衮将往昔给祖宗献酒果、香烛等供奉，也取消了。祭太庙用胙牛（生牛）改为荐熟牛等，意思是北方少数民族诸帝和功臣们，你们都要入乡随俗，委屈着点。清初这一幕幕满、汉文化大交融，基本倾向是所谓“照旧例”，按照中原传统文化的习俗办，即后进民族认同先进民族文化成为主要取向。在有些不涉及满洲贵族切身利益的民族习俗方面，多尔衮毫不犹豫地用汉族习俗。如顺治七年（1650 年）四月二十六日，立福陵、昭陵石像，完全采用汉族帝王陵办法。福陵卧骆驼、立马、坐狮子、坐虎各一对，擎天柱四、望柱二。昭陵立像、卧骆驼、立马、坐狮子、坐兽、坐麒麟各一对，擎天柱四、望柱二。

（三）共祭英灵

回顾清初的历史，满洲贵族因为将自己民族习俗作为政治标准，强加于其他民族，做了蠢事、坏事，甚至是罪行。但从深层次、微观去研究，他们不仅在轰轰烈烈的军事行动中，为统一中华作出应有的牺牲和贡献，而且带领北方相对滞后的少数民族，加速融入大中华的怀抱，学习先进方面亦功不可没，而首先操作者便是多尔衮。

多尔衮带领本民族努力适应和学习汉族先进和已规范的文化习俗，有时你会看到他具有博大的胸襟。现举三个例子：

例一：节日渐从汉俗。满人在皇太极时期，遇到汉族清明节，有的人随俗祭扫，有的便自行祭祀。顺治二年（1645 年）二月初四日，多尔衮谕令礼部，凡是遇到汉人清明节，盛京总管要率领城守章京往祭福陵、昭陵。其东京、兴京祖陵，令城守官奠祭。这是清朝官方首次宣布清明祭扫随汉俗。顺治三年（1646 年）正月十五日，正式决定盛京每年岁除、清明及庆贺祭昭陵、福陵礼。事情虽指昭陵，但从此满人祭扫习俗已划一，其他节日依然。

例二：认同中华帝王统续，共祭英灵。从顺治二年（1645 年）三月初三日，多尔衮派遣户部尚书英俄尔岱祭历代帝王为始，满洲贵族对下列帝王认同无疑，即太昊、伏羲氏、炎帝、神农氏、少昊、金天氏、帝颛顼氏、高阳氏、帝高辛氏、帝陶唐氏、帝有虞氏、夏禹王、商汤王、周武王、汉高祖、汉光武、唐太宗、宋太祖、元世祖、辽太祖、金太祖、金世宗、元太祖、明太祖，共二十一帝。

例三：认同汉族民族英雄。他们列出的历代祭配享的汉族功臣有风后、力牧、皋陶、龙、伯夷、伊尹、周公旦、太公望、诸葛亮、张良、萧何、韩世忠、岳飞、刘基等。众所周知，韩世忠、岳飞是汉族抗金民族英雄，先金完颜氏是满族先人，满洲贵族不计前嫌，于顺治二年（1645年）三月初三，派遣礼部尚书觉罗郎球等诸多满族高官前往祭祀，我们不能不说多尔衮作为政治家，在这个问题上可谓胸纳百川，也是对中华文明最大的认同。

当然，多尔衮时期并不是所有的习俗都从汉俗，有的本族习俗仍然坚持。如顺治二年（1645年）四月初八，佛诞之期，明朝没有浴佛习俗，多尔衮重申：

仍照旧例浴佛。多罗郡王以上俱往祭。是日着停刑，禁止赛神、屠宰，各旗满洲、蒙古、汉军俱照例传谕。

满人在关外，凡是六月份，不伐树、不焚骼、不上坟。明朝也没有这种习俗。多尔衮重申：

着照例传谕旗下各官，其汉官不必传谕。

这一点不要求汉人从满俗。

多尔衮在入关初期，创制垂统，做了诸多大事，诸如设立汉族藩镇、创立绿旗营伍制、设立八旗驻防、仪礼、官服等制度，都各有创意，此不赘述。

从上述事实中不难了解，在创制垂统过程中，多尔衮有四大功绩：

其一，他用自己的聪明、智慧，经过艰苦努力，奠定了中原大一统格局。

其二，在继承中原制度、律令基础上，为一代王朝法制建设作出重要贡献。

其三，对腐败的明朝家当进行必要的清理，为康乾盛世举行了奠基礼。

其四，为满族的进步和完全融入中华民族大家庭铺平了道路。

七、外交工作

（一）对朝关系中的善善恶恶

朝鲜与中国本是山水相连、唇齿相依的兄弟邻邦，几千年来一直关系密切。清太宗皇太极为了安定后方，割断明王朝与朝鲜的联系，先后发动两次侵略战争，逼迫朝鲜与明朝断绝一切往来，臣服于清，并向清朝进贡，还把朝鲜王世子等派往沈阳做人质。朝鲜国王李倧在兵临城下之际，不得不接受这样野蛮而屈辱性的条件，对清王朝表示臣服。

皇太极死后，福临登基，摄政王多尔衮和济尔哈朗向朝鲜颁发即位诏书，并颁皇太极给李倧的遗谕，“岁贡方物，悉出于民，夫民皆吾民，朕恐重致疲困”，各类贡物予以减少。多尔衮则对李溰的态度极好，朝鲜大臣认为这是“欲树恩于我”。但李倧却表示怀疑，认为“九王年少刚愎，其意何可测也？前则待世子太薄，而今乃太厚云，予不能无疑焉”。大臣们一再解释这是多尔衮“欲市恩于我国也”，李倧才苦笑一声，认为自己是“惊弓之鸟”，听见好消息，反要产生怀疑。可见当时朝鲜国王对清王朝是不大信任的，对皇太极的对朝政策也颇不满意，所以他们内心中“犹不忍背弃大明”，祭祝之文，公家收藏文书还都写的是崇祯年号，一些武将还企图尊世子李溰为国王。李倧为太上皇联络明朝军船，“送胡将之头于中朝”，“事成即用崇祯年号”，发动武装政变。事败后，他们亦声称“国事艰危，为清国所侵辱，百姓皆思中国，欲趁此时内清朝廷，外攘夷虏”，一片浩然之气。

大致说来，多尔衮执政之后，对朝鲜的态度有所改善。崇德八年底，他放李溰回国省亲，又给朝鲜国王去信，说“予等事幼主摄国政，而受外藩之馈，殊觉不宜”，拒绝接受私人馈赠，并禁止诸王大臣接受一切外国礼物。后来听说朝鲜平定了反清的叛乱，十分高兴，多尔衮还派使臣专程去朝鲜慰问。同时把过去逃往朝鲜的瓦尔喀部落人解送回国一事停止，认为他们“在尔朝鲜与在我国无异”。

多尔衮入关之时，质世子李溰亦在军中。入京之后，先曾居于武英殿东侧一室，后又移居一侯姓外戚的故宅。不久，世子又回沈阳去接家眷，多尔衮即表示：“元孙本非久留之人，即令还送本国。”李溰一家到北京不久，福临的登基大典便隆重举行了。十一月十一日早朝时，多尔衮把李淏等召去，对他们说：

未得北京之前，两国不无疑阻，今则大事已定，彼此一以诚信相孚。且世子以东国储君，不可久居于此，今宜永还本国。三公六卿的质子和陪臣等，也和世子一道回国，只留其他两个王子凤林大君和麟坪大君交替在此就可以了。

不久还答应在统一全国之后，“大君亦许东归”。本月二十六日，又正式向国王李倧通报此事，并将年贡中纻布、苏木、茶全部蠲免，其他如绵绸、细布、布、粗布等各减一半到五分之一左右不等，元旦、万寿节、冬至等不同朝贺礼物因路程遥远并于元旦时一次贡进。李倧听了这些好消息，又将信将疑，对大臣们说：“清国此举果出于好意吗？不会有别的意思？”

实际上，当年皇太极对朝鲜十分苛刻，目的是防止他们和明朝内外夹攻。如今明朝已为清朝所取代，朝鲜便不成为威胁，多尔衮何必不趁此机会显示自己的大恩大德呢？顺治二年三月二十五日，福临亲自到武英殿上为朝鲜凤林大君送行，亲自为大君劝酒，送他貂裘、鞍马等。多尔衮也送他锦缎、黄金鞍具和会宁开市的咨文，命令礼部尚书等亲自在门外为他们饯行。有个清朝官员悄悄对朝鲜官员说：“世子、大君之东还，皆九王之力。”让他们送点礼品以表谢意，不久，李倧死去，多尔衮还以福临和他自己的名义分别派使节送信，以示慰问，退掉贡品，赐银五百两、缎三十匹。以后还一再减少岁贡的数额。在册封朝鲜王世子李淏、祭祀李倧薨逝和李淏登极即位之时，多尔衮都遣使赍表，前去祝贺或吊唁。这样，朝鲜与清朝之间的关系已几乎同于明王朝统治时期，逐渐恢复正常。

但是，清政府以大压小、以强凌弱的事并不是没有。刚刚入关之初，“南方路绝，漕运不通，北京米价极贵，斗米直银三钱”，加上战争需要，多尔衮便让李倧把朝鲜“今秋量所得米粟，可运送北京，以助国用”。清使到朝鲜去，对他们要求，“北京运米二十万石，不可不准数入送”，朝鲜官员以困难相告，但清使“声色俱厉，略不动听”。朝鲜实在无法，只得答应给十万石。“时北京运米之令，急于星火。一月之内，整备米船调发沿海之民，以充水手。而列邑守令虑其逃散，拘囚狱中，使其父母妻子不得相见。及其发船，守令躬自押领以遣之。其父母、妻子、兄弟各持酒食拦道而馈之，相携痛哭，惨不忍见。”发运了五万石之后，实在很难拿出，多尔衮见状无奈，只得下令：

尔国凶荒，人将相食云。再运之米，尽数蠲免。

一员清官还悄悄对朝鲜使臣说：“这次减米全是九王之力，希望能献些他喜欢的南草、良鹰，以表谢意。”

若说一时缺粮运米尚可算个“理由”，那么，其他的物质要求就不免是额外需索了。顺治三年，清向朝鲜要梨二万六千六百个、柿子六千八百个，分摊到京畿、洪清、黄海、平安、咸镜道诸地征收。又到义州去索取梨数万个、桦皮数万张、猎狗十头。“督纳甚急，贸迁搀输，州县不胜其扰”。

顺治六年，多尔衮要与朝鲜结亲，后嫌侍女不漂亮，大为震怒，又派专使赴朝选美色女子。朝鲜便分遣京官，选侍女年少貌美者各三四人，京城中也派捕盗偷偷到民间去访美女。“被选者或有自剪其发者，父母兄弟，呼泣道路；龆龀之儿，嫁娶殆尽”。一些大臣向朝鲜国王抱怨说，“选拔侍女，从京城到四方，有女之家，奔走逃窜藏匿，如避兵火，甚至有断发自缢者，路上人人都怨气冲天。”有的大臣甚至建议送娼妓去。李淏无可奈何，自称“念之气寒，言之哽咽，国事到此，予甚惭愧”。以千百家人之痛苦，满足多尔衮一人的私欲，这在当时社会中早已是司空见惯，又岂是朝鲜人民独罹此难！

在抵御日本侵略的战争中，中朝人民一直是并肩战斗的。顺治六年，朝鲜国王李倧在接见清使时说：“倭情日渐可疑，至于今年而尤甚，脱有不测，敝邦将无以抵挡，日夜唯望上国之来援耳。”使者满口答应，认为“来救之举，岂敢少缓?”顺治七年正月，其国书送达清廷，认为日本人“鞭挞使臣，出言不逊”，必须造作兵器，修缮城郭，早做防备，请求清政府同意。但多尔衮却认为他们是“假记倭情，欲为试探之地”，派巴哈纳、祁充格去朝鲜质问他们：“借倭为言，而欲修城池、缮甲兵者，将欲何为?”并调查“所谓倭情叵测之说出于何处”。调查结果，国书中虽略有失真之处，但日本“惹生另样事端，岁增年滋”

的情况却是真实的。但多尔衮却听信一面之词，认为“其修城集兵，整顿器械之事，原与倭国无涉，专欲与朕为难也”。朝鲜国王李淏忙派王弟李淯为陈奏使、亲赴北京解释此事，惶恐不安之情，溢于奏疏文字之外。究此事原因，可能是清廷风闻朝鲜国中颇有些人主张反清，因此心怀疑虑，一有风吹草动，便惊慌失措起来。但从此事可以看出，多尔衮仍对朝鲜不甚信任。

（二）“漂倭事件”及其他

中国的东邻还有一个日本。两国交往的历史虽长，唐朝时还经历了双方关系史上最美好的时刻，但到明清之时，日本给中国留下的记忆却并不怎样美好。嘉靖间东南沿海的倭乱给百姓带来巨大损失，万历间中朝军民又并肩战斗，给日本关白丰臣秀吉的侵略军以重创。明末清初之际，中国是大变动、大混乱的时期，日本各岛却逐渐从争战不休的战国时期进入相对稳定的德川幕府统治时期。德川家族以江户为中心，统治全国三分之一左右的土地，长崎、京都、大阪等重要城市都在其治下。多尔衮入关后，日本与清朝并未建立联系，相反，其文书上却“犹书崇祯年号”，称清人为“韃靼”，南明唐王隆武政权还请求日本出援兵抗清，其他消息也从与朝鲜的交往中得到。

就在顺治元年，发生了一件非常偶然，但最后又惊动了清日双方最高首脑的事情。本年四月，日本越前地方（今福井县）的商人竹内藤右卫门等五十八人乘船往北海道经商，在海上被暴风吹到日本海西岸今苏联波谢特湾南侧、图们江口北面的海边上。住在这里的属清朝统治的瓦尔喀人误以为他们是盗挖人参的海贼，杀掉四十三人，剩下十五人被先送到盛京，又送到北京。

他们到北京之后，受到了清人很好的招待。派给他们三名搬运夫，每人每天发白米二三升，猪肉一斤，还有面粉、荞面、茶、酒、两只鹅。另外木柴、鱼、蔬菜、酱、盐、米都是每天发给，并发给他们绸缎被褥、棉帽、贴身衣裤和鞋袜。身体稍有不适，就派医生来诊。日本人好清洁，便特为其准备水。多尔衮还亲自召见他们数次，“恳切地问话”，使这些人觉得，这个“上上下下都怕”的人，对日本人倒很和蔼。另外，对于瓦尔喀杀日本人的事，清政府是做了审理的，日本人也看出，“当局对他们的行径是很气愤的”。

这些日本人后来记述道："我们商量，尽管招待这般好，还是要回日本。"所以他们在顺治二年五月端午节这天向清政府提出回国的请求。这年十一月十一日，清政府将他们交给派往朝鲜的使者祁充格，护送回国。他们由一百人高举仪仗送到朝鲜后，又由朝鲜经对马到大阪。德川家光听说后，又把这些人叫到江户严加讯问，了解清朝的情况。南京等地被清朝攻下的消息，也从这些人嘴里传到德川家光的耳中。

相形之下，日本对清王朝的态度则并不友好。德川家光的亲信家人有很多主张"宜假道朝鲜，出送援兵"支持南明的，有的听说"朝鲜与鞑靼合，莫不骇愤，将欲兴兵而来"。有的对朝鲜把去日本做生意的中国遇难船只交还中国表示不满，因为他们怀疑反抗自己的耶稣教徒常常混杂在中国商船之中，因此对与此举有关的朝中两国心怀怨愤。多尔衮对那十五个日本难民百般照顾，送其回国，日本人也毫无感激之意，认为"鞑靼……送此漂人，正欲夸大"，朝鲜人受而送之，正是清朝的同谋。所以，在多尔衮摄政时期，多尔衮虽把彩球抛向日本，但对方却未以诚相待，加上幕府时期实行"锁国"，明治维新后奉行侵略政策，使直到三百年后的今天之前，双方关系都不甚亲密，甚至是相当紧张的。

（三）善待西人

这个时候，多尔衮不仅要处理与这些老邻居的关系问题，还要和面貌、服装、宗教、语言都大大相异于己的西方人打交道。他当然不知道，在他生活的这个时代，正是早期资本主义国家原始积累时期，一些西方殖民者纷纷沿新航路向东方而来，寻找发财致富的机会。与此同时，还有大量西方传教士与他们同船而至，借宣扬宗教之机，对被统治者施加新的思想渗透。在这些人的想象中，道路铺满黄金的中国，自然是他们"开发"的重要对象，因此在多尔衮之前，明朝的朱姓皇帝们就已尝到了与这些人打交道的滋味。明嘉靖十四年，葡萄牙商人借口船遇风浪，要求上岸曝晒货物，乘机入居澳门。在贿赂当地官员以后，他们擅自在澳门居住下来，将其变为西方殖民者在中国的第一块殖民地，通过对日、中、印及东南亚国家的转口贸易，使明末的澳门空前繁荣，因而刺激了西方人进一步"开拓"的野心。另一方面，意大利人利玛窦、庞迪我以及稍后的日耳曼人汤若望、邓玉函等天主教耶稣会士也乘机进入中国传教。他们认为在中国传教靠武力是无法奏效的，因此主张学习中国文化，结合不同信仰，介绍先进科学技术，与中国高级知识分子加强来往，企图以此达到他们传教的目的。就明后期而言，一些著名官僚士大夫如徐光启、李之藻等都与他们过从甚密，南明永历政权的皇族中也有很多人洗礼入教。而传教士中的佼佼者利玛窦还被特准进京朝见明神宗，在钦天监中供职，死后还特赐葬于北京，待遇可谓不薄。这一切，使得西方势力扩大了在中国的影响，多尔衮入关后所面临的，也正是这样一种形势。

多尔衮也没有以极其狭隘的民族偏见看待西人。顺治元年五月，他曾下令将北京北、南、中城百姓迁出，以屯将士，在南城居住的明朝历局顾问汤若望因为藏书、资料等太多，一时难于搬迁；又以教堂之旁不能没有神甫居住为理由，五月十一日向多尔衮上疏，请求免除搬迁。多尔衮当即表示同意，并发给他满文谕旨一道，上写：

恩准西士汤若望等安居天主堂，各旗兵弁等人，毋许阑入滋扰。

他回到家中后，把谕旨向已进驻其室的清兵宣示，后者便纷纷退去。后来又有人在庙旁开设骡马市，一些市棍“借言王府并工部名色，希图侵占”其地，因此汤若望又上疏请求“赐给满、汉字告示，张挂庙旁，庶人知畏法，远臣获宁”。不久内院便发给告示，禁止“立市商民、满洲兵丁及衙门员役”再行滋扰，违者重惩。汤若望见清廷对自己颇为有礼，便决定继续为新朝服务。

本年六月，汤若望上疏多尔衮，说他在崇祯年间曾用西洋新法修改旧历，并制造了测量日月星晷等仪器，屡次推算都很正确。听说这些仪器都被起义军烧毁，所以准备另制进呈。另外他准备在八月初一按西洋新法推算京师和各省看见日食的具体时间、大小、方位等数字，事先交上来，让多尔衮派人考察是否准确。多尔衮认为“旧历岁久差讹，西洋新法屡屡密合”，让他提前两天把数字交上来等候检验。汤若望此举主要是为了在新统治者面前显示一下西法的科学性，以便站稳脚跟，多尔衮则显示出他不拘成法、勇于改新的政治家气度。七月，新历修成，多尔衮赐名《时宪历》，命于明年开始颁行天下。当月，汤若望又以新历的“新处”上告多尔衮，多尔衮认为新历的节气、太阳出入、昼夜时刻都按地区不同推算，“果为精确”，不厌其烦地给予批复。到八月初一，多尔衮令冯铨等赴观象台用望远镜观察日食，发现其初亏、食甚、复圆的时刻分秒和位置等都以西洋历法为最准，“一一吻合”。汤若望因而更得清廷信任。这年十一月，多尔衮向礼部发布命令，“钦天监印信著汤若望掌管。所属该监官员，嗣后一切进历、占候、选择等项，悉听掌印官举行”，汤若望从此成为清朝的正式官员，钦天监监正。顺治二年十一月，他献上补订的《新历全书》，得到多尔衮赏识，被加太常寺少卿衔。

至于多尔衮身后，汤若望则更受优宠：福临称他“老祖”，玄烨的继统也是根据他的建议。

另有耶稣会士意大利人利类思与葡萄牙人安文思，明末时入四川传教，为张献忠所获。在清军进攻张献忠时，他们险些被两个清兵所杀，忽有一兵迅速赶来，大声制止，说这二人系汤若望之友。那两个清兵听说，连忙收刀入鞘。原来“是时汤若望在北京治理历法，声名显著，阿玛王及各王公大臣均与若望相善，人皆器重之”。后来二人被解到率兵的豪格处，“因该亲王之吩咐，皆受优等之款待”，豪格“知此二人是教士，遂另眼看待”。豪格的态度乃至八旗士兵的态度说明了摄政时期清廷对西方传教士的宽容政策。在这种情况下，天主教势力在中国的发展并未因王朝的更替而停滞不前。

但这并不是说，清朝在多尔衮时期一反前朝政策、采取对外开放的方针。顺治四年，两广总督佟养甲以通商裕国为理由，请求同意葡萄牙人入广东与粤商贸易，但户部鉴于崇祯年间葡人入广州后曾引起事端，认为应仍旧禁其入省，只许粤商到澳门去贸易，多尔衮对此也表示同意。可见多尔衮对少数为自己服务的外国人十分优宠，表现得非常开明，但对有可能威胁自己安全的大规模双边交往则持保守态度，素称开明的玄烨也不过如此。

历史的发展赋予了多尔衮这样的重任：他一方面要解决明朝以至以前各代都解决不好的民族关系问题，一方面要对付那些“长身高鼻，猫睛鹰嘴”的西方人。尽管摄政只有七年，但整个清王朝比较成功的民族政策和瑕瑜互见的外交方针却是由此发端的。

第八章　谋当太上皇

尽管多尔衮在盛京的皇位争夺战中失败，但鉴于当时政治形势严峻，他没有蛮干。其基本思想认为清朝基业，即“溯兹鸿绪”是“二圣所遗之业，予必力图保护”。推举福临为帝，虽不得已而为之，然而从长远看，对他也有好处，即“俟皇上春秋鼎盛，即行归政。予之声名，岂渺小耶”。在觊觎皇位而无望之后，夺得摄政王大权，亦曾心满意足。所以，顺治元年（1644 年）五月初二日，当他率领大军来到朝阳门，受到明朝文武百官迎接时，他坦然地说：“予法周公辅成王。”可见，摄政王甘当周公的思想昭然。其思想境界来源于数十年创业所形成的氛围；来源于皇太极建立的封建皇权及其形成的封建意识；来源于多尔衮在皇太极多年关爱下所形成的敬业精神。

一、育帝怜宗亲

从福临称帝那一天起，很长时期多尔衮确实尽心竭力地拥戴和培养他，没有不忠的表现。顺治元年（1644 年）十二月，可能是和硕豫亲王多铎与和硕肃亲王豪格关系日渐接近，并谈到皇太极宾天时的心情和想法，刺激了多尔衮那段往事，令他心情不快。所以，他不顾亲兄弟面子，将阿济格、多铎曾跪请拥戴自己称帝的事实一并公开，自鸣：“予时以死自誓乃已。”这件事表明他拥戴福临为帝的决心此时仍然未变，同时既然公开揭露内幕，自然是甘心自阻再称帝之路。

顺治二年（1645 年）三月十二日，年满八岁的福临，聪明好学，学业大为长进，“满书俱已熟习”。大学士冯铨、洪承畴联合上疏，提出进一步培养皇上的学习计划。教学纲领是皇帝必须通过对六经学习，达到了解“帝王修身治人之道”。然而，皇帝欲了解六经，当务之急是“必习汉文、晓汉语”。建议“择满、汉词臣，朝夕进讲”。七月二十九日，同样的问题，由工科给事中许作梅再次提出，即：

择国学中满洲子弟通汉语汉书及汉子弟聪慧端方者数人，更番侍读，句读明，音义辨，然后慎简贤良博学之臣为讲读等官。皇上时御经筵，群臣尽心开导，于六经诸史中，检其有益君身治道者，录请圣览，凡历代兴亡治乱，风土物情，人才进退，不越几案而得之，而圣学王道合二为一矣。

多尔衮经过认真思考，回复说："即时典学，诚属要务。"足见，在他的关照下，朝廷上下都在关心皇上的健康成长。

多尔衮不仅关心皇上，而且对政敌和硕肃亲王豪格等宗亲，也抱着热诚关怀的态度。顺治三年（1646 年）正月，他派豪格出征四川，临行前他代表皇上赐给"金鞍良马"，豪格"跪而受"之。这件事引起他的恻隐之心，令他久久不能平静。三个月之后，他对户部尚书英俄尔岱、刑部尚书宗室吴达海、大学士刚林、祁充格、宁完我等说，他现在操国家赏罚大权，诸王、贝勒、贝子、公等即"繄兹天黄，诸王昆弟"，都是太祖、太宗事业的继承者，应当"优养安荣"，而每每令他们在他面前"坐立拜跪"，于心不忍。特别提到豪格"屈体"一事，他念念不已。这时的多尔衮有屈己宁人之心，当月，他作出一个重要决定：

嗣后诸王大臣，差遣在外，凡有奏启，只令具本御前。予处启本，永行停止。

如果按照这种心情和做法继续下去，福临亲政的日子很快就会到来，多尔衮必是历史上的第二个周公。当时，摄政王的声望相当不错，外国人赞扬他："以公正和仁慈赢得平民百姓的爱戴。"

二、甘心当周公

顺治初年，多尔衮以周公的身份，对福临百般维护，不惜动用国法对轻视皇上的行为给予惩治。

（1）责轻视皇上

福临即位，在宗室王公中，引起强烈反响。有的直接反对摄政体制，有的轻视皇上。面对这种情况，毅然维护皇上是多尔衮的明智之举。不难想象，如果满洲贵族内部兵戈相见，中原将不知落入谁手。当时发生轻视皇上的案件，共有五起，多尔衮都毫不手软地加以处置。

顺治元年（1644 年）六月二十七日，有镇国公艾度礼对于福临即皇帝位不满，即“主上幼冲，我意不悦”。同时，对于辅政二王要求诸贝勒等王公们频频发誓，大为不快，并将自己的不满情绪，写成书面材料，对天焚烧。后惧别人揭发而被迫向摄政王坦白自首。尽管如此，国法森严。法司审实后，将艾度礼及其妻子、儿子海达礼，判处死刑。顺治二年（1645 年）十月初十日，多尔衮针对和硕豫亲王多铎示恩于豪格，批评其亲弟多铎为“奸人”，毅然将他曾劝自己称帝的内幕，揭露出来。尽管以事在赦前为借口，免去处分，但使多铎的处境十分尴尬。当年正月初二日，宣府巡抚李鉴，以赤城道朱寿鍪贪酷不法，将上疏劾奏。朱寿鍪通过和硕英亲王阿济格的部下官员绰书泰向阿济格请援，给李鉴施加压力，企图蒙混过关，而李鉴坚持依法办事，不给阿济格面子。绰书泰受阿济格影响，轻视皇上，竟斥责李鉴说：“尔何不惧王，反惧冲龄皇帝耶。”事件被揭露后，将绰书泰和他的四个儿子都依法处死，并没收其全部家产。当年八月十九日，护军统领伊尔德，在福临“避痘南苑时”，擅自将皇上的守门护军额数减少，并忌妒鳌拜、巴哈那等为皇上效力，受削去世职等处分。二十七日，阿济格当众称顺治帝为“孺子”。事件被揭露，将阿济格由亲王降为郡五，罚银五千两。没有及时揭发的固山额真谭泰削去公爵，降为昂帮章京，解固山额真任、赎身。鳌拜罚银一百两，功绩不准议叙。额色黑鞭一百，准折赎。事实表明，多尔衮在竭力维护皇上威信，认真从事摄政职责。

（2）尊帝不自肆

为使朝廷摄政体制得到巩固，多尔衮不仅动用法律手段处理不尊皇上的诸贝勒、大臣，而且自己模范带头尊重皇上，丝毫不敢轻视各种礼节。顺治二年（1645 年）五月的一天，他上朝时，见到诸位大臣下跪迎接自己，即转身回府，表示拒绝。因为这些朝臣“徒知尊王而不知王之尊皇上也”。同时，辅政王济尔哈朗及内大臣等议定，皇叔摄政王辅国理政，赏罚等于朝廷，而“一切仪制，亦应加礼”。多尔衮郑重地表示："予在上前，未敢违礼。"十月，浙江总督张存仁送来"缎二匹，茶叶百斛"，他毫不留情地批评"馈遗礼物，尔为封疆大吏，正宜表率僚属，恪遵训旨，乃尔送本王，岂前旨尔未之闻耶，今后勿复为此"，重申"毋得献媚本王"。十月，他与和硕郑亲王济尔哈朗、和硕肃亲王豪格，谢恩入朝。临别时福临以叔父功高盖世，提出除朝贺大礼外，一般小节可以免去，即"无与诸王同"。多尔衮听到皇上对自己的关照，十分感动。回奏说：

上年幼冲，臣不敢违礼。俟上春秋鼎盛，凡有宠恩，自不敢辞。

这一段简短的对话，确实体现出成王与周公的关系。十二月，多尔衮召集诸王、贝勒、贝子、公、大臣等，传语告诫大家不要"谄媚"自己。又批评诸王、贝勒、大臣："但知献媚于予，未见有尊崇皇上者，予岂能容此"，并重申太宗死时自己"誓死"不当皇帝，奉福临"缵承大统"，而"今乃不敬皇上，而媚予，予何能容"。同时指出，自今以后，"有尽忠皇上者，予用之，爱之；其不尽忠，不敬皇上者，虽媚予，予不尔宥也"。这个时期他时刻铭记朝廷乃"君之朝也"。顺治四年（1647 年）十二月三十日，多尔衮指示礼部，今后凡是元旦上朝行礼，初二日至摄政王府行礼的规定取消，"郡王以下及各官免至予处行礼"。上述一系列做法都表明，多尔衮在切实维护福临的皇权。所以，外国人记载他以"忠实著称"。

（3）执法而无亲

多尔衮执法无亲，主要表现在对和硕豫亲王多铎、和硕英亲王阿济格犯错误而不讲兄弟情面，执法如山上。如顺治元年（1644 年）二月初五日，都察院承政公满达海劾奏和硕豫亲王王多铎，擅自带领部员"按籍集视八旗女子"。经过法司勘实，罚多铎白银五百两。相关人员都受到应有的处罚。顺治五年（1648 年）七月十三日，发现辅政德豫亲王多铎以黄沙衣一袭，授平西王吴三桂子吴应熊。经法司审议，多尔衮命罚银两千两。前文提到多尔衮揭露他劝自己称帝等事，都表明多尔衮对其亲弟并不屈法袒护，而是依法办事。

英亲王阿济格常犯错误，多尔衮对这位亲兄同样执法无情。顺治二年（1645 年）七月二十日，申斥他"欺诳"，竟虚报李自成身死，义军被消灭，未奉旨而班师等罪过，免王公等往迎之礼。以轻视皇上，擅称“孺子”，受到降亲王为郡王处分。顺治三年（1646年）正月二十二日，阿济格因“张盖坐午门”，受到处分。顺治六年（1649年）六月十四日，多铎死后，阿济格向多尔衮提出：

予乃太祖之子，皇上之叔，何不以予为叔王。

受到多尔衮严厉拒绝，并传语，今后不准阿济格“预部务及交接汉官”。他可能确认这位亲兄除了能打仗外，根本没有治国之才，其秉公执政，未曾偏私。

从摄政王角度说，多尔衮忠实地履行自己的职责，拥戴福临称帝，始终不渝。但作为成熟的政治家，他私心过重，暗藏野心，这是他死后围绕其人品掀起政治风波的主要缘故。他除堂堂正正地摄政外，在政治上尚有暗箱操作，不为人所知。那就是他特别注重名声，控制内院，为母昭雪，谋求太上皇。当太上皇是他称帝失败后，旧梦的变种。如果说他晚年有什么谜底不曾揭开，就要研究他暗箱操作的全部内幕。

三、依法护名号

“摄政王”“皇父”两个词组合而成的“皇父摄政王”，是多尔衮最重视、最感兴趣的美名。

外国人说顺治帝登基的同一天，即顺治元年（1644年）十月初一日，福临称多尔衮为“阿玛王”。阿玛，满语为“ama”，“父亲”之意。似乎从这时多尔衮就被福临称作“父王”。其实满族称“阿玛”有时是尊称，非为实称。这位外国人卫匡国如果记的属实，当是尊称无疑。

从当时官方文献的记载来看，福临在十月初七日，这个确定的时间，加封多尔衮为“叔父摄政王”，颁诏天下，这才是历史事实。顺治二年（1645年）五月初四日，陕西道监察御史赵开新认为从皇上到朝臣都称“摄政叔父王”不合适，“叔父为皇上得称之，若臣庶皆称，则尊卑无异”。他别出心裁，主张于“叔父”上加一“皇”字。其意得到多尔衮赞同。从此将“摄政王”“皇叔父”两个尊称视为神圣不可侵犯。

这“摄政王”是他放弃皇帝之尊得来。所以，顺治四年（1647 年）四月二十六日，甘肃巡抚张尚祚在提本内称“皇叔父”，而遗弃“摄政王”三个字，令多尔衮大为恼火，结果张尚祚的乌纱帽不保。然而，“皇”字，对于多尔衮得来更加艰难。

顺治二年（1645 年）十二月二十二日，河南乡试录内称“皇叔父为王叔父”。多尔衮看后，更为不快，骂主考欧阳烝、吕云藻等，“摄政王封号，久奉明旨，中外恪遵，欧阳烝辄敢任意改移，悖慢不敬，无人臣礼，殊属可恶”，因此两位主考官的乌纱帽都丢了。此后，还毫不手软地处理了几起类似的事件。

四、紧握决策权

从顺治二年（1645 年）至顺治八年（1651 年），我们看看内三院便知道多尔衮在这里的用人情况。

内国史院都是刚林掌权，尽管顺治三年（1646 年）至顺治七年（1650 年）迁顺天巡抚宋权充实，但实权未变。刚林原属满洲正黄旗，多尔衮摄政后，主动投靠，用顺治帝的话说是多尔衮取去了刚林，直到顺治八年闰二月二十八日被处死。内秘书院主要是范文程、洪承畴，八年中没有变化。内弘文院希福罢官八个月后，即顺治二年（1645 年）六月十八日多尔衮任命祁充格为弘文院大学士，取代希福的位置，直到顺治八年闰二月二十八日被处死。

其间尽管顺治二年有冯铨、宁完我、李建泰、谢升等在其中任职，但他们只办理一般事务，决不会影响多尔衮决策。况且宁完我是以满洲身份参政，冯铨受多尔衮百般保护。李建泰、谢升当年即退出，弘文院只有祁充格、冯铨、宁完我三个人。这样看来，内三院刚林、祁充格掌政，内秘书院只抓面上工作。因范文程德高望重，凡是内院排名总是他领衔，而汉人宁完我、冯铨、洪承畴的资格老，排名也稍微偏前，一般行文是范文程、刚林、宁完我、冯铨、洪承畴、祁充格。而实权自然由满洲人掌握。

五、为慈母昭雪

多尔衮将希福清除出内弘文院，代之以祁充格，有其深刻的历史背景。众所周知，顺治元年（1644 年）七月，多尔衮通过致史可法信，向南明政权发出最后通牒。他认为统一中原已胜券在握，在胜利的赞扬声中，他心傲志骄。当年，在祭祀福陵时，将继妃富察氏请出福陵，移到陵外，将蒙古明安贝勒之女博尔济锦氏附葬福陵。在触动慈母陵寝过程中，多尔衮已暗下决心，为母亲昭雪。他通过祁充格、刚林等将太祖、太宗实录草稿拿来，亲自阅看。对于记录在案的事实，深为不满。他决定“削书其母殉葬时事”。回忆往事，令他内心不平，同时提出“太宗文皇帝之即位，原系夺立”。不难想象，他厌恶希福，将他置之死地而后快，这是根本原因。他能够看到原稿记录是在希福罢职，祁充格上任后才得以实现。涂改的整个过程是他亲自“看改”两本，命抄录员郑库讷“抄录罪状档册”。整个档案篡改由他直接指使，与祁充格、刚林“同预逆谋”，其余部分由祁充格、范文程动手涂改。特别是“将盛京所录太宗史册，在在改抹”。范文程说当时的情况是：“睿王令改，不能争执。”因此，范文程“托疾家居”，原因在此。

多尔衮通过篡改档案的办法给自己母亲昭雪，并将其母牌位供奉人太庙。这件事是他二十多年深藏内心的不满和仇恨，借助自己权势，得以初步发泄。从这里，我们看到他为人的另一个侧面，心存仇怨和不平。

六、擅权独尊

多尔衮清除内院政敌希福、起用祁充格、篡改实录、为母昭雪、制定仪注五部曲，欲将太上皇，即“皇父摄政王”名号公之于众，得到宗室诸贝勒，特别是资格较老的王爷承认，阻力更难逾越。因此，利用罪宗、诸小贝勒、贝子等扫清阻力，从顺治四年（1647 年）开始行动。

在满洲贵族内部权力之争中，没有汉族等其他民族的份。多尔衮欲将全部大权掌握在自己手中，为所欲为，必须寻求宗室内部力量相制约，利用罪宗是其重要手段。

（1）重用宗室

前文提到用郎球为礼部尚书，是多尔衮用罪宗的重要事例。提拔舒尔哈齐之孙，追封贝勒图伦之子吞齐，从镶蓝旗镇国公，相继升为辅国公、固山贝子、多罗贝勒。先后出任镶蓝旗固山额真、平西大将军；吞齐喀晋封为固山贝子。令贝勒阿敏第四子恭阿恢复宗室，封镇国公。阿敏第三子固尔玛浑复入宗室、晋封辅国公、晋封固山贝子。令贝勒杜度第七子萨弼复入宗室、封辅国公、晋封固山贝子。杜度第二子穆尔祜复入宗室、晋封三等镇国将军、晋一等镇国将军、封辅国公、晋封固山贝子。硕託之弟勒克德浑封多罗贝勒，平南大将军。

多尔衮利用宗室子弟，制约有权势的贝勒是其集权的重要手段。顺治五年（1648 年）六月，他以赐贫乏宗室为名，受接济的许多人在八旗中占有重要地位。如公瓦克达、固山贝子尚善、公喀尔楚浑、拜伊图、巩阿岱、锡翰、苏布图、扎喀纳、努赛、富喇塔、杜尔祜、穆尔祜、特尔祜、杜嫩、萨弼、顾尔玛洪及宗室巴尔楚浑、巴思翰、胡世巴、篇古、德马护等。

（2）擅权执政

多尔衮在满洲贵族诸贝勒中，工于心计。在争夺皇位不成之际，摇身一变，夺得摄政大权。和硕肃亲王豪格等人如同傻子，令他摆布、处置。顺治帝向北京搬迁，表面看他真的在做周公，而内心对于权力却认真计算。派出奏请迁都的何洛会是满洲正黄旗固山额真，通过揭发肃亲王豪格表明他已站在多尔衮一边，同时兼皇帝旗属首领。多尔衮派他作为盛京总管并辖属熊耀、锦州、宁远、凤凰城、易州、新城、牛庄、兴京、岫岩、东京、盖州、耀州、海州、鞍山、广城等城，实际上接管了整个东北驻防，从身份看别人说不出话来，而皇帝一走，地区大权却由多尔衮说了算。足见，他用心何等良苦。

多尔衮擅权大体经过两个阶段，顺治三年（1646 年）以前，尽管他在努力抓权，也有郑亲王济尔哈朗等让权的问题。郑亲王在皇太极时代排名在他之上，对他有制约作用。初定辅政王时，郑亲王如不主动退让，并协助提高其权威，他也会有所收敛。郑亲王最后不得不吞下这个苦果，自我检讨说因为“畏其声威”，而忍气吞声。结果多尔衮的权力无限膨胀。其权力膨胀是从顺治四年（1647 年）开始，日渐严重。加上梦寐以求的“皇父”美梦没有得到认可，皇帝该归政时，仍不放手。

所以死后被定成“逆谋”罪。

多尔衮执政到第四个年头，逐渐有些忘乎所以。他将国政当成家政。皇太极称帝时，曾要求诸贝勒宣誓，凡是议政王会议内容，不允许告诉妻子和属役人员，而多尔衮竟将博洛、尼堪晋爵为端重亲王、敬谨亲王这样重大决策告诉身边的侍卫穆尔泰、额尔德赫及亲近大臣罗什、博尔会、额克亲、吴拜、苏拜等人，并传到两黄旗，再经辗转令博洛、尼堪听到，最后到达郑亲王济尔哈朗耳中。由此可以想见，多尔衮擅权到破坏国家法制的程度。所以，济尔哈朗等骂他不令自己预政，而以母弟多铎为辅政叔王，背誓肆行，妄自尊大，以朝廷自居。“不奉上命，概称诏旨”；诸位贝勒骂他不令自己“入朝办事”；皇帝更是满腹怨言，指责多尔衮将大内信符，收归王府；所行国家大事“朕唯拱手以承祭祀，凡天下国家之事，朕既不预，亦未有向朕详陈者”。多尔衮权力达到顶峰，是在打击郑亲王，逼死肃亲王之后实现的。

（3）剪除异己

多尔衮地位虽然日益显赫，但他的政敌也越来越多。在多尔衮辅政后不久，肃亲王豪格就对多尔衮多有怨言，说多尔衮多病无福，不能终辅政之事，而且还对自己未能即位，非常后悔。顺治元年四月，豪格对正蓝旗固山额真何洛会，以及两黄旗大臣杨善、俄莫克图、伊成格、罗硕发泄了对多尔衮的不满。他说：

“固山额真谭泰、护军统领图赖、启心郎索尼一向依附于我，如今却率两黄旗依附和硕睿亲王。可睿亲王身体多病，怎么能坚持到摄政结束呢？有能耐的他都收用了，没能耐的我就收用吧！”

杨善恶狠狠地说：“这都是图赖搞的诡计，要能亲眼看着他被一寸寸地活剐了，我就是死了也甘心。”

豪格听了很高兴，说：“你们受我之恩，应当为我效力，现在可以悄悄在旁边监视他们。”

杨善说：“我们务必要把他们干掉，自己去抵命，王爷便可稳坐钓鱼台了。”

伊成格也点头赞成。

豪格又问何洛会和俄莫克图：“睿亲王把五牛录的人给了硕塞阿哥，不知是什么意思？”

何洛会说是为了国家，豪格听了不高兴，甩手就走了。后来因为派他随大军出征攻明，他十分生气，又说多尔衮不是有福之人，没有几天的寿命，并对当时自己谦让皇统之事深表后悔。他竟对别人高喊："我怎么会像那个病夫那样？你为何这样看着我？我难道不能用手把他们的脖子扯断么？"他还四处拉拢党羽，说塔瞻是他的表兄弟，图尔格一向与他相好，不会忘掉他的。又对甲喇章京硕兑说："你和谭泰不是郎舅关系吗？你可说服他来归附我。我以前给侍卫穆成格娶老婆，不也是表明我对他的厚爱吗？"

没想到何洛会见豪格成不了大气候，就带着硕兑、胡式、凌图、喀木图、开禅、硕格、达古等人，向多尔衮检举了豪格。多尔衮、济尔哈朗召开诸王、贝勒、贝子及内大臣的会议，审讯豪格，本打算关他禁闭，后来干脆剥夺了他手下的七个牛录，罚银五千两，废为平民。党羽中俄莫克图、杨善、伊成格和罗硕被斩首；安泰和夏塞在审讯时才招供，没有提前自首，打一百鞭子，夏塞的家产没收一半给硕兑；何洛会揭发有功，把俄莫克图和伊成格的家产赏给了他，杨善和罗硕恨图赖，这次他俩的家产赏给图赖。另外谭泰、图赖、索尼为豪格所恨，自然是忠心于"国"了，各赏给玲珑鞍辔全副，马一匹、银二百两。这当中，除何洛会和谭泰后来完全被多尔衮拉过去之外，图赖和索尼只不过是阳奉阴违，对多尔衮并不忠诚。这一点，多尔衮很快也就觉察到了。

多尔衮率兵入关时，豪格也在军中效力，后来顺治元年十月福临在北京登极大赦，认为他从定中原有功，"特加昭雪，授以册宝，复封为和硕肃亲王，永存带砺，与国咸体"。半年前的处罚只是给他一个严重警告：不要再心怀不满，从事反现政权的活动，如果老实服帖，还是可以恢复他的地位的。

就在当月，在多铎和阿济格一南一北两路出击的同时，多尔衮一方面派豪格率军下山东，帮助王鳌永、方大猷、朱国柱等人平定地方，稳定漕路。另一方面与多铎军相策应，为清军渡江做准备。豪格当时长驻济宁，率骑兵四千，一方面协助镇压嘉祥满家洞等地方农民起义，另一方面对付江北的南明镇将高杰、许定国之流。这年底，高杰曾给豪格写信，企图约他共同剿闯，不要把矛头南指。而豪格则回信让他投降，之后再商量合兵剿闯之事，并且告诉他此事须报告朝廷，自己不敢做主。但高杰却不打算投降，积极在黄淮一线备战。同时，许定国亦给豪格去信，说要携子降清，并请求豪格渡河，救援睢州，保护他们不受高杰的攻击。豪格也不敢擅自赴彼，只好上疏请示多尔衮。看来，豪格的态度软化了些，事事不敢自专。就在同时，豪格手下的车尔格、叶克书等率兵攻破满家洞农民军十余处，用土石堙塞二百五十一个洞，俘获了大量妇女、牛马，都赏给了军中将士。随后，豪格回京，由阿巴泰接替。豪格这次出征，好歹算是有些功绩，但上头丝毫没有奖赏的意思；相形之下，多铎军下西安、破南京，则大吹大擂，搞得很隆重。这也可以看作是贬低豪格的一个证明吧。

对豪格的遭遇，很多人，甚至包括多铎在内，都深表同情。顺治二年十二月，多尔衮把诸王、贝勒、大臣等召集来，说："以前不立豪格，并不是我一个人的意思，你们这些诸王大臣都说，如果立肃亲王，我们都没法儿活了，所以没立他为君。怎么如今却要对他'市恩修好'了"？多尔衮十分恼怒，特别斥责了多铎一番。一个月后，多尔衮就把豪格派去征四川的张献忠，下面的将领有很多也是多尔衮怀恨在心的两黄旗属人。

豪格明知是多尔衮整他，但也得硬着头皮领军前去，如果违令拒行，正好给多尔衮以打击他的口实。他率军于三月下旬到达西安，随即发兵攻打在陕西的大顺农民军余部和地方起义军，然后在五月初五向汉中进发，打败贺珍部。又向东到西乡、兴安，向西到秦州，打了几场胜仗，俘获大量牲畜。十一月，豪格自陕入川，在百丈关接受了张献忠部将刘进忠的投降，在刘进忠引导下，清军疾驰而过保宁：二十六日至南部，知张献忠在西充，便以鳌拜为先锋先发。次日黎明，漫天大雾，张献忠在毫无戒备的情况下观敌料阵时，被清将雅布兰一箭射中心脏而死，清军乘乱攻杀，大西军将士措手不及，牺牲较为惨重。

捷报传到北京，多尔衮不得不对豪格略加赞赏，不过也是"深可嘉悦"云。

顺治四年七月初一日，多尔衮为加强自己的统治，把胞弟多铎晋升为辅政叔德豫亲王。当然，他也不好当面任命，怕不服人心，为此，他有过一番精心的安排。事前，多尔衮把内大臣、各部尚书、启心郎等召来说："内大臣礼部都曾认为多铎剿灭流寇、底定陕西、平江南等功劳甚大，应晋封为辅政叔德豫亲王。我起初以为他是我的幼弟而犹豫不决。但我恭摄大政，任贤黜不肖是治国的原则，怎能犹豫？你们和诸王去商量一下再定。"诸王大臣当然不敢有不同意见，就这样定了下来。

这样多铎就和老资格的辅政叔王济尔哈朗平起平坐了。不久，多尔衮又下令停罢济尔哈朗辅政，复胞兄阿济格亲王爵，只令多铎一人理事，多尔衮与同胞血肉在一起谈兵论国较之过去方便多了。

这一年的十二月三十日，多尔衮又从朝臣之请，以“体有风疾，不胜跪拜”，且国家既定，享有升平，都是因为皇叔父摄政王福泽所致，故于元旦行礼时，多尔衮对顺治帝不行跪拜之礼。从礼仪上明确规定多尔衮与顺治帝平起平坐，无君臣之别。

多尔衮功大震主，而且使主无奈，他此时想起了妨碍自己向真正皇帝过渡时的情形。盛京皇宫之外，两黄旗护军箭搭弓弯；崇政殿内，两黄旗大臣刀剑出鞘。这一幕幕惊心动魄的情景，仿佛仍在多尔衮眼前晃动。

他开始着手准备排除异己，使用铁腕手段。

顺治五年二月初三日，肃亲王豪格自四川班师还京。多尔衮对这支两年余时间远征在外之师的凯旋却表示异常冷清，这种气氛已预示豪格有不祥之兆。不出所料，就在这个月，多尔衮以争功等微小的罪名处罚了跟随豪格征四川的将领希尔艮，并对一大批附和豪格的部将降职或停赏。为此，多尔衮拉开了打击异己的序幕，并很快将其推向高潮。三月初四日，济尔哈朗的几个侄子反戈一击，告发了济尔哈朗，罪状中除了家族内部矛盾之外，主要说他当年谋立豪格时做了手脚、让正蓝旗在镶白旗前行走以及言语不伦、无辅佐之功等罪名，会议论死。最后由多尔衮定罪，革去济尔哈朗亲王爵，降为郡王，罚银五千两，与其有牵连的索尼、鳌拜等各革职降罚有差。两天以后，即初六日，多尔衮就把豪格推了出来，说他征四川已有两年，地方却并未全部平定；说他推荐了罪将杨善之弟机赛补任护军统领衔；甚至对多尔衮“三次戒饬，犹不引咎”等等，于是诸王大臣议其罪应拟死。这时多尔衮又摆出一副慈善的面孔说：“如此处理，实在不忍，不行不行，不能这样做。”最后免豪格一死，剥夺所属人员，被幽禁起来，等于判了无期徒刑。

性情暴躁的豪格对此陷害十分震怒。被幽禁之后，他对阿济格等人发泄不满说：“要把我放了就没事，如果不放，别以为我会眷恋几个孩子，我会拿石头把他们全砸死。”没有多久，豪格便死在狱中。关于他的死因，众说纷纭，有的说是多尔衮谋害的，也有的说是多尔衮命监守者经常侮辱他，使豪格义愤填膺，竟绝食而死。总之，他的死与多尔衮的迫害是紧密相连的。

在多尔衮和豪格之间，还流传着一则桃色传说：豪格的福晋博尔济锦氏容貌艳丽，趁祝贺多尔衮诞时二人私通。为此，多尔衮便频繁派豪格出征，以达长期与她相处。豪格死后不久，多尔衮就急不可耐地把博尔济锦氏娶进王府。当然，多尔衮打击豪格，绝不仅仅因为这些争风吃醋的艳事，主要目的还是为了剪除政敌，铲除威胁。

但也并非尽属子虚，顺治六年十二月多尔衮元妃博尔济锦氏死后，次年正月便纳肃王妃博尔济锦氏为己妃，这是有史可证之事。这说明多尔衮与肃王福晋早就相识，也有可能发生过关系，不然为何在元妃死后，多尔衮偏偏选一个寡妇进入内宅，而且如此迅速？由此出发，多尔衮在豪格刚刚从四川回来就兴起大狱，而且如此沉重地打击他（对济尔哈朗以及两黄旗的鳌拜等，要宽容得多），也很有可能掺杂着这种个人的因素。

不管怎么说，多尔衮达到了一箭双雕的目的，他既消灭了最主要的政敌，又把楚楚动人的肃王妃拥入怀中，取得了一次大胜利。但是，两黄旗的众多将领还都手握重兵，虎视眈眈，随时都有可能颠覆他的统治，必须严密防范和不停顿地打击。

满洲正黄旗固山额真谭泰，自顺治元年投靠了多尔衮之后，很为本旗人所不满，隶属正黄旗的大学士希福就经常嘲笑他“衰庸”，为谭泰所恨，后谭泰揭发希福伪传多尔衮语，最后将希福罢官，没收家产奴仆。希福的侄子索尼对谭泰颇为不满，就告发谭泰，说他隐匿谕旨，“不集众传示”，结果谭泰被削公爵，降为昂邦章京，解固山额真任。谭泰立刻又报复索尼，说他曾对人说，“所攻克的北京不过空城一座，剩下的只是流贼，何功之有？”企图激怒多尔衮，谭泰还揭发说，索尼曾令人在内库鼓琴：在禁门石桥下捕鱼，在库院牧马，在朝门击鼓作戏等等，并说索尼骂谭泰“背主”，又要强送他马。结果法司询于图赖、巩阿岱、锡翰、冷僧机、鳌拜等在场之人，大都与谭泰所揭不同，但法司官承多尔衮之旨，议索尼三罪论死，冷僧机、巩阿岱、锡翰、塔瞻、鳌拜等坐以包庇之罪，分别议以革职、鞭责、罚银等。最后多尔衮见此案颇冤，无法服众，便发下谕旨：

索尼应依拟处死，念于朝廷效力有年，姑免死，革职并牛录任，著当差，永不叙用。冷僧机、巩阿岱、锡翰、鳌拜、塔瞻、巴泰、巴哈、德马护等本应依拟，故免罪。

图赖对多尔衮也颇不以为然。他随多铎征江南时，谭泰曾求他把南京留给自己取，图赖不满于此，向多铎揭发，多铎写信并遣塞尔特送索尼转多尔衮，但塞尔特却示此信于希思翰，被后者扔到河里，以保护谭泰。后事发，多尔衮在议谭泰罪时，以其为自己亲信而三日犹豫不决，图赖便跑去诘责多尔衮，问他，“何为迟久不结耶?”多尔衮哪里受得了如此蔑视，说图赖：“以言词逼我，我可不能忍受得了这样声色俱厉的态度！难道我不是先帝的子弟吗?”说罢拂袖而去。在座诸王见多尔衮生气，便把图赖抓住绑了起来，但又不好因此给他定罪，只好暗暗怀恨在心。顺治二年十月，图赖借请求多尔衮指示他的错误时说道：“图赖向年效力太宗，王之所知。如今图赖之心仍像效力太宗那样，不避诸王贝勒等嫌怨，见有异心，不为容隐；大臣以下，牛录章京以上，亦不徇隐其过恶，图赖向天发誓，必尽忠效力。”这实际上是公开向多尔衮表明自己的态度，如有对不起太宗，别有用心的人或事，他绝不会袖手旁观。多尔衮对这种公开的宣战却无可奈何，因为找不到图赖的话中有什么茬子。后来，多尔衮命图赖与博洛一起率军，攻打福建、浙江，回到浙江金华时病死，其子辉塞袭爵。但到顺治五年三月吞齐等讦告济尔哈朗时，又把图赖从前的“罪状”翻了出来，认为他和索尼等六人共立盟誓，谋立肃王等，实属大逆不道，革去公爵，籍没家产，革其子辉塞所袭之职，夺其北京投充汉人，因其官职所赏蒙古人、籍没杨善、罗硕家产时赏给之物，幽禁肃王时所赏银两鞍马等，并把他的兄弟子侄充当侍卫的，全部革退，就差把他从坟墓中掘出来焚骨扬灰了。多尔衮终于抓住了机会，对图赖恶狠狠地报复。

谭泰的待遇就不同了。顺治二年他被索尼讦告夺职之后，三个月后他就官复原职了。后来图赖逼迫多尔衮处罚谭泰时，他被下于狱，除给家口男妇九十余人、器皿、衣服之外，其余家产全部没收入官，不到两年他又被放了出来。谭泰被关押期间，多尔衮曾派人去看他，给他送吃的。谭泰便对来人说，“如果王爷救我，我当杀身报恩。”多尔衮知道了，把他放了出来，就在顺治五年三月大批两黄旗将领因吞齐讦告济尔哈朗而遭严厉处罚时，谭泰不但未受任何牵连，反而官复原职，与何洛会一起到江西去征讨金声桓了。到顺治七年多尔衮的威势达到顶峰时，他也当上了吏部尚书。

图赖死了，谭泰投靠，剩下的两黄旗大臣还要继续遭受多尔衮的打击。顺治五年三月吞齐等讦告郑亲王济尔哈朗一案中，除涉及济尔哈朗、图赖之外，鳌拜以四罪免死赎身，塔瞻从宽免革，锡翰革去公爵及议政大臣职衔，赎身，黜为平民，发去昭陵居住，将北京投充汉人、因其官职所赏蒙古、幽禁豪格时所赏银两鞍马等全部没收，兄弟子侄中为侍卫者全部革退。其他还有图尔格免革，其子廓步梭被革职，北京投充汉人及官赏蒙古被没收。

四月，廓步梭（也有写作“科普索”的）出来揭发他的祖母、他的父亲图尔格、叔父遏必隆，主要罪过是图尔格等在皇太极死后曾发手下三牛录的护军与白旗势力武装对峙。其中又涉及鳌拜、巩阿岱、锡翰等黄旗死硬派。最后经诸王贝勒大臣会议，多尔衮有旨将鳌拜免死革职，遏必隆免死革职，没收其母子家产一半，夺其所属牛录人丁。

在多尔衮的频频打击下，一些黄旗大臣投靠了多尔衮，如拜尹图、巩阿岱、锡翰、席讷布库、冷僧机等，“心归墨勒根王”。他们对鳌拜和索尼说：“我们一心为主，生死与共的誓言，俱不算了。”还逼迫这两人一同悔誓。所以这几个人都被封为贝勒、贝子，鳌拜和索尼都问罪降革，把索尼发配盛京，甚至拆毁图赖的享堂。索尼、鳌拜、巴哈这些人，始终遭到多尔衮的嫉恨。一日，多尔衮问大家，是不是鳌拜和索尼的关系很好，扩军统领伊尔德、侍卫坤巴图鲁、巴泰、费扬古、郭迈、鄂莫克图（其中并不都是两黄旗属人），一个个都不吱声。多尔衮就问巴泰：“你是不是和索尼很好呵？”巴泰说：“我们俩在一起工作得很好。”多尔衮又问鄂莫克图：“你和索尼是郎舅关系，关系该不错吧？”鄂莫克图回答说：“虽说是郎舅关系，但关系却不怎么样。”费扬古和郭迈也帮他说话。费扬古还补充说：“我平生倔强，对无关的事情一概不睬。”多尔衮见没问出什么东西，十分不高兴，说这些人不说实话，于是将伊尔德、坤巴图鲁、巴泰、费扬古、鄂莫克图、郭迈等或革职，或罚之，或倍罚之。可谓滥发淫威，但矛头仍是指向索尼和鳌拜的。

多尔衮除打击两黄旗的大臣之外，对两黄旗其他方面的权益也加以限制，如康熙初年鳌拜辅政时期大搞圈换土地，就是因为多尔衮当年“欲住永平府，留剩周围地土未圈，且欲令伊本旗切近，故将镶黄旗应住地方与正白旗”，所以“各旗沙压水淹、不堪耕种之地内，镶黄旗地尤不堪”。

多尔衮打击黄旗势力，可谓不遗余力，甚至包括白旗之中的异己势力，同时扶植自己的党羽，安插在各旗之中。多尔衮与其政敌之间的斗争，仍是旗旗之间的斗争的继续，属于统治阶级内部的矛盾冲突，不同于专制主义中央集权的加强。

总的来说，多尔衮集权、打击郑亲王、逼死肃亲王等的真正目的是为他登上“太上皇”宝座扫清道路，即恢复“以我为君，以今上居储位”的梦想。所谓“俟归政，然后隶于上”的话，亦表明他无意推翻福临的皇帝宝座。

七、争太上皇

多尔衮死后，以顺治帝为首的满洲贵族上层，揭露了他一系列的“悖逆”行为。给他翻案的朝中大臣许尔安等分别受到处分；百年之后，乾隆帝再度翻案，才把案情的方向扭转过来。但无论是朝中大臣，还是乾隆帝提出的翻案理由都不真实，多尔衮的真意是当太上皇。

（1）继选辅政王

多尔衮从进入北京的那一天起，身体就被病魔缠绕。加上他为人心胸狭窄，对自己个人的得失计算过细，心情不舒畅，因此严重影响身体健康。顺治三年（1646年）初，他的病情日渐加重。当年二月他对户部尚书公英俄尔岱说，“予为上摄政，惟恐事多阙误，生民失所，日夜焦思，又素婴风疾，劳瘁弗胜”，已产生畏难情绪。他把希望寄托在亲弟多铎的身上，当和硕豫亲王多铎以定南大将军带兵消灭南明第一政权，将福王朱由崧俘掠回京后，他立刻加封他为“和硕德豫亲王”。此后，他迫不及待地将和硕郑亲王济尔哈朗“辅政王”的乌纱帽拿掉。通过他控制的内院大臣刚林、祁充格和礼部尚书郎球名义，于顺治四年（1647年）七月初一日，召集各部尚书、启心郎等说：

兹内大臣、礼部佥以和硕德豫亲王剿灭流寇、底定陕西、殄福王、平江南及击败喀尔喀部落土谢图汗、硕雷汗厥功深茂，应进封为辅政叔德豫亲王，予初亦念及此，尚以王为予季弟，故犹豫未果。然予恭摄大政，简贤黜不肖，国之巨典，毋容瞻顾，尔等偕诸王定议以闻。众佥以为然。

显然，多尔衮是通过内院和礼部贯彻自己的政治意图的，尽管表现的羞羞答答，但还是将自己的亲弟推上了辅政王的宝座。在他诫谕德豫亲王多铎时，有一句语重心长的话，即“汝继予辅政，益加勤勉，斯名誉非小矣”。这“继予辅政”本意，具有代替之意。第二天，福临亲临太和殿，册封和硕德豫亲王多铎为辅政叔德豫亲王。换句话说，从顺治四年（1647 年）下半年，多尔衮已有弃辅政王，甘做太上皇的思想。

（2）太上皇佐证

顺治四年（1647 年）十二月三十日，在辅政德豫亲王多铎的带领下，和硕郑亲王济尔哈朗、镇国公固山额真拜伊图、辅国公内大臣锡翰、巩阿岱、固山额真何洛会、宗室韩岱、内大臣多尔济等商议，派遣索尼、冷僧机、大学士范文程、刚林、祁充格等启奏，决定元旦节给皇上敬酒时，多尔衮“入班行跪礼，俱应停止”。最后奉谕：“以后凡行礼处，跪拜永行停止。”这个礼节的取消主要原因是多尔衮功高、有病。从病体说，情有可原；从功高说，不尽合理。多尔衮说：“若以我为君，以今上居储位，我何以有此病症。”今天病体只换来不下跪，他自然不满足。所以，第三年，即顺治六年（1649 年）二月十三日“皇父摄政王”之语，便在致李朝的“清国咨文中”出现，而在国内是在上一年的十一月，同样的词句在蒋氏《东华录》中记载甚明。这件事在国内意见尚未统一。郑亲王济尔哈朗、多罗郡王博洛等，明确表态说，这是多尔衮“自称为皇父摄政王”，没有经过朝廷会议。多尔衮指责其阻力是“索尼、鳌拜辈一向参差”所致。因此，在辅政德豫亲王多铎，与两黄旗中少数大臣、侍卫及攀附多尔衮的冷僧机、巩阿岱、锡翰等配合下，内外相结合，贯彻多尔衮做太上皇的意图，“遂将索尼遣发，鳌拜问罪”，并将“宗室博穆博果尔俱逐退，勿令近御”前。

多尔衮死后，清廷在揭发、清算他的“悖逆”行为时，有“潜拟至尊。盖造府第，亦与宫阙无异”“其仪仗、音乐、侍卫之人俱与皇上同”“王曾不令人知，备有八补黄袍，大东珠、素珠、黑狐褂”。由多尔衮的侍女吴尔库尼呼罗什、博尔会、苏拜、詹岱、穆济伦五人至。嘱之曰：“今可潜置棺内及回家殡殓时，罗什、苏克萨哈、詹岱、穆济伦将八补黄袍、大东珠、素珠、黑狐褂潜置棺内。”对于这些做法，郑亲王济尔哈朗、巽亲王满达海、敬谨亲王尼堪及内大臣等认为是“潜逆至尊”。为多尔衮翻案的人认为是将要送给皇上。各有说法，莫衷一是。事实很清楚，多尔衮是为做太上皇做准备。至于他欲迁驻永平，并非谋反。他早就说北京的夏天地下水苦，不堪饮，只有春、秋、冬三个季节较好。他想做太上皇以后，夏天到永平，或者去避暑城。结果这些未经朝廷商议，暗中操作的诸种事情都成了他“悖逆”的罪行。

（3）本无悖逆心

多尔衮在追求太上皇的道路上走得不顺，原本令亲弟辅政德豫亲王代替自己辅政，事情刚有个头绪，江西提督总兵官金声桓、广东提督总兵官李成栋和大同总兵姜瓖先后举起反清大旗。从顺治五年（1648年）二月至顺治六年（1649年）三月的一年中，弄得他手忙脚乱，焦头烂额。调兵遣将，亲自出征，光是大同共出兵五次，专征姜瓖三次。刚喘一口气，顺治六年（1649年）三月初十日，“皇父摄政王”旗号刚刚实施，辅政德豫亲王多铎出痘消息报至。八天后，多铎讣至居庸关。多尔衮真是无可奈何花落去，“去缨易素带泣”。这些事都给他冰冷的太上皇宝座雪上加霜，实难承受。

从此，多尔衮的情绪日渐低落，渐入胭花色情之中。顺治七年（1650年）十二月初七日病重，初九日病死于口外喀喇河屯，享年三十九岁。多尔衮临死前，曾“召英王语后事”，史称“外莫得闻也”。多尔衮是否有叛逆之心，必须研究英亲王及多尔衮周围人员的表现。

密召英亲王所语何事，无人知晓。从英亲王表现，是分成两步骤夺权，即通知儿子贝子劳亲多带兵来，准备胁迫两白旗服从自己，实现夺权愿望。英亲王希望早见到多尼，以便争取他。劳亲按照英亲王旨意，擅自带兵前来，与父亲会合，并护多尔衮灵柩直奔京城。从阿济格表现，似乎多尔衮密召是个阴谋。但从多尔衮周围的人看，并非如此。这里有三个问题值得注意：

其一，自从顺治六年（1649年）和硕德豫辅政亲王多铎病死后，阿济格要求辅政起，多尔衮对其兄采取防范措施，不允许多铎儿子多尼及镶白旗大臣到阿济格家去。阿济格供认其“不令多尼阿格诣我家”。阿尔津等在回答阿济格时说，之所以将镶白旗分成两部分，以多尼“所属人员置之一所”，唯恐生嫌，所以分隶两旗。英亲王为争取多铎的部下将领，急于召见阿尔津、僧格等人。阿尔津“以自本王薨后，三年不诣英亲王所”，不肯奉诏。这些事实表明，多尔衮没有团结兄长夺取皇权之意。

其二，刚林攀附多尔衮，人所共知。当他发现阿济格情况不正常，竟派三百骑兵向京城进发。他立刻策马“日夜驰七百里”，先行到达京师，“遍告宗王、固山等为备”，及时制止英亲王变乱。

其三，多尔衮旗下几位最忠实的侍卫，即满洲侦察英雄瓜尔佳氏吴礼堪的两个儿子，吴拜及其四弟苏拜，他们各世袭二、三等伯爵。满洲大族三等总兵官他塔拉氏达音布本族萨弼图亲弟博尔惠。著名总兵官巴都里之子罗什、公塔拜第二子、议政大臣额克亲等，多尔衮死时都在身边。他们侦知阿济格五次为多尔衮临丧而不至；召其第五子郡王劳亲，以兵迎胁摄政王所属人附己；怨摄政王不令豫亲王子多尼诣己处；诘责豫亲王旧属阿尔津、僧格，且讽端重亲王博洛等速推己摄政等诸种表现。他们认识到阿济格在争取摄政王下属支持劳亲，一旦“得我辈必思夺政”。于是额克亲、吴拜、苏拜、博尔会、罗什、阿尔津会议：英亲王“不得多尼王，即欲得我两旗，既得我两旗，必强勒诸王从彼。诸王既从，必思夺政。诸王得毋误谓我等以英亲王为摄政王亲兄因而响彼耶。夫摄政王拥立之君，今固在也。我等当保王幼子，依皇上以为生。遂急以此意告之诸王”。从多尔衮亲近大臣、侍卫和对阿济格的防范意识，可知多尔衮临死时没有令其亲信支持阿济格之意，更没有“悖逆”皇上，史载其“无成谋”的意见没有错。

（4）留下的班底

从顺治六年（1649 年）、七年（1650 年）间，多尔衮重用的人员，可以看出他的基本班底组成。三月十二日，封太宗第五子多罗承泽郡王硕塞、阿巴泰子多罗端重郡王博洛、褚英第三子多罗敬谨郡王尼堪“俱为亲王”。四月二十九日，令代善第七子贝子满达海为和硕亲王。顺治七年（1650 年）二月，将部院务事交给和硕巽亲王满达海、博洛和尼堪料理。同时，令多铎子亲王多尼、硕託弟顺承郡王勒克德浑、穆尔哈齐的四子贝子务（吴）达海、宗室辅国公锡翰、穆尔哈齐第三子镇国公汉（韩）岱并议政。一般各部院事务由固山额真谭泰、何洛会，内大臣冷僧机、大学士刚林、范文程等“裁决”。遇到军国大事，“集英亲王、议政大臣、固山额真、公同商议”，然后报告摄政王。这个班子有三个特点：以年轻的宗室子弟组成；多数是他亲自提拔、重用的人员；远支宗室子弟占很大的比例。

从上述的事实中不难看出三个问题：

其一，多尔衮内心存在称帝的美梦，常常以一种失望情绪，耿耿于怀。他梦想皇太极死后自己称帝，以福临作为继嗣。但是内部权力平衡的结果，神圣的皇位与他擦肩而过。于是，他不得不求其次，做了摄政王。他的主导思想始终在维护福临的皇位，不想取而代之。特别是顺治元年（1644 年）至顺治三年（1646 年）有明显表现，想甘当周公。

其二，他是中国历史上难得的伟大的政治家、军事家，但不是成熟的封建社会忠臣，不能与历史上的周公相提并论。他在忠君的背后，通过暗中操作，谋求太上皇宝座，引火烧身，一时身败名裂，造成长期的历史误会。

其三，在胜利面前，居功自傲，歪曲事实，残酷打击政敌，枉法擅权，造成严重损失。

第九章　最后时光

1650年，是多尔衮生命中的最后一年。他在这一年，干了许多被后人看来是有损名誉甚至是荒唐的事情。在这一年，他几乎日日纵情于声色犬马，烟抽得比以前更重了，打猎的次数比以前更多了，需要的美女人数也比以前更增长了，在这一年，他几乎与政权管理脱钩了。有人说，这才是多尔衮的本性，他本来就是一个纵情于吃喝玩乐的人。可我却认为，这个纵横天下的英雄，隐隐感觉到了生命的危机。我们应该有能力相信：一个能预知战争成败的英雄，同样能预知自己的死亡。

公元1650年，即大清顺治七年，是多尔衮生命的最后一年。他在这一年中，虽然身体不适，不能常常出没在宫中，但是内心深处却非常思念顺治小皇帝。常年的辛苦征战让多尔衮伤痕累累，根据历史记载，他是有暗疾的。在1640年的松锦战役中，多尔衮受了伤，当时他觉得自己的身体底子好，没有怎么仔细地医治，然后很快地又再次上战场。在之后的将近十年的岁月中，多尔衮一直都在忙碌，不是运筹帷幄于千里之外，就是浴血奋战在硝烟弥漫的疆场。随着大清朝迁都到北京，他的事情一天比一天多，根本没有时间好好休息养病。这个小小的暗疾，渐渐地，日积月累的，就变成了隐患。最后，达到了无法医治的程度。

在生命的弥留之际，这位草原英雄，做了些什么？

多尔衮的烟瘾比以前更重了。他在年轻的时候就酷嗜烟草，每日烟袋不离口。今天的人们可别小看了这个嗜好。烟草是在大明万历年间传入我国的，时间并不长。当时，人们认为烟草可以“辟瘴气”，用通俗的话说就是可以驱除一些不良的气息，因为是外来货，所以卖得非常贵。在当时的东北地区，一斤烟草的价格和一匹马相等，和野生的人参差不多了。因此，不是富贵人家肯定是吸不起这玩意儿的，那是一种很高档很奢侈的嗜好。多尔衮酷爱抽烟，他在思考问题的时候来一袋，在想念大玉儿的时候也来一袋，在夜深人静睡不着想起他母亲的时候，再来一袋……自古以来，男人爱吸烟，已经成为忧郁与沉默的象征。胸中有块垒，通过这样的方式来消散。只是，多尔衮本来身体就不好，烟，对于他来说，也是毒物，只能暂时缓解伤痛而已，日积月累，便成了要人命的病。

其实，摄政王多尔衮是一个嗜好很多的人。

其中的很多嗜好是多尔衮排遣自我的一种方式，从现代人的角度看，就是多尔衮的私生活和休闲娱乐。我们可以通过对多尔衮私生活的透视，了解他的不为人知的真实的一面。

嗜好这东西是每个人都具备的一种潜能，也是每个人都离不开的一种生活中的小插曲。如果现实世界让人太失望的话，人们就会用一些稀奇古怪的爱好来麻痹自己的神经；同样，如果现实世界太让人满意的话，人们也会用一些离奇的爱好来放松自己的情绪。对于多尔衮来说，他的爱好大概是两者兼而有之吧。

太忙碌的人是顾及不上自己的嗜好的，嗜好需要时间，也需要金钱，有时，嗜好的实现还需要借助于权力。就是因为嗜好有这么多的相对性因素，所以，不是每个人都能够做到有很多嗜好的。

嗜好多的人往往是精力充沛的人。

嗜好又是一种很奢侈的东西。

有嗜好是一回事，满足嗜好又是另一回事。有嗜好并且能够让自己的嗜好随时随地得到实现和满足是一件奢侈的事情。

根据嗜好实现和满足的状况，可以把嗜好分为多种。一般的情况下，人们并不总是处于忙碌的状态之中，也并不总是关注某一件单一的事情，总会在某一件事情结束之后想办法换一种方式让自己清闲一下，透一口气，这时候嗜好就起很大的作用了。这种嗜好比较具有普遍性，属于容易实现的嗜好。比较而言，太奢侈的嗜好就不是每一个人都能够负担得起的，太浪费时间的嗜好也不是每一个人都能承受的。所以，多嗜好的人必须有充足的条件：有空闲，有精力，有资金，也得有情绪。

这些，多尔衮都具备了。

多尔衮是一个精力相当充沛的人。

他的睡眠时间与常人相比，要少上一半；他的工作时间与常人相比，则要多上一倍。对于大权在握的人来说，情况往往会如此。多尔衮忙碌，为了国家的政治、军事大事，他整日忙碌不停。他有太多需要操心的事情了，他的空闲时间不多，也许正是因为如此，他才格外地珍惜自己的余暇，让它们充分地被利用起来，让身心得到暂时的享受。

至于满足嗜好的物质基础，多尔衮就更不缺乏了。他是一个能够呼风唤雨的人物，他也是一个能够操纵他人命运的人物，他身边不乏文人雅士，提高一下他爱好的档次，也不乏一些粗俗人物，向他指点享乐的方式。多尔衮可以有多种嗜好，他可以享受多种嗜好，这是民间的普通百姓不能与之比较的。

但无论如何，多尔衮也是人间一普通的人，他的嗜好与普通人的嗜好，并没有本质上的区别，只是在程度上有高下之分罢了。

多尔衮的一些嗜好，完全是休闲型的，这些嗜好说穿了也是他在日常生活中消遣的方式。衣食住行，是人们生活中必备的要素。多尔衮是凡人，也离不开这些东西。只是在饮食习惯上，这位显赫人物有自己的特点罢了。在食物方面，多尔衮尤其喜欢吃牛肉。他不仅以牛肉为菜肴中的主品，更把与牛有关的食品作为养生的主要食物。多尔衮炒菜要用牛油，做饭用牛骨头当柴烧，每天早晨还要喝上一大杯牛奶，来客人则用牛奶制成的奶茶招待。在多尔衮豪华的宴会厅中，散发的是牛肉类食品的腥膻之气。当时著名的汉族文人钱谦益到多尔衮的家中做客，受到多尔衮的热情款待，就尝到了牛肉宴的滋味。钱谦益是南方人，对于食品的烹调和料理非常讲究，对于菜肴的色、香、味均有严格的要求，也算得上是一位美食家了。但是，到了多尔衮家中，钱谦益还是大开了眼界。

钱谦益的脚刚刚跨进多尔衮的宴会厅，就闻到了一股难以忍受的腥膻之气。他不敢皱眉，勉强忍住心中的恶心，继续向前走。多尔衮早已满面笑容地迎候在房中，见到钱谦益，一摆手，令人端上茶来，热气腾腾。钱谦益正想用热茶压一压胃中的翻腾，于是欣然接过茶来，一看，吓一跳，慌忙问道："王爷，这是何物？"

多尔衮见钱谦益目露惊异，心想，必是他没有喝过的，于是得意扬扬地说："此茶乃是用牛的乳汁与茶共煮而成，鲜美可口，最是养人了。"

钱谦益喝一口，胃中更加翻腾起来，但他不敢说出心中的真实感受，只是在口中唯唯诺诺地应付而已。对宴会上的每一道菜肴，他几乎都难以下咽，却见多尔衮吃得口舌生津，意趣飞扬，心知满汉饮食结构上差异甚大。对于满族人的食品，汉族人是难以习惯的。

钱谦益饿着肚子回去了，多尔衮却认为汉族文人食量甚小，也就一笑了之了。

在汉族人看来，多尔衮的饮食习惯怪异，不可思议，也不可想象。所以，人们就将多尔衮的这一大嗜好写进了有关的逸事趣闻中去了。但是，从现代营养学的角度看来，多尔衮的饮食结构还是有一定的合理性的。

牛肉虽然口感比较重，但属于富含蛋白质的食物，而牛奶则有利于肠胃的消化和吸收，经常食用对人的身体大有裨益。多尔衮这种饮食结构的形成一方面与蒙古族有密切的关系，大清皇室一直保留着与蒙古之间的联姻关系，多尔衮很可能是从蒙古贵族那里学会这种饮食之道的，而另一方面，多尔衮的生活压力非常大，需要保持充足的体力和旺盛的精力，以牛肉为主的饮食结构则满足了他的这种需要。

多尔衮的这种与汉人有异的饮食习惯被汉族文人大肆宣扬，主要是出于一种歧视少数民族的心理，用来丑化多尔衮。有些作品中甚至把多尔衮描写成茹毛饮血的恶魔，声称多尔衮爱吃毒蛇恶虫等物，与野兽无异，连嘴里面的唾沫都散发出一股腥膻之气，这就纯粹是无稽之谈了。

此外，多尔衮还喜欢围猎，经常出外行围打猎，以作消遣。这与满族人的民族习惯也是相一致的。满族人生长在白山黑水之间，属于游牧民族。满族人的后代在很小的时候，就已经开始训练行围打猎的本领了。所以即便是很小的孩子，也能够在冰天雪地之中，打马如飞，百步穿杨。

爱新觉罗家族更是注意对子弟在武艺方面的培养。多尔衮从幼年时期起，就练就了一身行围打猎的好本领。多尔衮年长以后，则在行伍之中摸爬滚打，南征北讨。他的身子就像是为了骑马射猎而生的，几日不摸马鞍，就会觉得生活中缺少了什么。

实际上，早在努尔哈赤之前，爱新觉罗家族的后代就以军事征伐起家，骑马射箭的功夫不仅是家族的古训，也是谋生的重要本领。满族贵族在入关之前，无不是行围打猎的好手。入关之后，在清初还注意这方面的训练，但随着时间的流逝，这一祖训也就慢慢地被人忽视了。努尔哈赤那一代，爱新觉罗家族的子孙都有强悍的体质。到皇太极以及多尔衮兄弟，仍然保留着父亲那代人的风格。这以后，满族人入关，战事不再吃紧，对于骑马射箭的功夫就逐渐地荒废了。

到了清朝后期，皇帝们的体质大不如前，往往弱不禁风，这与马上功夫荒疏也大有关系。

多尔衮喜欢行围打猎还有另外一个理由，那就是围猎本身给多尔衮带来的自由和征服的感觉，而这种感觉是他在现实生活中所缺少的。

在茂密的森林深处，一切世俗的东西都被抛之脑后。

自然世界中有一种神奇的力量，可以让人们的身心彻底地得到放松。新鲜的空气，迷人的风景，广阔的山野，活泼自在的野生动物，大自然用一种和谐沉静的气氛感染着每一个置身其中的人。

多尔衮喜欢行围打猎的气氛。

纵马在森林深处奔驰，可以让他暂时忘却一切烦恼。与野生动物们同处一片蓝天之下，没有高低贵贱之分，没有财富与地位的争执，更没有钩心斗角、尔虞我诈，多尔衮能够彻底地放松。

只有自然，才能让多尔衮感觉到自由。在行围打猎的时候，多尔衮的心是自由的。他按照自己的心意去做，按照自己的心意打马飞奔，按照自己的心意去征服，去猎取。

聪明的人类在动物世界中是主宰者。

围猎中的多尔衮也是主宰者，这一点不需置疑。

看着自然界的生命四下奔逃，多尔衮有一种满足感，他要的就是这种感觉。看着被猎获的动物在血泊之中挣扎，多尔衮有一种快感，他要的正是这种感觉。

行围打猎，使多尔衮寻求到了生命的乐趣。他在心中烦闷的时候，会出行打猎，以解忧愁；在青云直上的时候，也会去打猎，以安定自己跳跃不停的心灵和躁动不安的血液；在多尔衮身体有恙的时候，他还是会去打猎，他认为，森林里的空气以及打猎带来的痛快是治疗疾病的良药。

多尔衮的生活离不开行围打猎，那是他的另一种生活。

行围打猎是一种贵族式的消遣活动，需要充足的装备，也需要大量的随从人员。由行围打猎，又衍生出了多尔衮的其他爱好。

由于打猎的需要，多尔衮又养狗、养鹰成癖。

狗是一种忠实和勇敢的动物，古今中外，迷恋养狗的人很多。多尔衮是其中的佼佼者。财富和权力给多尔衮养狗的嗜好披上了一层与众不同的光辉。

据说，多尔衮养的狗有三千多条，种类不下数百，身形各异，体态不一，有的大如马，有的小如猫。多尔衮的狗都有名字，其中著名的有金狮大王、通天豹子、地上龙、旱地蛟、雪毛虎、呼天彪等，俨然一支装备齐全的盛大“狗军”。因为主人地位显赫，这些狗也得以留名史册。

多尔衮喜欢养狗，也重视养狗。为了养好狗，他精心配备了一支专门负责狗的饲养和训练的队伍，每日出行之时，既有声势浩大的狗阵营，也有浩浩荡荡的负责驯养狗的养狗人的队伍，可谓跟随者众。

一人得道，鸡犬升天。即使是摄政王家里的狗，也有自己的豪华美食。多尔衮家中驯养的每一条狗每天都要喂食数量不等的猪肉和羊肉，以保证它们有充足的体力，为摄政王围猎效力。光是多尔衮喂养狗的费用，就让普通的老百姓瞠目结舌了。

多尔衮养狗，当然是人们谈论的逸事。

鹰动作敏捷，身手不凡，经常翱翔于高空之上，对地面的生物动向了如指掌，鹰是动物世界的主宰者。多尔衮爱鹰，鹰符合他性格中争强好胜的一面。每当在行围打猎之时，见到雄鹰矫健的英姿，总会激起多尔衮满怀的激情和抱负。

鹰寄托着多尔衮的人生理想。

多尔衮多次要求朝鲜向他供奉良鹰，他养的鹰有千只之多，每次出外狩猎的时候，全部出马，加上随行的人员，又是一道声威夺人的风景。

其实，多尔衮的这些爱好，在当时来说，只不过是一些普遍性的爱好。当时的满族贵族无不有此爱好。行围打猎也好，吸食烟草也好，驯养鹰、狗也好，哪一个贵族不是如此呢？多尔衮的这些嗜好之所以受到人们的关注，并且发展成一种声势，一种权威的象征，与他本人有重要的关系。

以多尔衮的显赫，一举一动无不受到世人的关注，必然会产生所谓的名人效应，引发人们的评论，这也是正常的。

多尔衮是一个好色之徒。

好色几乎是历代统治者的通病，多尔衮岂能例外？

多尔衮作为大清皇朝实质上的最高统治者，身边当然不乏美女，用美女如云来形容是不过分的。据《爱新觉罗宗谱》记载，多尔衮在十二岁的时候，就和蒙古科尔沁台吉吉桑阿尔赛的女儿博尔济锦氏成婚，博尔济锦氏被称为元妃。除此之外，多尔衮又先后娶了福晋佟佳氏、扎尔莽博尔济吉特氏、科尔沁博尔济吉特氏、肃亲王豪格的福晋、朝鲜的义顺公主李氏，共有六位妻子。多尔衮又有妾四人，分别是察哈尔公齐特氏、博尔济吉特氏、济尔莫特氏和李氏。六妻四妾，也算得上是一个小后宫了。

多尔衮嗜色如命，他片刻也离不了女人，但他最钟情的还是大玉儿。

多尔衮这些年内心一直不平静。他无法控制地想到，自己这一生的失败。他几乎等了她一辈子，可是到最后，到生命弥留时分，这个女人，这个已经失去了丈夫的女人，又拿出年幼的儿子做理由，拒绝了他。多尔衮忽然觉得，自己无比孤独。越是勇敢的人，越害怕孤独。他害怕自己在生命的最后瞬间，没有人陪伴。所以，他选择了无比极端的做法，不加选择地广招女人。在那时，他除了强占豪格的妻子之外，还在生命的最后一年命令朝鲜国王为自己选朝鲜美女侍候。

当时，摄政王威名远播，民间也在广为流传多尔衮和大玉儿之间的暧昧情事。朝鲜的姑娘们心下里的想法也不一：有人非常愿意来到中国，与勇敢的摄政王为伴；有的人也害怕异国他乡的艰难，迟迟不敢表态。结果，国王好不容易在和王室有关系的女孩子里，挑选出一位，千里迢迢地送了过来。多尔衮听到这个消息之后，命令送亲的队伍一定要加快速度，赶快送来。哥哥的这个反常表现让弟弟多铎很不理解。

深夜，多铎来到多尔衮的寝宫，看见哥哥正斜倚着床榻，脸上露出难得一见的憔悴神色。

“哥哥，我听说，你逼迫朝鲜为你挑选美女送进北京城，有这件事吗？”

多尔衮连眼皮都没抬，低声回复道：“有啊，怎么？你认为有何不可吗？”

多铎知道事情大有蹊跷，上前一步，扶住哥哥的手臂说：“哥，我知道玉儿姐姐拒绝了你，你心里难受，但是你切不可这么糟蹋自己的名声啊！咱们现在跟以前不一样了，不是你教我的吗？咱们满人在关外的时候，怎么做怎么闹都可以，那是咱们的风气。可是现在进了北京城，当了全中国的家了，就不能再把那一套拿出来了呀！”

多尔衮平静地睁开眼睛，看着自己最亲的弟弟，他照顾了一辈子、呵护了一辈子的弟弟。他忽然间觉得放心了，“多铎，你终于长大了，万一哥哥有个什么三长两短，也就放心了。你能这样想这个问题，我很高兴。”

“哥哥，你怎么了？你怎么会有什么不测？现在天下都是你的，你为什么会说这样的话？难道又有什么新的情况发生了吗？”多铎还是有些沉不住气的，连连问道。

“多铎，我没什么事，你回吧，我累了。很多事情我已经想明白了，你放心，我现在在做什么我自己知道。你就好好保重自己吧，好吗？”多尔衮深深地看着多铎，仿佛在说临终遗言一般。

多铎怀着沉重的不理解离开了多尔衮的寝宫。他想，哥哥一定是太累了，需要好好休息，他觉得，多尔衮一定会想明白朝鲜美女的事情，不需要他为此多担心，他甚至还想过，其实哥哥向朝鲜要几个美女这种小事情本无可厚非，现在天下都是多尔衮的，要什么没有呀！要什么不应该啊！他实在是多虑了。多尔衮看着多铎离去的身影，疲倦地闭上了双眼。他真的累了，心里累，身体也累了。一向行事鲁莽不在乎他人看法的多铎现在已经学会了注意他人的眼光，他长大了，做哥哥的他也可以放心地离开了。他三十多年来如一日地照顾弟弟，特别是在父亲母亲相继离开之后，他拿多铎当自己的儿子一样培育，终于走到了今天。

什么名望、身后的评价？对于那时的多尔衮来说，已经不重要了。担当身前事，何计身后名？作为一个男人，他完成了所有人的期待。他的父亲努尔哈赤没有做到的事情，他做到了；他的兄长皇太极没有完成的愿望，他完成了。从今以后，他的子子孙孙将躺在他的功劳簿上，享受荣华富贵，他不求感激，甚至不在乎后人会怎么评价他。因为到现在他终于明白了，那些事情那些评价那些人的看法，对他来说，真的不重要，反正已经听不到了。在他父亲离开的时候，没有给他留下一句话，在他母亲被迫殉葬的时候，没有留下一声哭叫。原来是真的，人，死了就什么也听不到了。要不，这么多年，父母为什么到现在还没有听到他的倾诉，他的孤独，为什么没有让他得到他最想要的，那种平静的生活和被爱的幸福！

这么多年来，他一直在付出，从来没有想到过要索取什么。现在他必须要一个女人守在他身边，为他送行，他必须要一个。几天之后，朝鲜送来的美女已经到山海关了，多尔衮挣扎着起身，以打猎为名，亲自出山海关前去迎接。对于他来说，这是无比庄严的一个仪式。他想过，如果这个女孩子长得像玉儿，或者性情脾气有一点像她就好，他就会用他的后半生好好对待她，和她在一起，远离是是非非，安宁地在避暑城生活。他已经没有多少年华多少精力可以浪费了，他实在是需要为自己好好考虑一下了。

多尔衮在宁远以东的连山地方，接到了朝鲜送来的新娘子。多尔衮像个孩子一样，迫不及待地掀开车帘一看，那一眼，让他非常失望。也许是因为经过了太长时间地跋山涉水，女孩子面容困顿、憔悴，毫无生机，而且目光呆滞，一看就不是个聪明的女孩子。离多尔衮想象的花容月貌、妩媚水灵差太多了。这怎么能和他第一眼看见大玉儿的时候相比呢？那时候，他也是跟着父亲去关外接的大玉儿，大玉儿也是旅途劳顿，但是为什么那第一眼见到的，就是真正的美女呢？多尔衮恼火至极，当场便毫无风度地把朝鲜送亲使者痛斥了一顿："公主不美，侍女丑陋，足见你们国家没有诚意。"这样的女子，怎么可能放在身边陪他度过后半生呢？多尔衮立即下令把那可怜的女孩子遣送回去，非常愤怒地说："如果选来漂亮的，以前的嫌疑都可以烟消云散。不然，你就是来解释十次，也没用。"据说，至此后朝鲜国王只好再次下令在全国范围内征选美女。后来，终于选出若干。结果，在送往北京的半路上，就接到了多尔衮的死讯。

多尔衮是彻底失望了。他拿着自己前半生的所有所得，想赌这后半辈子的幸福，还是失败了。面对着蓝天，仰望着头顶的雄鹰，这一回，多尔衮真的突然间衰老了。他的面目显现出前所未有的疲惫和沧桑，这个男人，这个在血与火的考验中都没有败下阵来的男人，在岁月面前，终于，认命了。

几乎在同时，顺治皇帝对多尔衮对他的教育，产生了强烈的逆反心理。由于母亲大玉儿长期不断地教诲，顺治皇帝在小小的年纪就已经学会了要韬光养晦，他在别人看来完全是一个没有出息的只知道整日玩耍的野小子，对多尔衮更是满心的感激和恭敬，从不显示出任何违逆的表情。这个年纪轻轻的孩子，一直在演戏，和他的母亲在演戏，和多尔衮在演戏，和他的老师们在演戏，甚至和他自己也在演戏。就这样，在多尔衮的身体状况大不如前的时候，顺治皇帝内心的仇恨却在与日俱增。

危机与矛盾让懵懂无知的顺治小皇帝心智过早地成熟了，他心里的压力也越来越重。自从到了北京城之后，他从未体会到老天爷的丝毫恩赐，却时刻都在多尔衮的监视下提心吊胆地生活。亲王贵族们的戏谑和冷眼，母亲的期望，还有在大家的强迫下他娶的那个他并不爱的妻子，这一切的一切，都让他真切地感受到了人世间的痛苦和冷酷。为了生存，他也付出了高昂的代价。由于他长期处于两种矛盾的心理当中，他一方面感激多尔衮帮他赢得了江山，一方面又因为恐惧和猜忌，仇恨多尔衮。平日的生活里，他一方面要用外表的贪玩嬉戏、无所事事来掩盖内心的仇恨和算计，另一方面，他又要以高傲的面孔去压抑住内心的软弱和胆怯，所以他变得喜怒无常，非常神经质。他听说多尔衮平日里身体不适的时候，内心深处既有一丝担心，又有一丝高兴。他很想去看看多尔衮，但一直踌躇着没有去。他怕他一不小心流露出开心的神情，让多尔衮给瞧了去。

多尔衮生病的时候，顺治皇帝并没有什么亲密的表示，这让做叔叔的很不开心。在极度痛苦的时分，多尔衮卧床不起，难免发些牢骚。“我得了这么严重的病，身体很不好受，皇上虽然是百姓之主，九五之尊，难道就不能把我当作一个平凡的家人，过来看看我吗？如果说皇上小不懂事，身边的人呢？干什么去了？非得等到我死了，才有人来问一声吗？”自从大玉儿明确表示不能嫁给多尔衮之后，多尔衮就没再去看过她。都不是小孩子了，既然已有选择，且自已过自已的日子吧。多尔衮的话传到了大玉儿的耳朵里，她连忙指示福临，让他在第一时间内去看多尔衮。福临本来就不高兴，也不太敢去看多尔衮。一听母亲这么一指示，联想到人家传的多尔衮和他母亲之间的种种，心下里一团怒火，不过也只能压抑着不爆发，赶忙来看多尔衮。

多尔衮牢骚刚刚发完，就看到顺治皇帝走进门，他一时间也有点不好意思。连忙挣扎着起身，居然下地行了跪拜之礼。“皇帝，您怎么可以出宫来看我呢？天下这么多事情，都要您亲自费心呢！”顺治皇帝好久没有接受过多尔衮的跪拜了，手足无措起来。连忙上前扶起多尔衮，认真说道：“皇父摄政王身体不适，做晚辈的早就应该看望，已经来晚了，您不要介意才好！”那一次，应该是两人之间最后一次亲密交流了。

多尔衮的心里有很多很多话想告诉福临，不再是以一个皇父摄政王的地位，只是以一个平凡人家的长辈告诉他。于是，多尔衮屏退了房间内其他的人，只留福临一个人在身旁。

“福临，你知道你为什么叫这个名字吗？”多尔衮问，福临摇头。

“这个名字，是当时你母亲给你取的，那时，你的父亲因为宠爱其他妃子，所以经常忽视你母亲的存在。正巧这个时候，你来到这个世界上。你母亲觉得你就是她所有的福气，福气终于降临到了她身上。福临，你现在已经不小了，你应该能明白你身上寄托着多少期望吧？”

多尔衮的话让福临听着很不舒服，他一直怀疑多尔衮和他母亲之间的关系，对这样的事情非常敏感。

“皇父摄政王费心了，我当然知道母亲对我的期望。”福临脸冷了一下，轻声地说。

多尔衮由于身体不适，并没在意福临的表情。他继续敞开心扉地说：“福临，现在天下已经是你的了，可是翻阅历史书籍，不难看出，自古以来，打江山容易、守江山难。这个江山，你的父兄们帮你打下了，以后就看你怎么守住了。”

性情乖戾的福临从来不敢在多尔衮面前流露出自己的野心，总是小心翼翼地藏着。“福临心里十分感激皇父摄政王打下的一片江山，有您在，江山一定会守得很牢固的。”

多尔衮近距离地看着福临，感慨万千。他的心里有百分的怜爱、万分的担心。他知道这个被他选定的孩子，未必比同年龄的孩子幸福，他知道福临身上的重担。这片大好河山是他一点一点为福临积攒下来的，他真想再多看几眼。另外，他若真的走了，这个孩子能不能担当重任？也是他心里最大的担忧。不过，他相信他的大玉儿，从他们第一次见面开始，他就知道，福临的母亲不是一般的女人，她能够承担重任，帮助福临坐稳江山，振兴大清。他相信大玉儿，正如他相信他自己。一想到要离开大玉儿，多尔衮竟然情不自禁地在福临面前流下热泪。福临从来没见过多尔衮如此脆弱，一时间也僵在原地，手足无措。凭他的敏感，他或多或少地意识到了多尔衮的衰老，他隐隐地觉得，自己的机会马上就要来了。

多尔衮自幼体弱多病，早年又命运多舛，心里上的伤痛一直没有平复。定都北京后，他的身体状况一直是时好时坏的，令人担忧。1649

年秋天，多尔衮患的那场病非常蹊跷，本是一件小事情，却牵一发而动全身。多尔衮骑马的时候从马上栽了下来，膝盖磕了一下，擦破了皮，出了些血，多尔衮当时心想这也不是什么大事情，一把土往出血处一按，暂时止血就成了。满洲人流行一个做法，认为大地是万能的，多尔衮心想，这土壤里面的盐分就可以消毒了。同时，多尔衮还看到一些石灰。虽然石灰这个东西，劲儿比较大，但是多尔衮心想自己反正也不怕那点疼，忍忍就好了，于是，他把石灰和土掺和在一起，就往自己的膝盖上抹了抹，当作治疗了。多尔衮作为男人，在这方面可不是细心的人，周围又没有一个爱他的女人陪伴他，结果多尔衮认为这个伤口抹了这些就可以了，没想到的是，结果病没好，病情越来越重。

顺治七年（1650 年）二月，多尔衮强烈地感觉到身体不适，一种如阴霾一样的对于死的恐惧再次占领了他的心房。当时他的心里只有一个非常强烈的念头，他绝对不能死在北京城内，他要回到他的草原，死在那一片广阔的蓝天之下。另外，他的心里还有一分隐忧，自从和大玉儿不联系了之后，他对她的思念反而更深切了。如果不能死在大玉儿的怀里，他也宁愿不要让大玉儿看到他生命的弥留时分。他宁愿，在大玉儿的记忆里，他始终是坚强的、强壮的、无所不能的。

于是，他在心情极度烦躁的时候，率领诸王贝勒及八旗官兵出关打猎，一边散心解闷，一边远离让他伤心的北京城。晚上七时左右，骑兵们将一只老虎赶入他们的包围中，多尔衮连射未中，突然感觉到膝盖处一阵剧痛，浑身都没了力气。就这样，他从马上跌落下来，面色无比苍白，诸王大臣们也是十分恐惧，连忙将他抬入附近的避暑城。途中，多尔衮望着头顶渐渐黑下来的天，他的双眼也渐渐地合上了。

就这样，一代枭雄和他的父亲努尔哈赤、他的兄长皇太极一样，还没来得及对后事做任何安排，就魂归苍天了。可叹的是，多尔衮与大玉儿结缘定情，要从多尔衮从老虎身下成功救起大玉儿那天算起，而多尔衮离开人世的那一瞬间，他依然想射死一只老虎。历史，在这里安排了一次如此奇妙的巧合，巧到让人心酸的程度！静静地倒在那么辽阔那么宁静那么远离困惑的大草原上，多尔衮看见天空中有几只矫健的苍鹰划过。他想起那一次，他从老虎手中夺回了大玉儿的命，那时大玉儿的剪水双瞳，充满着盈盈浅笑，他醉在那样的笑容里，一醉就是这么多年。他想起无数次与大玉儿的幽会，深情款款的笑容，他们的身体如同被点燃了一般炽热地燃烧。他想起多少次出征前，大玉儿总是远远地看着他，即使她不在他的视线里，他仍然能够感觉到她目光的温度。他想起他和大玉儿密谋让福临即位时，大玉儿脸上忽然闪现的兴奋之情。这一个又一个瞬间，串起了一个英雄一生的爱情宿命。多尔衮，作为一名当之无愧的英雄，他终于走完了这一段辛酸的爱的旅程。离开，也许真是最圆满的归宿。高天上的雄鹰会把他的期待带回到大玉儿的身边，千万年后的历史会记得他，他相信后人一定会理解他，理解一个永世不没的爱情传奇。

多尔衮猝死的消息传到北京，仿佛平地炸雷，晴天霹雳一般，举国震惊。不论是在王府还是在宫中，不论是多尔衮的亲人还是仇敌，所有的人在那一时间，都惶恐得不知所措。

几日之后，多尔衮的灵柩回到京城，顺治皇帝率领诸王贝勒和文武百官，全部身穿素服，整齐地站在东直门外迎接。顺治皇帝亲自祭奠，他扶着多尔衮的灵柩车失声痛哭，亲自下跪，久久不能直立。跪在旁边的文武百官也不禁涕泪长流，有的人号啕大哭，有的人唏嘘感慨。灵柩车从东直门进来后缓慢地向西行进，北京城内的老百姓自发地来送多尔衮最后一程。沿途跪拜的人如山一样连绵起伏，哭泣的声音也如波涛一般此伏彼起，连绵不断，场景十分壮观。

那一天，顺治皇帝哭得十分伤心。对于多尔衮的猝死，年仅十三岁的福临是真心觉得悲痛的。他忽然明白了早些日子他去看多尔衮的时候，多尔衮拉着他的手说的那些掏心掏肺的话，他忽然明白了那一天多尔衮的眼睛里为什么会有泪。不管多尔衮生前是如何的专权，毕竟，他的皇位是多尔衮让给他的，是多尔衮当年主持扶立他为皇帝，才有了他的今天。近几年来，更是如此，内外大事全靠多尔衮帮他操劳，才有了现在的太平盛世。现在多尔衮突然故去，对于从未自己亲自处理过政事的顺治皇帝来说，无疑是一个巨大的打击，仿佛推倒了一座在他面前牢不可破的墙。墙倒了，可以信任可以依赖的人没有了，他很不习惯，很空虚，甚至很害怕。顺治皇帝向全国发出哀诏，极尽煽情之能事，大意是这样写的：

当初，我的父亲突然离开人世的时候，很多人支持皇父摄政王多尔衮即位，论才华论能事论威望，多尔衮做这个继承人也是最为合适的。

但是当初，皇父摄政王坚决地拒绝了这个提议，并且顶着压力拥戴我做皇帝。这么多年来，他一直在竭尽所能地扶持我。向外平定中原，统一天下，向内政治清明，理顺朝纲。皇父摄政王多尔衮崇高的品德和伟大的功绩，综观千古，再也找不到第二个可以与之相提并论的人了。

灵车驶进王府，公主、福晋以及文武百官的命妇，都身穿孝服跪在大门内痛哭。当天夜里，诸王贝勒以下的官员都留下为多尔衮守丧。

皇帝福临发下哀诏：

昔文宗皇帝升遐之时，诸王群臣拥戴皇父多尔衮。我皇父坚持推让，扶立朕躬。又平定中原，统一天下，至德丰功，千古无两。不幸于顺治七年十二月初九日戌时以疾上宾，朕心催痛，率士衔哀，中外丧仪，合依帝礼。

并规定：自辛卯之日起为国丧日，共二十七日。在国丧日内，全国上下官民人等一律服孝，在京禁止屠牛十三日，在京在外，婚丧嫁娶，官员停百日，民间停一月。

过了六天，顺治又下诏书追尊多尔衮为懋德修道广业定功安民立政诚敬义皇帝，庙号为成宗。多尔衮生前没有坐上皇帝的宝座，死后却受到了追尊为皇帝的殊荣。

大清皇帝福临大张旗鼓地为多尔衮办起了丧事，举国上下，一片悲哀。多尔衮的身后，仿佛会持续他生前所享有的荣耀。

大概只有在深宫内院的孝庄才能确切地知道，她的儿子福临要打一副什么牌。只是，前段时间的病情刚刚略有起色的孝庄又病倒了。

山雨欲来风满楼。

敏感的朝臣已经预料到风向将会有所变化。

多尔衮一度主导大清的风向，如今他人已西去，再想控制大清政治风向已经不可能了。那么，很快就会有新的主导风向控制局面，而这个主导风向不用说，也能猜出来，就是当今的皇帝——福临。

这个隐忍了多年的人物，他终于要出手了。

福临早就憋了一肚子的火，皇帝做了七年，竟然不知道做皇帝的威风，因为他的头上还有一个实质上的“太上皇”。多尔衮对于福临的压制是必然的，他绝不会轻易地把权力拱手相让，必然与一心想得到实权的福临发生矛盾。

只不过，福临本人从未明显地流露出不满。

因为，他身不由己。

对于福临来说，多尔衮丝毫也不把他当作大清的皇帝，他一手把持朝政，操纵国家机器，所做的都是僭越之事。

多尔衮专横跋扈，曾经以顺治年龄尚小为由，多次拒绝为福临开办讲筵，讲习帝王修身治国之道。他根本就不想对福临进行任何有关政务和军务的培养，当然更不想把国家大权交给福临。

不仅如此，多尔衮的手下对福临也非常轻慢。一次，福临出去围猎，多尔衮的手下故意将福临引上崎岖的山路，使得福临被迫下马步行，他们反倒在一旁讥笑福临不会骑马射箭，福临的自尊心受到了严重的伤害。

福临一向不作声，因为他觉得还不到作声的时机，但是有心计的福临没有忘记多尔衮做过的任何一件让他不开心的事。

最先受到政治风云波及的是多尔衮三兄弟中硕果仅存的阿济格。

据说，多尔衮在临终之前曾经将阿济格叫到身边，暗中叮咛。阿济格在多尔衮死后率三百骑兵，日夜兼程，赶往京城，有明显的夺权意图。幸亏顺治早就注意到他的动向，事先关闭了京城的九门，并令朝中文武做好准备。结果，阿济格的三百骑兵都做了刀下之鬼，他本人也成了阶下之囚。

仔细分析一下，阿济格的罪名是有些疑点的。

阿济格本来就是一武夫，于政治权谋全不在行。他在多尔衮死后做出一些鲁莽之事，是非常有可能的。但是说多尔衮在临终前嘱咐阿济格作乱犯上，就很难让人相信了。对于阿济格，最熟知的莫过于多尔衮。多尔衮深知哥哥在政治上不是可堪造就之才，甚至阿济格向他请求继多铎之后做叔王，成为他政治上的助手，多尔衮都没有答应，难道他会相信哥哥的能力，让他阴谋造反不成？

何况，凭借两白旗的势力，阿济格也不会以三百骑兵的劣势与皇帝争夺政权，除非他精神有问题。

只是皇帝一言既出，金口玉言，阿济格是无法争辩的。

阿济格的罪名被拿到台面上，让朝臣们公开讨论。

讨论的结果令人惊异。

阿济格最主要的罪名是对自己的亲弟弟多尔衮不够尊重，在多尔衮死后没有按照正常的礼仪去到多尔衮的灵前哭灵，而阴谋叛逆倒是还在其次的罪行。

经议政大臣会议商定，阿济格被幽禁，他名下所属的十三牛录归于福临亲率的两黄旗下，除了保留少量的杂役外，其余人口、牲畜一律入官。两白旗的将领凡是参与此事的都视情节的轻重分别被处以处斩、鞭责、革职、抄家等处罚。曾经显赫一时的两白旗遭到了打击，而多尔衮生前视之为臂膀的阿济格则被连根清除了。

小皇帝福临以特有的方式向朝臣们发出了暗示，一场清算多尔衮的战争就要开始了。

顺治八年（1651 年）正月，福临颁诏于天下，宣布正式亲政，大清皇帝福临开始掌握政治的主导权了。在皇帝的诏书中，已经不再提及多尔衮被追尊为成宗皇帝一事，多尔衮的封号又被降到了“皇父摄政王”。

权力本来就是过时的东西，而多尔衮生前所占有的权力如今被正式宣告过时了。这宣告的背后，则隐含着无限的杀机。

树倒猢狲散，多尔衮的亲信们开始惶惶不可终日了，他们感到末日就要临近了。

而新势力已经登场，收拾局面。

福临首先做的是扶植长久以来受多尔衮压制的势力，他们的积怨最深，爆发力最强，是可以当枪来使的。福临先后将博洛、尼堪恢复为亲王，他们两人曾经被多尔衮降职，有一肚子的牢骚，福临准备让他们发泄出来。

紧接着，福临又将投靠他的苏克萨哈、詹岱等封为议政王大臣，久受压制的黄旗老臣鳌拜、巴哈等也进入了议政王大臣的行列。这些人是确保自己占有主动权的关键。另外，福临还积极地拉拢久在人下的两红旗，将两红旗中代善的后裔封为亲王、郡王，以保证自己在未来的斗争中更加得心应手。

小皇帝福临变成了另外一个人。

福临严肃练达，出手不凡，就像是一个偷窥了武林秘籍的人，他的功夫突然变得高不可测。福临在这场斗争中是稳操胜券的。

顺治八年（1651 年）二月，原来曾经是多尔衮手下的苏克萨哈和詹岱等人联合站出来告发多尔衮，他们揭发说，在多尔衮死后，一殉葬的侍女吴尔库尼曾经对他们说过，多尔衮没有让人知道，就预备下了八补黄袍、大东珠、素珠、黑狐褂等物品，要在死后偷偷地放在棺内。这些揭发多尔衮的人，曾经是他最信任的亲信。世上最令人寒心的事大概就是背叛，而在政治斗争中，背叛则最为常见。

多尔衮如果泉下有知，恐怕除了拈须长叹，也是没有别的法子可想的。

最富有戏剧性的是小皇帝福临，即位七年的福临一直是一个话语不多的、沉静的皇帝，仿佛是一个没有长大的孩子，他总是用幼稚的眼光去对待别人告诉他的一切。他谦虚，谨慎；他平和，善良。小皇帝从来没有表现出对多尔衮有过任何的怀疑、不信任。一向沉默的福临就像一座休眠已久的火山一样，突然喷发出来滚烫烫的岩浆。顺治听到揭发后，拍案而起，怎么，摄政王竟然有谋反的野心吗？

几日后，福临将多尔衮的罪名正式公布中外，其罪状如下：

将拥立福临为帝尽为己功，并在任摄政王后排挤另一摄政王济尔哈朗，而任用自己的弟弟多铎；将诸王大臣杀敌剿寇的功劳占为己有；所用的仪仗、侍卫严重冒犯天子的龙威；逼死豪格，夺其妻子、官兵、户口、财产，归为己有；假称太宗皇太极即位并非是努尔哈赤的遗嘱；把持操纵一切政务，任意升降官员；以朝廷自居；等等。

无论如何，多尔衮在死后不到一年的时间里，就由政治的峰巅被扔下了谷底。皇帝福临带着一种刚刚了解一切的愤怒对曾经是自己最信赖的叔叔施以残酷的惩罚，尽管多尔衮本人已经亡故于九泉之下。据当时的传教士记载，顺治“发现自己的叔叔活着的时候怀着邪恶的企图，进行暧昧的罪恶活动。他十分恼怒，命令毁掉阿玛王华丽的陵墓，掘出尸体，这种惩罚中国人认为是最严厉的。因为根据宗教的规定，死人的坟墓是备受尊重的。他们把尸体挖出来，用棍子打，又用鞭子抽，最后砍掉脑袋，暴尸示众，他的雄伟壮丽的陵墓化为尘土。在他死后，命运给了他以应得的惩罚”。

而根据朝鲜使者的记载，除此之外，多尔衮陵墓中的殉葬品也被改成了陶器，一切金银制品全被挖走。多尔衮死后，竟然没有得到安宁。

事情还没有完。灾难已经像瘟疫一样，席卷了多尔衮的族人。

多尔衮死后，多尔衮的养子多尔博继承了多尔衮的爵位和财产。福临对于多尔衮进行打击当然不会放过多尔衮的继承者。多尔衮生前置办下的家业被全部没收入公，而他的女儿东莪和养子多尔博则被赏给信王为奴。

多尔衮被打翻在地了，接着遭殃的是他素日的党羽和亲信。

为了收拾掉这些人，顺治罗织了几起大狱。在刚林之狱中，曾经投靠多尔衮，为多尔衮删改实录的刚林被判处死刑，籍没家产，妻子为奴。受其牵连，他的弟弟常鼐被革职解任。祁充格作为多尔衮的死党，同刚林一起私改史书，也被处以死刑，籍没家产。就连大清最知名的老臣范文程也受到了处罚，因为他在多尔衮执政期间，与多尔衮交往过密，范文程被革职解任。

在巴哈纳狱中，阿附多尔衮，将国库内的金银私自送到多尔衮府中的巴哈纳被革职解任，没收家产的三分之一。遭到同样处罚的还有硕詹、王国光、车克、布丹、祝世允、雅赖、硕色、穆臣等人，昔日以多尔衮作为栖身大树的人都受到了株连。

另外还有冷僧机。冷僧机因在多尔衮摄政之后，迅速投靠多尔衮，是多尔衮的亲信，早就受到福临的猜忌。而他自己还没有意识到这一点，想替多尔衮的家人说话，认为皇上应该回报多尔衮当年拥立他的恩情。谁知福临反唇相讥，将大臣们叫来询问，竟无人承认此事。大臣们反而咬出冷僧机曾经私自送白狼裘给多尔衮一事，为此，冷僧机被贬职为民，家产被全部没收。从此后，再没有人站出来替多尔衮的家人说情了。

谭泰也是多尔衮的亲信。当年谭泰被下狱时，多尔衮曾经给他送过野鸡和野猪肉，并搭救他出狱，因此谭泰对多尔衮非常感激，他曾经当面对多尔衮说要报答其恩情，多尔衮死后，他也流露出这种想法。这样的人怎么可以继续留在朝中呢？顺治还没有发话，就有人主动站出来收拾他了。结果谭泰与他的主子多尔衮一样，被罗织了十几项罪名，处以死刑，没收家产，子孙为奴。

顺治办事的方式是雷厉风行，铲除敌人的斗争当然是速度越快越好。

在多尔衮的党羽被处理得差不多的时候，顺治的思路又回到了开始。还有一个大的敌人，那就是多尔衮的哥哥阿济格。

阿济格已经被治得很惨。这个昔日纵横疆场的英雄，他的儿子和女儿们做了别人的奴隶，他的家产被没收，而他本人像猪狗一样地被囚居着，顺治对他进行严加看管，就连阿济格所吃食物也要从外面传进去。阿济格曾经是战场上的雄鹰，如今却成了阶下之囚。

可以想象脾气粗暴的阿济格在这种环境下会做出什么样的事情来。他稍不如意就瞪起眼睛来骂人，甚至对看守他的人进行人身威胁，他声称自己绝不能再忍受这种屈辱，他要拆掉房子，放火焚烧。看守他的章京把阿济格的动向汇报给了顺治皇帝，并添油加醋地说，已经听到阿济格拆房子的声音了。

顺治当然是巴不得阿济格有什么动向的，当即表示，这样的人绝不能再留在世上。一生以战场为家的阿济格没有死在战场上，而在刑场上失去了自己的头颅。

多尔衮三兄弟就这样凋零了。

多尔衮没有料到，当年他打击、压制的对象如今都成了报复他的人。

福临在政治上到底是一个不成熟的新手，他将多尔衮成功地打倒在地，但却不能让人心服口服。多尔衮的罪名集中在他妄自尊大，有篡位之心上，这的确是福临最痛恨他的地方。但是，有关多尔衮摄政期间所做出的功绩，有关他制定的政策、法规，有关他在武力征伐上的功绩，是无法一下子就被抹杀掉的。

对福临不满的当然还有他的母亲孝庄。

福临对多尔衮进行一系列的处治之后，孝庄就卧病在床了，她把自己留在宫中，坚决不见福临。福临虽然对母亲与多尔衮的暧昧之事心怀不满，但是他也知道，他的母亲有自己的苦衷，母亲是这个世界上最为他着想，最疼爱他的人。

福临想方设法地求得孝庄的原谅。

另外，朝臣们在朝中的神情也让福临产生了疑心，他们中有心中不服气的吗？

得收手时就收手，与一个死人过不去对自己的将来又有什么好处呢？

福临的气也出得差不多了，他开始想自己会不会做得太过分。

聪明的福临当然不想在亲政之初就给人留下话柄，说他心胸狭窄；

他更不想让他的亲信们对自己的将来产生怀疑。一生为大清江山鞠躬尽瘁的多尔衮死后如此凄凉，谁又能保证自己的身后不会遭到同样的命运呢？况且朝中最近的确是人心惶惶，对于多尔衮集团的清算一时让许多显赫的人物跌倒。人心，是必须争取的东西。

试探性地，福临放出了一个信号。

他要看看朝中人心的归向。

顺治十年（1653 年）三月，顺治晓谕工部，说多尔衮的坟墓遭到毁坏，他于心不忍，要求工部将多尔衮的坟墓重新修缮一下，但是坟墓的房屋以及门墙都要用黑色，以示对多尔衮罪恶的一种惩戒。他命人看守多尔衮的墓地，以免遭人破坏。

顺治似乎回想起多尔衮在世时的种种好处，他的心变软了。

对于多尔衮来说，是不是一个翻身的机会呢？

顺治十二年（1655 年），福临下达诏书，命令内外大小官员直言时政，有人壮着胆子出来为多尔衮说话了，吏科副理事官彭长庚、一等子许尔安分别上书称颂多尔衮的功绩，请求恢复多尔衮的爵位，修葺多尔衮的坟墓。

顺治果然没有预料错，有人是暗中为多尔衮鸣不平的。

对于这种大胆的上书，顺治没有直接评论，而是命令大臣们共同讨论。

结果反对派的势力占了上风。

多尔衮地位的确定，不是他一个人的事情，而是涉及新当权的两黄旗以及蓝旗的利益。如果多尔衮所代表的白旗势力再度得势，刚刚从历史阴暗处走出来的他们会得到什么样的下场呢？

济尔哈朗首先站出来反对，这个时候他是决不会充当墙头草的，他与他的侄子贝勒尚善一同上奏，一条一条地驳斥彭长庚的上书，并再次重申了多尔衮所犯下的罪行。九泉之下的多尔衮又被骂了个狗血喷头。济尔哈朗义正词严地建议，将上书的彭长庚和许尔安处以死刑，籍没家产，妻子儿女充为奴隶。

顺治等的就是这样一个结果。他要造成这样一种声势：对于多尔衮的打击不是他一个人的决定，而是朝中的大臣们共同商议的结果。但是作为皇帝，他还是摆出了一副悲天悯人的架势，特意下达诏书将二人从宽发落，将彭长庚和许尔安流放到了宁古塔，并准许许尔安的儿子继承他的爵位。

顺治略施小计，将自己的责任推了个干净。

在顺治一朝，为多尔衮平反的事虽然不断有人提及，但却从来没有成功。上有皇帝本人对此事的反感，下有济尔哈朗等人的反对，因此多尔衮充其量也就是在死人堆里被一而再、再而三地折腾而已，他仍旧是一个大清的罪人。

此后百多年间无人敢论及多尔衮，多尔衮所亲信的大臣，活下来的都是叛徒，剩下的都随着多尔衮殉葬去了。转眼之间，多年精心培养的势力，土崩瓦解。从这儿我们也可以看出，多尔衮这个人没有私心，如果有私心的话，不应该是这样的下场。而他的所作所为，顺治小皇帝年轻的时候如此痛下杀手，到了他的后代乾隆皇帝的时候，乾隆皇帝经过一番精心的考证，终于在1778年为多尔衮正式平反昭雪，修复坟茔，复其封号——睿亲王多尔衮，追谥曰忠，补入玉牒（皇家的家谱叫作“玉牒”）。如此这个翻来覆去的案子，最终盖棺定论。

人活着的时候，即使有扭转乾坤的能力，死了之后也不过只是一堆尘土而已。在顺治皇帝近乎疯狂的宣泄之中，我们的孝庄皇太后，多尔衮心爱的大玉儿，始终保持着沉默。尽管她内心不忍，时常在夜深人静的时候哭泣，但是她的目光却非常冷静非常坚定。多年的宫廷生涯，早已经将她磨炼成了一名成熟而出色的女政治家。多尔衮的离去带走了她的爱情，毕竟，她还有江山。她还要替多尔衮守住这片江山。

多尔衮的一生是传奇一般的一生，是英雄的一生。

像爱新觉罗家族的许多子孙一样，多尔衮从小就擅长骑射，时常驰骋在疆场之上。皇太极天聪二年，多尔衮十七岁，他和十五岁的多铎一起，随皇太极出征察哈尔多罗特部，取得敖穆伦大捷。皇太极见两个小弟弟初次从征远国就立此勋劳，十分高兴，分别赐以美号，多尔衮号为“墨尔根戴青”（聪明的统帅）。很可能在这次战役中，多尔衮不仅骁勇善战，而且足智多谋，以计获胜，所以获得这样的美号。由此可见，多尔衮从小就不是一勇之夫，而是个智勇双全的将帅之才。

此后，他多次入关攻明，在天聪五年大凌河之战后，他和阿巴泰跟着降而复叛的祖大寿，乔装为溃逃的明军，结果锦州城内的明军发兵接应，被他们杀伤不少。战术上得当，战略上也颇有主张。天聪七年，皇太极向诸王贝勒征询意见，讨论进攻明、察哈尔和朝鲜何者为先。多尔衮力主以征明为先，提出应整顿兵马，乘谷熟时入关，围北京，截断明朝的援兵，摧毁屯堡，立足于久驻，表明了他夺取明朝天下的远大抱负。天聪八年，他和岳託、萨哈廉、豪格等人率军追击察哈尔林丹汗残部，说降额哲，崇德元年征朝鲜时又说服李倧放弃抵抗，和平攻取江华岛，都体现了他军事家的谋略，所以崇德元年皇太极建国大清时，他被封为和硕睿亲王，说明他的特点就是足智多谋，聪明睿智，从墨尔根戴青变成了墨勒根王。

顺治元年初，中国大地上出现了几大支互相敌对的势力，使当时的形势变得十分错综复杂。这样一种形势，往往是瞬息万变的，谁能把握住时机，谁就能占有优势。由于主要敌人是明朝，所以多尔衮曾派人去联络农民军，争取攻明的统一战线。但局势逐渐发生变化，主要谋士范文程也指出来："我们虽说是与明朝争天下，实际上却是与流寇在角逐"。多尔衮立即发现他建议的正确性，决定改变以往的计划，几天之内就发动大军南征，把这看作是"创业垂统之时"，不可失去的良机。事实证明，多尔衮的决定非常及时，如果慢了一两步，就有可能出现别样的结果。但没有多久，多尔衮又得知农民军已攻克北京的消息，便放慢步伐，在边外游移观察动静，而吴三桂决定献关投降，又使他见机而作，迅速麾军前往山海关，赶在李自成陷关之前与吴三桂结成同盟。这一动、一静，又一动；一快、一慢，又一快，完全根据形势而定，体现了多尔衮既果敢大胆又心细谨慎的军事家胸怀。可以说，入关之役最充分地体现了多尔衮的军事才能。

入关之后，军事形势更复杂了，敌人增多了，仗也越打越大了。但是摄政时期军事上的失误却依然很少，多尔衮还能应付自如。他把矛头首先指向农民军，这在战略上显然是对头的，因为力量对比对清军无利，就需要集中优势兵力，各个击破；况且这样做还能争取北方汉族地主阶级的支持，麻痹江南官绅。于是，他入北京之后，即命吴三桂、阿济格等马不停蹄地追击农民军，又在山东、山西、河南等地对大顺军展开攻势，取得了相当大的战果。但是，他也犯了一个军事家不该犯的错误，就是在顺治元年十月之时，过高地估计了自己的实力，发兵双管齐下，矛头指向汉人，若不是大顺军怀庆之役偶然帮了他一个忙的话，他会为自己的疏忽大受其害。在汉人的抗清斗争全面展开之后，多尔衮不仅派重要的王公将领如豪格、多铎、阿济格、满达海、勒克德浑等经常率兵在全国征战，而且以吴三桂、孔有德、耿仲明、尚可喜坐镇川、湘、鄂、两广诸地，剿灭南明政权的抗清势力。洪承畴坐镇南京，总管江南一切军政大事，实行“以汉治汉”，也颇见成效。正是多尔衮恰当地使用了这些降清汉将，才使他在姜瓖反叛时调集所有重要王公对这个心腹之患进行围剿，无需为南方的战争分忧。

多尔衮之所以能在复杂的形势下常采取正确的军事对策，除了他个人的才能之外，还在于他能敏锐地发现臣僚们军事建议的价值，并且总是对这些建议加以利用。如顺治元年六月柳寅东建议速攻大顺农民军，八月吴惟华提出“征西四策”，多尔衮都表示同意，并在用兵时按建议的方略去做。同在八月，多尔衮看到山东莱川知府黄纪的奏疏，说四川形势险要，如农民军退守四川，将会危及周边数省，关系重大。请求在京的四川旧弁陈联芳、卢进忠、简化龙、李芝秀四人派到征陕西的清军那里效力，可以先进川招抚旧部、乡勇、土司等，一同剿灭农民军。而四川平定，“滇、黔、楚、粤之间，不烦一旅而定矣”。多尔衮见此建议事关重大，颇有可取之处，急忙把陈联芳等四人召到内院，亲自询问他们军情。

多尔衮不仅在战略总方针上亲自把关，在一些具体战术上也时时过问，凡有重大军事行动，他对主帅常常叮咛嘱咐，授以作战方略。顺治二年初多铎攻下西安之后，多尔衮立即指示他“趋往南京”，以及他和阿济格的具体分兵事宜。等到多铎攻克南京、俘获福王，以及进一步攻取浙江之后，他又派人到多铎那里，布置一系列善后措施。顺治二年七月洪承畴被派去经略江南，多尔衮又面授机宜，认为“江南初经归命，其余各省远迩未同，已归者尚多惊疑，未附者或怀观望”，要安定江南半壁，还须下大气力。于是他亲自指示对江南各省已经归顺者、未归顺者、“顽梗无知、乘机啸聚”者，以及降兵、降官、故明废绅的具体处理办法，还针对江南水乡的特点，令各督抚挑选精壮，参用满汉，练成水军，以备随时调用。是年十一月，多尔衮派固山额真巴颜、李国翰率兵入陕，与驻防西安的内大臣何洛会一同征剿四川。临行前又谆谆告诫他们：“如果大军一到，贼寇败逃，慎勿穷追，以致使军队疲劳。……至于屯驻军营，更当考虑地势，有事当随时驰奏，请旨定夺。”后来豪格征四川、博洛等征浙闽，多尔衮都有内容相似的指示。多铎是多尔衮的爱弟，因此多铎出征的成败更为多尔衮关心。顺治三年五月，多铎出征蒙古苏尼特部，临行时，多尔衮嘱咐他说：

"你受命御众，凡行军之事，必须同诸将商量好，以图万全。别以为自己能干而违反大家的意见，别以为自己的将勇兵强而轻敌。队伍营寨，瞭望听静，一切都要小心谨慎，不得怠惰。信赏必罚，相机行事，乘敌不合而破之。我军将士有首先陷阵、破敌立功的，或有临阵败走，惑乱军心、干犯重刑的，要大家一起商量好了奏闻。各官犯有小错，或护军校、骁骑校以下犯罪应斩的，商量好后立即发落。千万不要懈怠，你要谨慎啊！"

后来多尔衮将多铎送出安定门时，还对他说："听说腾机思、腾机特等已经投奔了喀尔喀部硕雷，若果真如此，你即将硕雷一并抓来。到临阵之时，将帅应身先士卒，不得退后，以冒虚名。倘若敌人败入杭爱山一带，可即班师，以后再整兵征讨，定要根除。"像这样的具体指示，以后还经常发出。

对战争中的功过，多尔衮像其兄皇太极一样，一向赏罚分明。如顺治元年十二月，以平定青州功，赏赐和托、李率泰、额孟格、陈锦、柯永盛等四十三人黄金、彩币、貂皮等物；又以招抚山西功，赐固山额真叶臣、祖泽润、石廷柱、巴颜、李国翰、刘之源、佟图赖、吴守进、金砺、库鲁克达尔汉阿赖、伊拜、觉罗巴哈纳银六百两至三百两不等，满、蒙、汉八旗梅勒章京以下四百多人也被赏银两有差。顺治二年三月，多尔衮又先后追叙征锦州、杏山、山海关等处功，对宗室以下八旗满洲官员五十五人加以升级封爵。当然，像多铎平定江南，后又征苏尼特部大捷，更免不了重赏，跟随他麾下的将士也都能同得好处。反过来，阿济格征李自成时行动迟缓，又汇报不实，再杂以他罪，降为郡王。顺治二年十二月，跟随阿济格剿灭农民军的格尔泰因弃兵败走之罪，被削一世职，罚银三百两；吴三桂下护军统领巴克勇也因"随众私逃"被提议革职。在攻取南京时，谭泰因向图赖建议缓师，被下狱，没收家产，希思翰、索尔和与硕尔对都因庇护谭泰分别处以斩首、籍没家产，免死折赎等刑。顺治五年二月，以希尔艮在征张献忠时与别人争功，降职折赎，但主将同僚不加检举，也要处罚，如鳌拜停赏、苏纳海鞭一百折赎、觉罗巴哈纳降爵赎身等。像这类赏罚是常有的事。总的来说，升赏多于降罚，这对于鼓舞士气、增强战斗力有很大的作用。

总之，清初，特别是入关以后的七年里，任何一次大的军事行动都离不开多尔衮的指挥筹划，而他对形势透彻的了解、对敌我双方实力的正确认识，加上他丰富的作战经验、较强的驾驭将士的能力，都是清朝初年清军作战胜多负少的因素。所以，我们尽管对这些军事行动、对军事行动的指挥者所造成的破坏表示遗憾，但对多尔衮军事家的才干仍不得不由衷钦佩。

历史上任何一位杰出的军事家，往往同时又是一位杰出的政治家。因为如果没有高瞻远瞩的政治眼光，他就难以作出长远的战略规划，如果没有宽阔的政治家胸怀，他就无法与可能被自己争取的势力结成同盟，无法熟练地驾上驭下，使其心甘情愿地为自己效死。当然，一个政治家的身上应当拥有更多的优秀品质，他应该比军事家具有更多方面的才能。多尔衮就不仅是个军事家，而且也是个政治家，从某种意义上说，他比努尔哈赤和皇太极的地位更高，因为他的父兄从没有经过他所经历的这样一种复杂的形势，从没有统治过这样广阔的领地，从他开始——不是从福临开始——清朝才成为统治全中国的一个王朝，他是爱新觉罗家族中“君”临天下的第一人。

多尔衮远大的政治抱负是很早以前就树立起来了的。天聪七年他积极倡议攻明，主张长驻关内，眼光是落在北京城里紫禁城的宝座上的。平时他注意形势的变化，注视着对手的一举一动。后来他曾回忆说：“崇祯皇帝也是好的，只是武官虚功冒赏，文官贪赃坏法，所以把天下失了。”他还说：“我在东边时，每见此中朝报，下以此蒙上，上的旨意亦以此蒙下，最为可笑，后来越看不得了，所以径不看了。”后来还曾对洪承畴说，“我在东边，只闻洪军门是至清的好官。”说明他对明朝人、事十分关心，关心的目的则不言自明。天聪五年皇太极初设六部时，即以他主管六部之首的吏部事务，他在主持吏部事务期间，多少熟悉了一些行政管理方面的方法。

皇太极特别喜欢历史，主要是为了吸取历史经验，以为今天之鉴。但他不仅自己熟读经史，还经常号召诸王大臣读书，有时召集诸王大臣汇聚一堂，听大学士们讲读史书。虽然官书中没有明确记载多尔衮这方面的爱好如何，但他肯定会受到皇太极的影响，对历史知识不会陌生。顺治二年六月，由于紫禁城被农民军焚毁，这时正在兴修宫室，多尔衮就问大学士：

“殿工所用大木产于何处？”

“四川、湖广一带。”大学士们答道。

多尔衮又问："大木可常有？"

"极大者也难得。殿柱有的要用三合、四合、六合粗的。"

他再问："听说皇极一殿，费至六百万金，果然是这样吗？"

大学士答："不错。另外两广贮存的木料还不在此数。"

多尔衮叹道："一殿之工就花费六百万，太奢侈了！汉文帝修露台，惜百金之费，何况六百万？但汉文帝吝惜百金，也节俭得过分了。大凡天下事，自有适中之道，太过与不及都不对。比如尧之茅茨不剪一事，就过于俭了。帝王所居，怎么能这样呢？"

由此可知，多尔衮也颇知古代历史，难得的是，他对这些史实又都有自己独特的看法。

对前朝的历史，多尔衮更为重视，因为它能为自己直接提供十分有用的经验教训。顺治三年三月，他组织翻译成满文的《洪武宝训》告成，便"御制"了序文，颁行中外。而在此以前，他就任命了范文程、冯铨等人充当总裁官，编纂《明史》。

远大的志向，渊博的知识，加上先天的聪明，为他发展自己的政治家才能添上了翅膀。他能在关键时刻顾全大局、临危不乱，显然与此有关。崇德八年皇太极死后的继统之争，是考验多尔衮以及一切满洲贵族的时候，但只有多尔衮一人体现出了一个政治家的胸怀。当时两派势力剑拔弩张，互不相让，如果真发生冲突，不管是哪一方得胜，都将是两败俱伤，将会大大削弱八旗的军事实力，很难预料这场冲突之后，清朝是否还能入主中原，是否还有足够的力量对付强大的农民军和后来此起彼伏的抗清斗争。这时，多尔衮站出来妥协了。他忍下一口气，提出了立先帝幼子的折中方案，由自己和济尔哈朗做摄政王，在一定程度上满足了双方的要求，把双方重新团结起来，为整兵入关问鼎提供了可靠的保证。这一点，清王朝的历代统治者都应该永远感激他才是。

作为一个政治家，多尔衮对人和事的判断力是比较强的，他不轻信别人的说法或是轻易为他人所左右，也经常发现问题，眼里不揉沙子。顺治六年户部尚书巴哈纳参劾天津武将王三锡霸占官屯地五百亩，租银归己，后来调任喜峰口参将后，这些土地留给他弟弟王定鼎继续收租，提议给予重处。多尔衮起初也表示同意，后来王三锡又上疏申辩，说是他在天津任上倡导垦荒，但响应者寥寥无几，他弟弟王定鼎首先起来响应，自备牛种，认垦土地，使"附近土民陆续认垦至七千余亩"，最后

"给由永为民业"。派去调查的顺天御史曹叶卜也认为他们垦荒有功，"不特利民，且以裕赋"，"其任内原未侵占，亦无留霸之迹"。多尔衮见此，便改变主意，再让有关部门"核议"，最后搞清楚了，便宣布王三锡等无罪。

同年，漕船押解官陈长祚北上时少了三条船，其妻刘氏说，是船过济宁时，遇靖南王军队，截走四条船中的三条，"连粮装载兵马南行，氏夫随船跟讨粮票销算"，刘氏自己驾所剩之船北上交差。但一些官员都说三王南征时，"未闻沿途轻留粮船"，或说陈长祚到淮安时为何不去总漕衙门说明情况，认为刘氏口供"事有可疑"。但是，多尔衮并未因此就偏信有关官员的一面之词，而在奏本上批道：

陈长祚少船情由，著确察追拟具奏。该部知道。

表明他处理问题的谨慎态度，对下层官员或百姓也不歧视。

前面提到过盐山知县上疏表功，说曾有四百多名"马步贼"出现，形势急迫，后被他率捕役、乡兵等击败，捕获数名。但多尔衮马上发现里面的问题，一针见血地指出："著核拟。原报贼四百，今仅获数名，辄侈言功，著察奏。该部知道。"

又有前面提到过一本，说被告阴积金已经病死，"无从稽审"，后又写阴积金在复审中出庭作证！多尔衮便批道：

著核拟。本内阴积金初报病亡，后乃出证，中间有无情弊？原问各官著该抚按确察具奏。该部知道。

这说明多尔衮十分精细，看奏章时从不敷衍马虎，所以常从字里行间发现问题。这种认真负责处理政事的态度在明朝诸帝那里十分少见，后又为清朝前期诸帝世代相传，到雍正皇帝那儿得到集中体现。

多尔衮为人比较爽直，对明代那一套虚假的官场作风很看不惯。有一次大学士宣读山东巡抚丁文盛的奏本，中间谈到有个中军将领十分勇敢，不避火炮。他就说：

火炮迅疾，难见难避，不是人们不想避，而是欲避不能罢了。要是见炮不避，那准是个傻瓜。

他又提起当年清军攻锦州时，洪承畴从南山向北放炮，祖大寿从城头向南放炮，清军存身无地，神器实在凶险。后来破了锦州，他把此事对祖大寿说起，祖大寿立刻慌了，忙说：

“果有此事？要是当时炮中王马怎么是好？”多尔衮笑着对大学士们说：

“当时两仇相敌，唯恐不中，大寿言不由衷，实在可笑。”

又一日，阿济格奏报消灭李自成事到京，朝廷准备祭告郊庙社稷，起草的祭文中有“神人共愤”一语。多尔衮又发议论说：

明朝人博学倒是博学，只是像这样的话就不大合适。人心之愤可以看得出来，若天之愤，从何而来？如今是王师翦寇，便如此说；倘若两军相持，不分胜负，难道是说天在愤与不愤之间吗？

不但嘲笑了明朝官绅的酸腐之气，而且对上天也不大敬，颇有点儿无神论的味道。

与此相符，多尔衮对提升某官时某官总要再三控辞的虚假作风深恶痛绝，认为这是“有心愿居官，而徒尚虚名”，因此明令禁止，说再有控辞者，即允所辞，永不录用。顺治四年六月，大理寺卿王永吉因被提升为工部右侍郎，上疏控辞，多尔衮火了，说：“王永吉为何不遵明旨？著革职，永不录用。”同年五月，他对大学士刚林、祁充格等人说：“尔等纂修《明史》，其间是非得失，务宜据事直书，不必意为增减，以致文过其实。”同样表明了他耿直和务实的作风。

在此前提下，多尔衮曾指示全体官民，“以后一切章奏不得拘牵文义、摭拾浮词，但将时宜事务明确敷陈。盖语繁而支则难听，言简而当则易行，言之有益无益，不在繁简，主要看干得怎么样。自今以后，遇有切于时务者，随时入告，不必等凑多条，以致迟延国家利益之事。早行一日，则受一日之福；迟行一日，则受一日之病，唯以迅速为尚耳。”后来看到御史王显条陈吏部的奏本，他就说：

这是吏部自己的职权范围，何须御史泛为条陈？此等不切要领的本章，徒费精神批答，可出旨驳正之。

大学士们忙打圆场，说："做臣子的进言很难，也不能全都禁止。"

多尔衮默然，一会儿才慢慢说："从轻驳之，令他知道警醒就够了。若驳之太严，恐怕会阻塞言路。"

大学士们想了想说，"可以按王上说的意思，借个古事引申来说。"

多尔衮笑着同意了。

的确，多尔衮对于言路还是很重视的，一般来说，他也能虚心纳谏，鼓励批评。入关之初，他曾对众官说："我见你们有过错，就立即诫饬，但我自摄政以来，并没有听到你们有一言规谏，难道我所做的都那么有道理吗？"

大家认为他所行皆善，一无可议。多尔衮则认为，即使是圣主行政，也不能都好，何况他呢？因此希望众臣遇有不当，便抗颜陈说。

湖南人赵开心是个直性子，他在顺治元年担任陕西道监察御史以后，先后对明太子案、驱逐痘民、减少冤狱等事提出意见。顺治二年五月，他弹劾李若琳，说他"垂涎内院一席，辄借薙头为先资"，结果遭到多尔衮的严厉批驳，只好沉默不语。有一天，多尔衮突然想起他来，说：

"御史赵开心驳了他一个本，再不见上了。人臣进言，是的自是，即偶然说的不是，何妨再上？"

大学士说："估计他是敬慎的意思。"

多尔衮说："他在家中定做下几个本也未可知。"

下来以后，多尔衮又赐他骡子，鼓励他进言。过了几天，赵开心又上一本，多尔衮就笑了说：

"赐他骡子，遂有此本。"后来又赏他衣帽等物。多尔衮说：

"不是为他反对剃头、现又赞同而赏他，只是因为他敢言的缘故。大致赵开心言事十件，未必都对，但可听者居多。"

顺治三年二月的一天，多尔衮把户部尚书英俄尔岱，大学士范文程、刚林、宁完我，学士额色黑召集起来，对他们说：

"我继承太祖、太宗的遗业，代上摄政，唯恐错误遗漏太多，使百姓不得安生，因此日夜费心。再加上我身体不好，不胜劳累，所以如我有过失，你们不要不说，应各抒己见。"

几人都说："自古以来，凡做国君的担心不能治国，这个国家就必定治理得好；凡认为国家没什么难治的，其国必败。这不仅是靠自己亲自过问政务，关键还要任用得人。如今王上您总揽大权，还任贤举能，就取得了成绩。"

多尔衮说："你们讲得不错。如今国家一切事务都有专人负责，户部靠英俄尔岱，内院就靠范文程、刚林、宁完我、额色黑，你们应该努力工作，不畏辛劳。"

他又对范文程说："你一向身体不好，别过分劳累，早点儿回家休息，好好休养。"

范文程忙跪下叩头致谢："我一介微躯，怎敢当王上的温慰？"

多尔衮又转过身来对宁完我说："你一向就有上疏陈奏的习惯，怎么最近不说话了？你们内院官员对国家事务应当经常条奏才对。"

范文程等忙答应："文程等朝夕在王上左右，凡有意见，总是当面提出，无须具本敷陈。"

多尔衮这才不说话了。

多尔衮虚心纳谏，对他入关后应付一系列错综复杂的局面极有好处。打从入关伊始，降清汉官的意见建议就接踵而来，一般来说都为多尔衮所采纳。《清世祖实录》记载顺治元年五月和六月共有官员建议十五项，明确为多尔衮接受了的有十项。其中对后来的历史影响较大的有柳寅东关于速攻李自成的建议，宋权关于革除加派、荐举人才的建议，金之俊关于蠲赋的建议等。多尔衮正是善于吸收别人的长处，学习别人的经验，接受别人的意见，在对农民军、对南明的和战上、在开国立制方面才能取得成功，而这些方面的成功又正说明了他政治家的天资颇高。另外，没有一个政治家丰富的斗争经验和高超的斗争手腕，他在统治阶级的内部矛盾冲突中也不可能获胜。这些，我们都已有专章述及，此处就不再重复了。

"赤橙黄绿青蓝紫，谁持彩练当空舞？"多尔衮生活在一个大变革、大动荡的时代，他的身上必然打上时代的烙印。他不可能是个十全十美的英雄，也不可能是个祸国殃民的奸佞。无疑，他为后人留下了许多有益的东西，当然，也留下了一些令人遗憾的教训。世界是复杂的，人亦如此，何况一个生活在数百年前的王公贵胄？

千秋功罪，自有后人评说！

附　录

追尊多尔衮之谜

顺治七年十一月，多尔衮因“有疾不乐”，率领八旗诸王、贝勒、贝子、公以及固山额真等出边围猎，原本想消遣解闷、颐养身心，不料却旧病突发，一去不归，于顺治七年十二月初九戌时病死在塞外喀喇城，享年三十九岁。

多尔衮体质不佳，早已身染沉疴。他曾说自己“素婴风疾，劳瘁弗胜”。多尔衮的政敌肃亲王豪格早就预言，多尔衮是有病无福之人，不可能坚持到摄政结束。

多尔衮自己说，他致病的原因是鞍马劳顿。入关前他“颇劳心焦思，亲自披坚执锐”，入关后又“机务日繁，疲于裁应，头昏目胀，体中时复不快”。此外，多尔衮的早逝与他登徒子式的私生活，也有很大关系。多尔衮除明媒正娶的妻妾之外，还有下嫁的太后、肃亲王的福晋、征自朝鲜的淑女、选自八旗的美女、部下选送的侍女。他统统纳入房中，金屋藏娇，恣意纵乐，这种纵欲、放荡的生活如何不耗尽他的精血！

此次出猎，多尔衮不胜鞍马劳顿，病发突然而坠于马下，十二月初九命归黄泉。

多尔衮死后五天，消息才传到北京。一时间如晴天霹雳，满朝震惊。又过了四天，多尔衮的灵柩回到京城，福晋率诸王贝勒文武百官，身着缟素迎至东直门外五里。福晋连跪三次，亲自举爵祭奠，痛哭失声。文武大臣皆伏路左举哀，睿王府内，公主、福晋以下命妇，缟服跪哭，举国一片悲悼气氛。福临亲下哀诏，以国丧追悼六天后，追尊多尔衮为“懋德修道广业定功安民立政诚敬义皇帝”，多尔衮的尊荣至此达到了最高峰。

人们不禁会问，既然多尔衮是横在孝庄皇太后和顺治帝心头的一把钢刀，在他整个摄政期间随时都会废掉孝庄太后母子而自立，那么他死后，为什么福临还要追尊如此崇高的荣誉呢？要了解这一点，还要从多尔衮的死讯刚报到朝廷时说起。

顺治七年的冬天，天气似乎有些反常，特别寒冷。刚一入冬，就下了一场大雪。“燕山雪花大如席”，鹅毛般的大雪下了几天几夜，房顶、地面积了几尺厚的雪。

此后的天气，一直是朔风呼啸，寒凝大地，积雪化得很慢，房檐下挂着长长的冰棍。积雪还没融化多少，紧接着又下了一场大雪。直到年底，整个北京城都被冰雪覆盖着。皇宫中也到处是冰天雪地，慈宁宫的檐下挂着一排长长的冰棍，大的如茶杯粗，长有几尺。

十二月十三日，刚刚睁开眼的天空，又布满了阴云，不一会儿，又飘起了大雪。

东直门外的驿道上，三匹火红的战马正在向京城飞驰。

夜静更深时分，午门的宫门忽然被拍打得“嘭、嘭”山响，侍卫在门房里咕噜了一句：“谁呀，这时候还来敲门，大冷的天儿，主子们早安歇了。”

打开门后，从门缝里看见郑亲王济尔哈朗立在门前，身后跟着四名侍卫。只见郑亲王满脸肃然里透出焦急，道：“快去慈宁宫禀奏太后，郑亲王有要事求见。”

那侍卫见亲王如此急迫。转身向后宫奔去。

“太后，郑亲王紧急求见！”

房里的太后正准备就寝，忽听总管太监海公公的奏报，忙命快请。

郑亲王此前曾被多尔衮降为郡王，后又在平定江南的战事中立了功，恢复了亲王的爵位，只是不能辅政，而是披坚执锐，亲自领兵打仗了。

济尔哈朗一路小跑地来到慈宁宫，径自挑帘进屋，来不及脱去外衣，便跪地奏道：

“太后，大事不好了！”

孝庄太后猛地从座椅上站起身，惊道：

“郑亲王，到底发生了什么事？”

“大学士刚林到微臣府中，告诉摄政王已……已经宾天了。”

“什么？”孝庄往后一仰，跌坐在椅子上。片刻后，她清醒过来，忙问道：

“什么时候?”

“十二月初九，报丧的人马明日就到。刚林偷偷提前来京，还有一事。”

“还有什么事?”孝庄太后已从惊慌中彻底镇定了下来。

“据刚林称，英亲王阿济格正率数百铁骑向京师驰来，其目的不得而知。”

孝庄太后似乎颤了一下，紧盯着郑亲王道：“郑王爷，你看这消息是真的吗？会不会是有人在耍阴谋?”

郑亲王稍微沉思了一下，道：“太后，兹事体大，怕无人敢谎报。何况刚林已遍告所有在京的王爷、固山额真，他纵有天大的胆子，也不敢如此明目张胆地咒摄政王。”

太后又疑道：“这刚林为何不入宫禀奏，而遍告诸王呢?”

郑亲王思索了一会儿道：“刚林原是摄政王的人，但又对英亲王不满，现在摄政王刚刚宾天，京中形势仍如铁桶一般，他不敢贸然入宫，怕同党骂他叛徒但他又不想背与英亲王一同叛乱的黑锅，所以采取了这种折中的办法。”

“以王爷之见，眼下该如何处置才好?”孝庄望了望郑亲王，她知道京中诸王中，他是最可信赖的。

郑亲王沉思了好一会儿道：“应以皇上的名义召兵部尚书洪承畴、贝子满达海、大学士冯铨入朝议事，并召见刚林觐见。”

孝庄太后当即传旨乾清宫。顺治正在乾清宫坐卧不宁地生闷气，忽闻多尔衮死了，差点儿失声大笑起来，但多年养成的冷峻之习，使他只冷笑了几声，便吩咐传旨。

武英殿上，气氛严肃紧张。顺治坐在御座之上，太后坐在旁边，郑亲王、满达海、洪承畴、冯铨分立两旁，刚林伏在地上。

一见这种阵势，刚林一切都明白了，他知道如果今天不说实话，眼前怕是就过不去了。

孝庄太后威严地喝问道：“刚林，你随摄政王出边狩猎，为何独自回京?”

刚林伏地答道：“启奏太后，罪臣该死。摄政王已于十二月初九宾天。臣随报丧人马回京，无意中有数百精骑混于报丧人马之中，臣遂偷偷回京，遍告诸王、固山额真，早做准备。”

“此铁骑为何人麾下？”郑亲王问道。

“此数百骑乃英亲王手下之精兵。”

“英亲王一同来了吗？”顺治一拍御案喝问。

“来了。”

郑亲王听后突然发问：“摄政王临终前有什么遗言，交代给何人？”他是大清老臣，已历三代，经验十分丰富。大凡多尔衮这样的人，在临死前都是会有所交代的。

见刚林面有难色，迟迟疑疑的样子，顺治厉声断喝：“说！”

“启奏陛下，罪臣不敢隐瞒，摄政王临终前曾召见英亲王，听睿王府的传令说，是摄政王向哥哥语其后事。所以，在场所有的人，包括睿王府的近侍全部退到帐外，帐内两人说了些什么，没有一个人知道。”

听了此言，在场众人皆惊讶万分，面面相觑。

郑亲王神态肃然地看了看刚林，说道：“大学士，眼下是我大清多事之秋。你要认清大局，今摄政王已崩，当今皇上必然要亲政。只要你能如实说出关外实情，于国于己都有好处，万万不可让奸佞趁此乱局，坏我大清的基业。”

“郑亲王，在下虽不才，可也是我大清的二品大臣，位列大学士，自信忠奸二字还能分得清。刚才所言句句是真，请陛下、太后并各位放心。”

孝庄太后放缓语气，抚慰刚林道：“大学士千里归京，辛苦了，可速回府休息。”

刚林退出后，殿内君臣仍聚在一起商议，一直沉默不语的冯铨开言道：“太后，英亲王作为摄政王的同胞兄长，不扶柩来京，而亲率精兵混在报丧的队伍里先行回来，其中恐怕有诈。”

“还用说吗，一定是摄政王临终交代了什么，为弟面授机宜，其兄开始行动。”满达海接腔道。

洪承畴一直没有发言，是因为孝庄太后在座，使他颇感不自在。当听了满达海等人的话后，他便提出了自己的看法：“此事尚不可定论。倘真是摄政王交代其兄图谋不轨，同为一党的刚林则绝不会策马入京，且遍告诸王。摄政王如能授意其兄，为何又不遍告京城内外党羽，响应其兄呢？这一点，确有不通之处。”

各位听后点头称是，觉洪承畴之言也颇有道理。满达海又说道："无论摄政王弟兄俩说些什么，但英亲王秘率数百精骑入京则是事实，不可不防。"

此时，孝庄太后看了一眼郑亲王："以王爷之见，此事当如何处理。"

没等郑亲王答话，一直沉默的顺治突然蹦出一句："当立刻诛杀英亲王。"

郑亲王听后连连摇头道："此事万万不可操之过急，以免发生激变。英亲王虽为长兄，但无论智谋和军功，都不如他的两位弟弟，所以摄政王对他一直也不重用。此人最大的特点就是有勇无谋而又野心勃勃，实乃一介武夫而已。此次出格之举，不排除是他自己异想天开、图谋不轨。所以，万不可轻易下摄政王授意的结论。摄政王虽然驾崩，但他生前军功盖世，且又摄政多年，党羽满天下，在此嬗替之当日，稍有不慎，便会激起大变。"

"那依王爷之见，就听任英亲王入京吗？"顺治仍然不服气地问。

"当然不能。要在九门设下伏兵，一旦英亲王的精骑一到，立刻剿杀于城门之下。至于英亲王，可先以不守王灵、图谋不轨之罪囚于大内，待风平浪静，查清真相后再行处置。"

孝庄太后听后点了点头，对顺治道："做事要沉稳，万不可鲁莽。越是面临危局，就越要沉着冷静，事情越乱，他人越慌，当政者就越要稳。如此，才能临危不乱，果断处理一切不测之变。从眼下起，任何人都不得慌乱，遇事沉着应对，三思而后行。如有异常情况，要及时入宫禀奏。"

众人齐声领命后，心中都暗暗佩服孝庄太后虽为一妇人，可处变不惊，大有胸怀天下的古之圣君之风。

"洪尚书，以兵部的名义命令各督抚，一个月内不得动兵，并以皇上的名义下旨，命各旗兵马不得擅离驻地。没有皇上谕旨和兵部的命令，不可调动一兵一卒，违者斩！"

"嗻！"洪承畴看着太后庄严的神色，斩截有力的话语，怎么也不敢与二十年前那位劝降自己的绝美佳人联系在一起。

"满达海，命你明日率一千精兵，伏于东直门内，一旦英亲王精骑入城，立即剿杀，囚英亲王于大内。"

“郑亲王，你召集各王公贝勒、文武大臣，廷议摄政王的葬礼应按何制，并密切关注各方动静，有异常情况，及时入宫。”

“冯学士，你可根据廷议，会同礼部、太常寺，准备摄政王的葬礼。”

三人领命后，郑亲王亲眼目睹太后如此自信、果敢，大有运筹帷幄制胜千里之风，心中暗暗称奇。再看看旁边那位少年天子，不由得想起多尔衮生前的种种行为，虽甚嚣尘但仍不敢废君自立，不能不说是太后之力。

众人走后，殿上只剩孝庄和顺治，娘儿俩拥炉而坐默默无语。孝庄亲自向炉子里加了几块木炭，忽然间想起了什么，忙对海中天吩咐道：“海公公，即刻传懿旨，将所有大内侍卫集中起来，分班值守，日夜警卫皇宫，没有哀家的旨意，任何人不得出入宫禁。”

海中天应了一声，刚想离去，又被太后喊住：“哀家再给你写一道手诏，可速去德胜门和安定门内两黄旗军营，令全营将士立刻入宫，加强防卫。”

顺治一直呆呆地坐在旁边，见母后镇定自若地调兵遣将，有如大帐夤夜点兵的统帅，不禁生出几分敬畏。

孝庄又看了看顺治，似乎仍有些不放心，便柔声婉语道：“儿啊，心中再苦再有气，但此时万万不可有丝毫的流露。摄政王虽然归天，可我们母子的出头之日并不会即刻到来，要知道他的爪牙、党羽遍布朝廷内外，稍一不慎，都会招致激变。当今朝中人心惶惶，加之良莠不齐，人心难辨，忠于我们的将士又远在京外，所以该忍的一定要忍。多少年都在心头上那把刀之下忍过来了，眼看着就要慢慢出头了，还有什么不可忍的吗？”

顺治见母亲眼中晶莹发亮似有泪光，忙点头称：“儿臣一切听从皇额娘安排。”

太后听了苦涩地一笑说：“儿啊，你是皇上，今后一切都应听皇上的安排。现在额娘所做的一切，不过是权宜之计，待你亲政后，额娘再这样安排，岂不是后宫干政了？所以，你今后遇事要慎思谨行，不可轻易表态，更不可贸然行事，要多听议政大臣们的见解。”

顺治又点头道：“儿臣谨记。”

第二天，北京城是个难得的艳阳天。东直门下，满达海率领精兵收拾完英亲王阿济格及其精骑后不久，报摄政王丧的人马便到了京城。消息传出，震动京师，还不到四十岁的摄政王，盛年早逝，朝野惶惶不安。

顺治第一次单独坐在御座上，不禁看了看旁边的另一把龙椅，上面空空如也。多年以来，那个并不高大的身影一直坐于其上，挡住了众臣仰望皇上的视线。

在京的诸王公、贝勒、贝子以及文武大臣，全部齐集于此。多年来由多尔衮主持的廷议，改由郑亲王济尔哈朗主持，下面站立两旁的巩阿岱、冷僧机等人似乎颇不以为然，带着不服气的神色。

“诸位王公大臣，今摄政王已宾天，请各位议议应以何制安葬摄政王。”

济尔哈朗宣布廷议的宗旨后，朝廷上下一片静寂，没有一个人吱声。如何安葬？当此意外事变的关头，谁敢出言！昔日摄政王在位时，一切都看他的脸色行事，现在斯人已驾黄鹤西去，又该看谁呢？

“皇上，微臣以为摄政王的灵柩尚未进京，况且还有许多王公大臣不在京中，眼下议此事多有不妥，若有疏漏，恐遭京外众大臣的反对，还是等英亲王他们到京后再议不迟。”

打破沉默者乃冷僧机，他怕此时廷议，自己的同党多随摄政王狩猎在外，对摄政王不利，因而也对自己不利，故出此言。

顺治冷眼看去，心里不由得哼了一声，还英亲王呢，他早进囚室了！冷僧机，你个忘恩负义的东西，到了此时还不忘为主子着想，有朝一日，看朕如何收拾你！

顺治见众人良久不言，知道大家不好开口，转念一想，便颇为动情地说道：“皇父摄政王功盖当世，对我大清、对朕可谓鞠躬尽瘁、呕心沥血，应以帝制治丧，朕要为他举行国葬，全国臣民易服举哀，灵柩进京时，朕要亲自缟服出迎。”

顺治这番话说得既动情又不矫揉造作，显得真实、贴切，使诸王公大臣十分感动，包括多尔衮的死党们也伏地高呼皇上圣明。

十二月十九日，多尔衮的灵柩在其养子多尔博的引领下，在阿济格的幼子劳亲，大学士范文程、何洛会、巴哈纳、锡翰、席纳布库等随从大臣的守护下来到了京城。

当多尔博披麻戴孝引领多尔衮的灵柩，来到东直门外五里时，就见白幡飘飘，缟素满地。顺治帝身着孝服，在两名太监的搀扶下，泪流满面，痛哭失声。到了灵柩前，连跪三次，悲痛欲绝，在场的百官见此情景，莫不感动得泪流满面。

灵柩安放在南宫正殿大堂上，由诸王贝勒彻夜守灵。有六十四个喇嘛诵经超度，还有四十九个萨满跳舞请神。王府里的妻妾们哭天抢地，泪沾衣裳。

顺治当堂传旨：

摄政王之灵，由诸王贝勒轮值通夜守护，在京四品以上文武官员，亲至王府哭祭；六品以上京官在各衙哭祭；京中所有命妇，一律着孝并在大门内跪哭三日。

此命一出，王公大臣们越发感动，睿王府内的哭声更高。一时间，南宫里挽幛垂首、松柏流泪、殿堂含悲，烟火缭绕氤氲处尽是哀悼的气氛。

顺治从睿王府回宫后，便直接去了慈宁宫。慈宁宫显得十分庄严肃穆，门口的太监、宫女全都换上了青紫孝服，外罩白布。进了门，宫里所有的帷帐全换成了黑色的。大殿正中设一香案，上面供奉写有“诚敬义皇帝”的灵牌，牌前供有时鲜水果，案前放着香炉，三炷香燃出了袅袅的紫烟。

孝庄太后坐在案旁，秀美的脸庞似乎一夜之间憔悴了，满脸堆积着庄重肃穆，身穿黑色长袍，头扎白布，髻上插着一朵白花，正在为多尔衮守灵。身为皇太后，自然不便哭临睿王府，但死者又是她实际的丈夫，她理应尽妻子之义，所以便在这慈宁宫内设灵堂，日夜守孝。

顺治进入这种场景之中，心里不由得酸酸的。他痛哭多尔衮，之所以能够假戏真做，十分逼真，其中绝大部分是对自己的不幸的倾诉和发泄，也不乏喜极而泣的成分。所以，当他看见太后如此虔诚地为多尔衮守灵戴孝，从心底感到不舒服，这种不舒服、不乐意流露出来，形之于辞色。

孝庄太后看出了儿子的不满情绪，以严肃的口吻道：“福临，额娘早给你说过，此时万不可轻举妄动，稍有不慎便会出现意想不到的大变。你以为多尔衮一死，一切就都一了百了了吗？你还年少，还没有经历过人生大事。你仔细想想，八旗之中，多尔衮独领两白旗，正蓝旗原归皇上，可被多尔衮借调，现传于其养子多尔博；两红旗旗主代善已逝，由满达海代领，但非旗主；两黄旗内人心不一，唯有索尼、鳌拜二人忠于皇上，然而索尼削职守陵，鳌拜革职效力军前。八旗之主唯有镶蓝旗旗主郑亲王一人支持皇上。面对如此不利的局面，你如何能有半点非分之想！”

顺治听了太后这一席话，顿感惶恐，小声道：“儿臣谨记额娘之言，额娘如何吩咐，儿臣便如何做。”

孝庄太后两眼含泪，又推心置腹地道：“儿呀，额娘知道你心里苦，不愿让我下嫁，可事已至此，早已无可挽回。要知道多尔衮在名分上是你继父，所以，从道义上，尤其是从朝廷大政上，你都要对多尔衮倍加尊敬，先稳住大局，暗中再慢慢试探王公大臣们的反应。步子不能太快太大，跑快了容易栽跟头。明白额娘的意思吗？”

顺治点了点头，又思索了一下道：“额娘，应如何试探朝中众臣？”

对此，孝庄太后早已成竹在胸，当即道：“国之玺印，象征着国家至高无上的权力，为一国之君的信符。我大清国玺现存放于南宫睿王府，眼下皇上可以发布诏书为摄政王发丧之名，派人取回信符，然后看看朝中众臣的反应。”

顺治毫不犹豫地一笑道：“这事不难，明日派人去睿王府取回便是。”

孝庄太后听了瞪他一眼道：“这仅为试探之举，如若有人反对，应立即送回睿王府，万不可强行收回。还要注意一事，去取符之人必用多尔衮的亲信，这样才不会引起别人的注意。”

顺治这才稍稍明白何为政治权术，这才稍稍明白额娘便是这方面的高手，于是又问道：“依额娘之见，宜派何人前往？”

孝庄沉思了片刻，然后点头道：“刚林。他是多尔衮的高参，睿王府里的红人，平时也常接触信符。而此番他先行进京报警，让他去既可试探睿王府之人和朝中大臣，又可试试刚林本人。”

实在是高，顺治发自内心地感叹。虽然他心里对母后不是太满意，但不得不叹服母后这一招高明。

顺治回到乾清宫，当即传旨宣大学士刚林入宫。刚林来到乾清宫后，见顺治仍然孝服在身不由感激得伏地而泣。

“大学士，摄政王宾天，举国悲痛，你与朕都受摄政王的深恩，对他当有更深的感情。所以朕想，这悼词应由大学士执笔最为合适。”

刚林听后受宠若惊，忙不迭地叩头道：“多谢皇上器重，微臣一定不辜负皇上之期望。”

刚林领命后，虽然觉得有点仓促，但又想到这是一种非比寻常的差事，表达了当今皇上对自己的信任，是多少文人可望而不可即的荣耀。

第二天天刚亮，刚林拖着疲倦不堪的身躯，拿着悼词入宫见驾。顺治见他两眼红肿，面有倦容，便知他十分卖力，昨夜通宵未眠。接过祭文看了一遍，满篇皆歌功颂德的溢美之词，顺治不动声色地点了点头道：“大学士写得不错，正合朕意，可拿去发往礼部。”

刚林道：“皇上，此诏没加盖国玺，如何发往礼部？待臣至睿王府盖玺后再送礼部。”

“噢，还要加盖国玺？眼下睿王府哭成一片，人员嘈杂，为朝廷公事进出府中多有不便，也是对摄政王的不恭，若惊扰了王灵乃我等不孝。依朕看来，只有大学士前往把信符取来，待办完丧事后，再送回睿王府中，然后由议政大臣们商讨由何人出任辅政，学士以为如何？”

刚林见小皇帝说得颇为在理，便点头道：“微臣以为皇上圣明，待臣立即就去南宫取来信符。”

不到一个时辰，刚林便把信符捧到了顺治面前。如今的南宫早乱成了一团，没有人在意刚林取信符一事，他平时就常用，现在去取也没有什么异常。

顺治接过来，打开重重的黄绫，正是大清的国玺。他望着这块玉，眼中似乎闪出晶莹之光，他抚摸着它，看了良久，沉思了良久，这才拿起来，在诏书上钤上了玺印。然后，对刚林道：“有劳学士将诏书发往礼部。”

待刚林领命走后，顺治小心翼翼地把国玺包好，命人贮之于内府。

过了两天，见朝中并无异常反应，顺治又召集了议政会议，他首先道：“摄政王仙逝，举国哀痛，值此内有大丧在即，外有寇作乱的多事之秋，睿王府内千头万绪，两白旗中军务繁重，朕拟命苏克萨哈重袭世职，协助多尔博等人整饬军务，操办摄政王大丧。各位王公大臣以为如何？”

此言一出，众臣惊讶不已。苏克萨哈原系两白旗重臣，因耿直而遭多尔衮排挤。此时，皇上重用他有何用意。

这一招棋十分得体和高超。苏克萨哈本是两白旗人，用他不会遭到两白旗大臣的反对，多尔衮的党羽们也就不便说什么，同时因系皇上所提议，两黄、两红、两蓝诸旗大臣也不好反对。

郑亲王济尔哈朗率先说道："臣以为圣言极是，眼下实乃多事之秋，正是国家用人之际，苏克萨哈乃两白旗重臣，摄政王生前也对其十分器重，即使因偶有微瑕而夺职数年，对我大清仍然赤胆忠心而毫无怨言。苏克萨哈实乃忠贞之臣，可以重用，微臣附圣议。"

范文程、冯铨、满达海等人对此议看得清清楚楚，少年皇上哪有这般见识，背后定有高人指教，所以也纷纷附议。

巩阿岱、冷僧机、锡翰等多尔衮的死党，见两白旗大臣们无人反对，而亲近皇上的人又都附议，自己如果挺身而出恐怕陷于孤立，他们无奈之下也只好同意。于是，顺治立即颁诏，恩赐苏克萨哈重袭被剥夺的世职，苏克萨哈接旨后感激涕零，泣不成声。

重用苏克萨哈，一方面分化了两白旗的势力，另一方面皇上再一次试探了多尔衮党羽们的态度，试探的结果，证明了那句古语"树倒猢狲散"的正确。苏克萨哈蒙顺治帝的知遇之恩，终生念念不忘，先是对多尔衮反戈一击，后又与鳌拜作不懈的斗争，为顺治和孝庄太后出了大力，最终以死相报，成为清史上有名的死节之臣。

虽然多次试探了多尔衮党羽们的反应，但孝庄太后和顺治仍然小心谨慎、不敢大意，随后又为多尔衮举行了盛大的出殡仪式。

下葬的那一天，顺治亲率百官到睿王府哭临送葬，京中四品以上官吏均沿途设祭跪送，各王府命妇都在府里哭丧。梓宫出府之时，哭声震天，孝子多尔博披麻戴孝，在梓宫前手持哭丧棒引棺，其子年幼，便由一人抱于怀中，肩扛招魂幡，走在队伍最前面。顺治帝扶棺痛哭流涕，众王公贝勒亲自扛棺，文武大臣随后而行。送葬队伍所经之处，但见纸钱纷飞似雪，白幡招展如林。顺治及百官送至东直门后返回，其余的送葬队伍浩浩荡荡出城而去，葬往九王坟地。

从以上叙述可以看出，孝庄太后和顺治帝之所以追尊多尔衮为"诚敬义皇帝"这一崇高得不能再高的尊号，多出于政治权术和谋略的需要。所以，当多尔衮的至尊地位达到了这个高峰之后，便预示着由巅峰向谷底的坠落。同时，其生前所依靠的亲信也将相继身败名裂。

正像以上所叙述的那样，多尔衮一死，阿济格即以图谋不轨被囚，顺治帝命令大学士刚林至睿王府收回信符贮于内府。实际上，这类事情还多得很。当刚林交回信符后，顺治帝很快又命吏部侍郎索洪将赏功册收入大内。紧接着，议政大臣会议裁定阿济格之罪，其结果是：幽禁阿济格，夺其所属十三牛录，归于顺治亲领的两黄旗下，又把他从多铎那里据有的七牛录拨还多铎之子多尼，除少量保留其家杂役外，其余人口、牲畜全部入官。其子劳亲率兵响应其父，降为贝子，夺摄政王多尔衮所赐四牛录。两白旗将领席特库、阿思哈、毛墨尔根、穆哈达、郎球、马席、星讷、都沙、莫洛浑、萨尔布海等，视情节轻重，分别受到处斩、革职、抄家、鞭责的处分。紧接着，福临下诏，恢复了被多尔衮处分的博洛、尼堪的亲王爵号；将迅速站在自己一边的白旗将领苏克萨哈、詹岱封为议政大臣。又把备受压抑的两黄旗重臣鳌拜、巴哈吸收为议政大臣；代善之子满达海、瓦克达，其孙杰书、罗可铎分别晋升为亲王、郡王，从而笼络了代善家族的两红旗势力。顺治八年二月，又以“动摇国是，蛊惑人心，欺罔唆构”之罪名，将正白旗领袖人物罗什、博尔惠斩首，将额克亲、吴拜、苏拜革职。

明眼人一看便知，以上这些做法都是将要清算多尔衮的信号。果不其然，顺治八年二月十五日，苏克萨哈、詹哈、詹岱、穆济伦等原多尔衮近侍，首先出来揭发多尔衮的罪状，与此同时谭泰也站出来揭发多尔衮。根据他们的揭发，最后议定“以睿王私制御用服饰等件，又欲率两旗驻永平，阴谋篡逆”，“籍没所属家产人口入官，其养子多尔博、女东我俱给信王”。顺治八年二月二十一日，顺治帝将追论多尔衮罪状诏书颁示天下。诏书的最后几句为：

> 据□□事迹看来，谋篡之事果真，谨告天地、宗庙、社稷，将伊母子并妻罢追封、撤庙享、停其恩赦。布告天下，咸使闻知。（参见《清史编年》卷一，顺治朝。□为原文缺）

顺治帝的一道诏书，使多尔衮从生前的权力极致和死后的哀荣顶峰，一下子跌入了死后的深渊。

以上这些事情，都发生在顺治帝亲政的前后。事出突然的多尔衮之死，不但使福临亲政有了保证，而且还意外地提前了：顺治八年正月十二日，福临于太和殿宣布亲政，诸王群臣上表庆贺。